Japan as a 'Normal Country'?

Edited by SOEYA Yoshihide,
TADOKORO Masayuki,
and David A. Welch

A Nation in Search of Its Place in the World

添谷芳秀｜田所昌幸｜デイヴィッド・A・ウェルチ｜編著

「普通」の国 日本

千倉書房

「普通」の国 日本

目次

日本語版はしがき

もし日本が憲法を改正し、集団的自衛権を行使できるようになっても、カナダよりも制限された立場にいることになるだろう。

アメリカの由緒ある外交問題専門誌『フォーリン・アフェアーズ(*Foreign Affairs*)』は、二〇一三年七/八月号に「日本復活(Japan is Back)」と題する安倍晋三首相のインタビュー記事を掲載した。右の一文は、その際に語られた安倍首相自身の発言(和訳は筆者)である。新聞の首相動静によると、安倍首相が公邸でインタビューを受けたのは五月一一日であった。

その前日の日経平均株価は一時五年四カ月ぶりに一万四六〇〇円台の高値をつけ、東京外国為替市場の対ドル円相場も一時一〇一円台まで値下がりした。四月四日に打ち出された日銀の大胆な金融緩和の効果がてきめんに現れ、二〇一二年末に誕生した第二次安倍政権は順風満帆の滑り出しをみせていた。

安倍首相が情熱を傾ける安全保障政策の再構築に関しても、二月に発足した「国家安全保障会議の創設に関する有識者会議」での検討が順調に進み、五月九日に開催された第五回会合の場で、首相をトップとする四大臣会議を柱とする政府原案が示され了承された。第一次安倍内閣で設置された「安全保障の法的基盤の再構築に関する懇談会」は、その当時とほぼ同じ顔ぶれで二月に再開され、集団的自衛権の見直し作業も本格的に始まった。

二〇〇六年九月に颯爽《さつそう》と安倍首相が登場した際、「戦後レジームからの脱却」を訴えたことは私たちの記憶に新しい。その時安倍首相は、戦後体制を根底から改革するために憲法改正が必要であることを説き、中国や北朝鮮を念頭においた「主張する外交」を唱えた。そして今回、第二次安倍内閣は「日本を取り戻す」ことをスローガンに掲げた。経済に重きをおいたための表現だろうが、外交・安全保障の面では、第一次安倍内閣の時と同様、自立や主体性を求める衝動が示されているといってよいだろう。

さて、日本から一歩外に出ると、こうした外交や安全保障政策の変革の試みは、日本の「普通の国」化として語られることが多い。小沢一郎が一九九三年に出版した『日本改造計画』（講談社）で「普通の国」論を唱えた時の要点は二つあった。一つは「国際社会において当然とされていることを、当然のこととして自らの責任で行うこと」、もう一つは「人類共通の課題について、自ら最大限の協力をすること」である。具体的には、小沢の持論である国連の平和維持活動や平和創造への自衛隊の全面的参加が重要な論点であった。具体論への賛否はともかく、小沢による「普通の国」論は、基本的に国際主義的発想に支えられた問題提起であったといってよい。

そして、一九九〇年代の日本の安全保障政策は、自衛隊による国連平和維持活動への参加や日米同盟の「再確認」などにより重要な進展を見せた。それらは、政策論および法律論としては戦後憲法と日米安全保障条約の枠内で、かつ当時頻繁に使われた「国際貢献」という言葉が示すように基本的に国際主義的発想に基づいて実現した。同じ時期に、宮澤喜一内閣下での「慰安婦関係調査結果発表に関する河野内閣官房長官談話」(一九九三年八月四日)、細川護熙首相による所信表明演説での「侵略」の言明(同年八月二三日)および金泳三韓国大統領との会談での明確な謝罪(同年一一月七日)、戦後五〇年にあたっての村山富市首相による談話(九五年八月一五日)、元「慰安婦」に対する内閣総理大臣の手紙(九六年以降、橋本龍太郎、小渕恵三、森喜朗、小泉純一郎)、小渕恵三首相と金大中韓国大統領による日韓共同宣言への「反省と心からのお詫び」の明記(九八年一〇月八日)、小渕首相と江沢民中国国家主席による日中共同宣言での「侵略」の明記と「深い反省」の表明(九八年一一月二六日)など、いわゆる歴史問題に日本政府が正面から取り組んだのも、冷戦後の転換期において外交・安全保障政策の立て直しが国際主義的観点から進展していたことと無関係ではなかったであろう。

しかし、いつの間にか、「普通の国」とは日本の国家主義を衝動とするものであるとの理解が、必ずしも中国や韓国の近隣諸国だけではなく、この問題に関心のある欧米の識者の間にも根を下ろしてしまった。その認識に濃淡はあるものの、日本の「普通の国」化とは、日本が伝統的な意味での軍事力の役割に「目覚め」、究極的には憲法改正によって国際政治の舞台で軍事力を行使しようとするものであるとの解釈は広く行きわたっている。これと並行して、おそらくその理解があまりに日本国内の問題意識とかけ離れてしまったからか、日本人の多くが「普通の国」という言葉を使わなくなった。皮肉にもこのことが、諸外国における一方的な理解が独り歩きする状況を助長してしまっているのは否めない。

以上のような全般的雰囲気のなかで、一九九〇年代以降の自衛隊の役割の拡大、日米同盟の強化、集団的自衛権の見直し、憲法改正の動きなどが、とりわけ日本の近隣諸国に警戒心を呼び起こした。そして、主に中国や韓国の日本に対する猜疑心が歴史問題と一体化して表明される事態が、知識人レベルでも、また政府間においても恒常化した。日本国内では、それへの反作用もあり、リベラルな国際主義的言説が後退し、国家主義的な主張が幅をきかせるようになった。そしてそれが、諸外国における日本の「普通の国」化に関する誤解をさらに増長させている。明らかな悪循環であり、その真っただ中に第二次安倍政権が誕生したのである。

しかしながら、安倍首相の復古的な思想がどの程度日本の安全保障政策に反映されるのかは別問題だろう。実のところ、動機が国際主義であれ国家主義であれ、日本の安全保障政策には選択肢がそれほど贅沢にあるわけではない。事実、集団的自衛権の見直しや憲法改正は、決して新しい課題ではない。さらに、誤解を恐れずにいえば、日本が憲法第九条を改正し、自衛隊が普通の軍隊になり、日本が国連の集団安全保障や日米同盟に基づく集団的自衛の行動に参加できるようになったとしても、日本の安全保障政策や日本を取り巻く国際政治が「革命的」に変わるわけでもない。

それは、日本の安全保障政策には、あの戦争の歴史に深く根を下ろした「憲法第九条・日米安保体制」という「見えざる手」が働いているからである。「憲法第九条・日米安保体制」が「戦後レジーム」に他ならないとすれば、安倍首相の「戦後レジームからの脱却」を求める思想は、「憲法第九条・日米安保体制」の枠外にあるということができる。しかし、信念として安倍首相が目指しているものは、その枠内の変革でしかない。日本が集団的自衛権を行使できるようになれば、それは日米同盟を強化するのであって、むしろ日米の一体化が進みその分日本の自立は制限される。国連の集団安全保障への参加も、本質的には同じことである。本来はそのためにこそ憲法第九条の改正が求められるのであり、その根底にあるのは疑いもなく国際協調主義である。

その意味で、憲法第九条の改正とは、本来アジアへの侵略戦争の反省の上にたった一国平和主義を国際平和主義へと発展させるべき問題であり、自立や「戦後レジームからの脱却」という内向きの衝動から語られるべきものではないだろう。事実、歴史問題や安全保障問題に関する在野時代のやや直截的な表現とは裏腹に、最高権力者の地位に登りつめてからの安倍首相は、まさに「見えざる手」に導かれるように発言を変化させてきた。「戦後レジームからの脱却」や「主張する外交」というスローガンは、今や「積極的平和主義」へと変貌した。その意味で、憲法を改正しても日本の地位はカナダ以下だろうという冒頭の引用は、おそらく海外の過剰な懸念の鎮静を狙った発言だろうが、実はかなり本質を突いているのである。

さて、日本の「普通の国」化にまつわる内外の状況を、現在の安倍内閣が置かれた状況とそれが目指すものに引きつけて右のように整理してみたものの、読者にどこまですっきりと理解していただけるかは、必ずしも自信がない。私たちは、無自覚ながらもこうした複雑な状況のどこかに自らの立ち位置を持ちながら、状況を「理解」しようとし、また対応しようとしている。その意味では筆者も例外ではないというべきだろう。そして筆者が執筆者の一人である本書も、まさにそうした研究者らによる個別的論考の集積である。各論考を読む価値は、それぞれの国や研究者個人の多様な立ち位置を確認できるところにあるのかもしれない。

そのことを別の角度から見れば、「普通の国」論には、日本外交をめぐる複雑な現実の縮図のようなところがあるといえる。そしてその現実がなかなかすっきりと整理されてこないことの重要な一因は、日本国内におけるコンセンサスの形成が遅々として進まないことにもあるだろう。無意識のうちにも、戦後の経験より(アジアへの侵略戦争を含めた)戦前の歴史の方がまともであったといっているかのような歴史認識を表明し、戦後日本外交の主体性の欠如を嘆く感覚から自立を求める保守派が、結果的には「見えざる手」に導かれて国際協調主義を公言するという現実は、本質的に錯綜している。また、結局は国際主義的視点から意義づけられるべき安全保障政策の変革や憲法改正の問題を、一部諸外国の認識と同調するかのように「右傾化」と論ずる日本の「リベラル」派の議論も、事の本質を外している。そして、そうした「右」と「左」の対立構造が日本の政治や社会における論争を規定している状況からは、意味のある外交戦略論はもちろん、その前提となるべき基礎的なコンセンサスすら生まれそうもない。

このように考えると、日本外交や安全保障政策をめぐる日本国内の議論の構図は、戦後一貫して驚くほど変わっていないことに気づかされる。最近の変化は、構図自体が変わったというよりは、かつて優勢であった「左」が劣勢になり、「右」が勢いを増しているだけにすぎないように思える。そして、日本に蔓延する中国への硬直的な対抗意識や、北朝鮮問題、韓国との歴史問題をめぐる軋轢などが作り出す全般的雰囲気が、その傾向を強烈に後押ししている。にもかかわらず、日本の行動が結局のところ「見えざる手」が導くところに収まるのだとすると、「戦後レジームからの脱却」を求める感覚が捉えどころのないフラストレーションを培養するという悪循環は、簡単に終息しそうもない。そこから脱する道を考えるためには、その大前提として、日本が置かれた袋小路の状況を理解しようとする知的作業が不可欠である。あえて今、日本ではほとんど忘れ去られようとしている「普通の国」論をめぐる多様な論考の日本語版を、日本の読者にお届けするささやかな意味はそこにある。

こうした知的作業は、多大の時間と不断の労力を必要とするものである。英語の原書およびこの日本語版が世に問われるまでには、時に目に見えない献身的なご協力とご支援を多くの方々から頂戴した。原書ができるまでのご支援に関しては本書の巻末に収められた原書の「はしがき」を、日本語版に関しては本書の「あとがき」をご覧いただきたい。ただここでは、共編者の田所昌幸さんとデイヴィッド・A・ウェルチさんへの感謝の気持ちを表したい。英語の原書ではアルファベット表記に従ったという理由だけで私の名前が共編者の冒頭に来てしまったが、原書の第一の生みの親はウェルチさんであり、次に田所さんである。

このお二人は実に仲がよい。お二人は頻繁にカナダと日本を行き来しているが、田所さんのお土産はいつも日本酒、ウェルチさんのはカナダのアイスワインである。そのおかげで、ジョセフ・ナイ教授の愛弟子で、世界的に使用されている国際政治の入門書『国際紛争』の共著者でもあるウェルチさんは、今や日本の大ファンである。本書のような国境を超えた共同の知的作業に意味のある内実が伴うためには、こうした人間関係は目に見えないながらも極めて大きな意味を持っている。

また、日本語版の出版の段取りをつけ、日本語訳に際して原書における脚注の不整合にいたるまで綿密に翻訳作業の監督にあたったのは、つねに同僚として知的刺激を与え続けてくれている田所さんである。日常的に顔を合わせる間柄ではあるが、この場を借りて日頃のご交誼も含めて深い感謝の気持ちを記させていただきたい。

二〇一三年一一月　ワシントンDC郊外ベセスダにて

添谷芳秀

序論
「普通の国」とは何か

添谷芳秀＋田所昌幸＋デイヴィッド・A・ウェルチ
添谷芳秀＋田所昌幸［訳］

日本は「普通の国」になれるのか、あるいはなるべきか――近年、日本では活発な議論が戦わされてきた。「普通の国」という言葉は、小沢一郎の一九九三年の著作『日本改造計画』で一躍人口に膾炙するようになった［1］。小沢は日本が普通ではないという印象を与えているが、そのように感じるのは彼に始まったことではない。少なくとも日本の国際的な存在感には、真剣に相手にされるために決定的に必要な何かが欠けており、日本という国の規模や発展ぶりに見合う敬意をもって扱われてこなかった。こうした認識は、実際何一〇年にもわたって広く受け入れられてきたのである。

日本が「普通の国」ではないという感覚は確かに一般的だが、この問題はどのような性質のものか、またどのように解決するのが適切かという点について、日本の国民、指導者、官僚らに一致した見解があるわけではない。実際のところ、そもそも解決すべき問題があるのかどうかについてさえ議論されてきたのである。だとすると、日本は「普通ではない」として、一体どのような意味で「普通ではない」のか。そして普通になるとはどういうことなのか。それは可能なのか、また望ましいのか。

本書では、以上のような問題を検討していくことにする。本書を編むにあたり、異なった学問的手法を用いる研究者をさまざまな国から集めて、問題に光を当てようとした。まず、「普通」という概念について簡単に検討する。それに続いて、それぞれの研究者が議論を展開する。第一章では、デイヴィッド・ウェルチが日本の外交・防衛政策を動かす主要な起動因を検討する。そして「普通の国」をめぐる議論は、日本の国家戦略に関して根本的な議論を行なうにあたり欠くべからざる要因であると論ずる。第二章では、田所昌幸が日本人の信条や価値観を分析し、それを基にしながら「普通の国」日本が世界で果たす役割像をまとまった形で提起しようとしている。第三章では、添谷芳秀が「普通の」日本とは「普通」のミドルパワーのことであると指摘し、日本の対外政策をめぐる言説はかかる現実に追いついていないと論ずる。第四章では、パク・チョルヒー(朴喆熙)が日本における三人の著名な保守政治家の「普通の国」像を比較し、それぞれが日本の国際的役割をどのように構想しているかを分析する。第五章では、ワン・ジエンウェイ(王建偉)が「普通の国」日本をめぐる中国での言説を検討し、中国の政策が「普通の国」を現実的に受け入れる方向に向かっていると論ずる。第六章では、ジョン・スウェンソン＝ライトが、日本が「普通の国」になる際の制約を日韓関係から明らかにする。そして最後に、ラム・ペン・アー(藍平兒)が日本と東南アジア諸国の関係を分析し、この地域で日本はすでに「普通の国」と見なされていると論ずる。

本書全体を通してわかることは、「普通の国」とは何かをめぐって単一の認識に至るのがいかに困難かということであり、そのため学問的にも政策的にも議論の焦点を絞るのが難しいということである。この問題には二つの次元がある。第一に、日本は「普通の国」であるか、あるいはそれになることができるかという疑問は、日本にも適用しえる「普通」の国際基準は存在するのかという疑問につきあたる点である。もしすべての国がそれぞれユニークだというのなら、そもそも日本が従うべき「普通」の基準もないはずであり、議論は最初から無意味ということになる。第二に、もし「普通」に関して何らかの基準があり、日本がそれを満たしていないとすると、問題は日本が何であるのか、そして日本が何を為しているかのいずれか、あるいはその両者であろう。つまり、ある国が普通であるということは、その国の地位(状態)あるいは行動に根拠を求められるということである。本書の執筆者は、そのいずれがより重要かという点では合意していない。

本書の執筆者に合意がないことは、それほど驚くべきことではないだろう。というのも、出発点となった小沢一郎の議論そのものがこの点で曖昧だからである。小沢の考えに従えば、日本は正当な国際的責任を担い、世界中の国々が繁栄するように他国と協力することを通じて「普通の国」となるべきである。しかしここで障害となるのは、政治的決定ができないことと、能力の面でも任務の面でも自衛隊には制約が多いことである。すなわち、日本が「普通ではない」のは、何かをすることができない（つまり行動や役割）ためで、それは憲法的、制度的そして政治的制約（つまり状態）に原因を求めることができる。こういった制約には、さまざまな国内的、国際的要因が関係していると推定してよかろう。

✣国内における制約

日本が「普通」になるのを妨げる国内的制約には以下のようなものがある。すなわち、憲法、戦後の日本人の内面に定着している反軍国主義的規範、政治的・官僚的制約、そして憲法改正の難しさなどである。

憲法

日本国憲法は、国権の発動としての戦争や、国際紛争を解決するための常備兵力保持を明確に禁じているが、この点からして日本は世界でユニークな存在である。憲法第九条は以下のように規定している。

第九条　日本国民は、正義と秩序を基調とする国際平和を誠実に希求し、国権の発動たる戦争と、武力による威嚇又は武力の行使は、国際紛争を解決する手段としては、永久にこれを放棄する。

二　前項の目的を達するため、陸海空軍その他の戦力は、これを保持しない。国の交戦権は、これを認めない。

このような規定にもかかわらず、日本は強大な軍事力を保有している。こうした明白な齟齬は戦後の早い時期から生じていた。当時、アメリカは極東における冷戦で日本からの協力を得ようとして、日本自身の軍事的能力の拡大を促していた。すでにそれ以来何一〇年も経過しており、「自衛隊は憲法上の戦力ではない」「憲法は最低限の自衛力の保持を認めている」といった言い逃れで憲法と現実の矛盾を糊塗するのは、ますます難しくなっている。

反軍国主義

一九三〇年代から敗戦までの間、頭に血がのぼった軍部のために日本が受けた悲惨かつ屈辱的な経験の反動で、日本人の内面には非常に強い反軍国主義的規範が定着した[2]。それもあって、自衛隊は決して国民的支持を得た存在ではなかった。自衛隊は驚くほど目立たない存在だったのであり、例えば自衛官が公の場所で制服を着るようになったのもつい最近になってからである。また、日本人は厳格な文民統制の維持に腐心している[3]。これほど反軍国主義的規範が深く刻み込まれている国は少ないし、その意味で日本は「普通ではない」ということもできよう。しかし軍事力の使用条件が厳格化され、その正当な使用目的にも変化が見られるのは世界の多くの国でも同じであり、とすればこれは全世界的な傾向ともいいうる。領土や名誉、威信のための戦争はもはや時代遅れとなり支持されなくなったが[4]、逆に人道目的による軍事力行使については、依然として警戒感は非常に強いものの、許容度が大きくなってきた。この面から見ると、世界が日本の反軍国主義の後を追ってきたといえるのかもしれず、およそ日本は「普通ではない」とはいえまい。とはいえ、反軍国主義的な文化は、防衛や安全保障の問題について日本の国内政治や政策決定を身動きできなくしており、やはりその根強さは特異といえるのではなかろうか。

政治的・官僚的制約

日本の政治システムは、あらゆる種類の惰性のオンパレードである。主要政党内および政党間の政治でも、また高度に官僚的で権限関係が複雑に交錯している省庁内および省庁間の政治でも、プレーヤーには、その気になれば拒否権を行使して重要な対外政策上の変更を妨害する機会が潤沢にある。日本が「普通ではない」外交・防衛政策から抜け出せなくなったのは、単にそれを変更するのが難しいということで説明がつくのかもしれない。もちろん、こういった理由で政策上の惰性を経験しているのは日本に限ったことではなく、この点で日本が「普通ではない」といえるかどうかは大いに議論の余地があろう。だが、反軍国主義的な文化に、軍国主義をおそれる官僚の事なかれ主義が加わって政治的膠着を生んでいるという側面は、日本の場合特に濃厚だといえるかもしれない。

憲法改正の難しさ

憲法第九六条に規定されているとおり、もし日本が憲法第九条を修正するか廃止しようとすると、衆参両院議員の三分の二以上の賛成と、その後の国民投票で半分以上の賛成が必要である。日本の政党政治のあり方や、重大な政治的争点をめぐっては選挙民の立場が大きく隔たっている点を考えると、実際問題として憲法改正はほとんど不可能である。事実、一九四七年に施行されて以来、憲法は一度も改正されていない。ただし、厳格な憲法改正手続きを定めている国は数多くあり、日本は確かに多少例外的なケースではあるが、特異とまではいえないだろう。

❖国外からの制約

日本が「普通」になることへの国外からの制約には以下のようなものがある。すなわち、日本の軍国主義復活に対する近隣諸国の猜疑心、中国・韓国の国内政治からすれば日本に軍国主義の過去を忘れないようにさせるのは有益なこと、また「普通」となった日本が地域の勢力バランスやアメリカの提供する安全保障を崩す可能性へのおそれなどである。

日本の軍国主義復活への猜疑心

東アジアの人々の多くは、日本が憲法第九条を改正もしくは廃止して軍事力や軍事的役割を拡大すると、二〇世紀初めのように他国を支配しようとするだろうとおそれている。我々の考えでは、こうしたおそれには根拠がなく、本書の執筆者にもこの考えを支持する者はいないが、依然として歴史の記憶は近隣諸国の人々の多くにとりついている。いつの日かこうしたおそれは霧消するかもしれないが、その日が来るまでは、より決然たる国際的役割を果たそうとする日本政府は確実に非難の集中砲火を受け、激しい抵抗を受けるだろう。確かに疑い深い隣国を持つ国は少なくないが、日本が受けている猜疑心と同質のものは見当たらない。したがって、ここでもまた、日本が抱えるこの制約が「普通ではない」かどうかは解釈の問題となる。

日本を保護観察状態に留めることの利点

前の点とも関連するが、中国・韓国両政府は日本と露骨な敵対関係に入ることに利益を感じていないものの、時おりは自国民および世界全体に日本軍国主義の被害者になったことを思い起こさせるのが有益と考えている。このことは、体制への国民の不満をそらすとともに、竹島(韓国では独島)や尖閣諸島(中国では釣魚台)をめぐる日本との領土紛争で自国の立場を強化する効果を持ってきた。政府が不満を外部にそらすことは、よくあるとまではいえないが他に例がないわけではないし、そうした不満の絶好のはけ口だからといって日本は「普通ではない」とは決して判断できない。しかしながら、中国や韓国で、「権威ある」過去の記憶が既存の体制や民族的アイデンティティの不可欠の要素として著しく重視されている点はユニークだといえるだろう。

地域の勢力バランスが崩れる可能性

現在、東アジアでは深刻な軍拡競争が起きているわけではない。というよりむしろ何一〇年にもわたりそうしたことはなかったのだが、依然として政策決定者らが軍事バランスに関心を払い、その動揺に敏感な地域である。日本が軍事能力を本格的に向上させたり軍事的役割――とりわけ、明らかに人道目的ではない役割――を拡大させたりすると、対抗的な軍拡を引き起こし、地域において危険かつ非建設的な力学を生む結果になると考えるのはもっともである[5]。日本の指導者もまたこの危険には非常に敏感であり、これによって日本が用心深いこともかなり説明がつく。こうした日本の懸念は「普通」なのか、あるいは「普通ではない」のか。ここでもまた解釈の問題となる。

アメリカによる安全の保障

日本の安全はアメリカに保障されている立場であり、日本の軍事力は作戦上、アメリカ軍と高度に統合されている。このことは、日本がもっとも誇るべき勢力投射能力を有する海上自衛隊にとりわけ当てはまる。日本が日米安保条約を廃棄することがない限り、日本の軍事的役割や任務がどのようなものであれ、アメリカ政府の承認を得なくてはなるまい。もちろんここ数一〇年間、これはたいした困難ではない。アメリカの歴代政権のほとんどは、日本がより積極的な防衛政策をとるよう奨励しているからである。しかし原理的に考えれば、アメリカの政策上の選好は日本の進路に対する制約になりうる。このように日本が受けているレベルの制約を同盟国から受ける国は、どちらかといえば少ないだろう。しかし、「前例がまったくない」というほどでもなく、その意味では「普通ではない」とまではいえない。

これまで見てきた制約のため、地域的およびグローバルな安全保障への貢献の面では、日本は国力に比してはるかに限定的なことしかしていない。そもそも、物議を醸すことになった『日本改造計画』が小沢によって出版されたのも、一九九一年に起きた第一次湾岸戦争に際して日本はクウェート解放に軍事的側面からは参加しえず、アメリカ主導の多国籍軍の戦費の多くを支払うことになったという屈辱感が原動力になっている。当時、先進国のなかで日本はペルシャ湾の石油の最大輸入国でもあった。ともあれ、この経験をきっかけとして、日本は国連の平和維持活動や人道支援、国家再建活動により積極的に参加するようになった。海上自衛隊の艦船は、インド洋での給油作戦やソマリア沖の海賊対策にも参加してきた。とはいえ、国の規模や経済的・軍事的能力から考えると、日本が分担している地域的およびグローバルな安全保障上の負担は不釣り合いに小さいのである。

それでは、日本はやはり「普通ではない」のであろうか。我々の考えでは、二つの重要な点から日本は「普通ではない」といえる。まず、戦争を行ったり軍事力を整備したりする権利を持たない主権国家は前例がなく、憲法第九条にいささかでも比較しうる憲法上の規定を有する国はない。ことによると以下のように考える向きもあろう。すなわち、この制約は日本人が自ら課したものなのだから、もし日本人が望むのであれば、その制約をしっかり受けとめながら生きてゆくのは日本の主権上の権利に属することではないか。それは、日本に憲法上の制約を改めたり廃止したりする権利があるのと同じことである。だが、日本はアメリカによって書かれた憲法を受け入れるよう強いられたのが現実であり、自衛隊の存在そのものすら一見したところは違憲なのである。もし日本が完全なる「普通の国」になろうとするのであれば、この正常ならざる側面は解決されねばなるまい。

第二に、国際社会での存在感に比べ、地域的およびグローバルな安全保障において日本の果たす役割が極端に小さいことは明らかに「普通ではない」といえる。自国より強力な同盟国が提供する安全保障に一定程度ただ乗りしている国は少なくないが、世界経済の原動力の一つである日本の安全保障上の役割があまりに小さいのは特異である。日本が「普通の国」であれば、世界もうらやむ豊富な諸資源を国際平和と安全のために使用することも、他の先進諸国に比べて極端に制限されはしないであろう。このことをふまえた上で地域的に行動するかグローバルに行動するか、単独で行動するか二国間関係あるいは多角主義の枠組みを用いて行動するか、はたまた大国としての行動様式あるいはミドルパワーとしての行動様式を採用するかは、「普通」の対外政策決定の領域に属する課題である。

右に挙げた点のうち、究極的には二つめの方がおそらく重要である。日本は憲法第九条の矛盾を過去五〇年以上やりすごしてきたし、必要とあらばさらに五〇年同じことを続けられるかもしれない。こちらの「普通ではない」側面は、早急には対処できない性質のものなのである。かたや二つめの方は、日本にとっても他国にとっても具体的帰結を伴うものである。短期的には、地域的およびグローバルな安全保障上の責任分担を日本が増やすかどうかの問題は、正常ならざる象徴的側面を憲法から除去することよりも重要である。

やや思いきって予想すれば、行動の面から日本が「普通」になった場合、自国と周辺国をいらだたせるというよりはむしろ落ち着かせるような存在になるであろう。そうなれば、ポストモダンを生きる自由民主主義をとる現代の日本と、一九三〇年代の軍国主義的な大日本帝国の間のあざやかな違いが浮き彫りになろう。行動面において「普通」である日本こそが、日本あるいは世界にとって望ましい方向だと考えられる。そうなれば、日本の持つ相当なる人的、文化的、技術的そして金融上の資源を世界全体の福利へ振りわけることができるだろう。その段階に達すれば、日本は時代にそぐわない憲法のくびきから自らを解放する手順に取りかかれるのではなかろうか。

❖本書が目指すもの

経験ある者なら誰でもわかるだろうが、複数の著者による書物を編む際にもっとも難しいのは、著者が相互に語り合いつつ、書物全体を貫く単一の問題あるいはテーマに取り組むようにすることである。そして、検討される主題が広い意味で現代の問題に属する場合、どこで時代を区切るかもまた同様に重要である。

最初の点についてもう少しいえば、本書の執筆陣はさまざまな国に散らばっているため、事態は一層難しいものとなった。専門も国籍もさまざまな執筆陣は、日本の外交・防衛政策や国際的な役割について独特の理解を提供してくれる。こうした多様な視点からのアプローチこそ本書の意義のかなりの部分を占めるだろうというのが、当初この書物を計画した際に我々が考えたことである。我々編者は、各執筆者がこのような信念を共有してくれたことに感謝するとともに、執筆陣が示してくれた協力的な姿勢や相互に学び合おうという姿勢(実際我々はお互いに多くを学んだ)に喜びを禁じえない。しかし、執筆陣一同で、「問題」の性質(そもそも「問題」が存在しているのか否かも含めて)、問題の「解決」の性格(もちろん「問題」があるとしての話だが)、あるいは「普通」となった日本が地域的およびグローバルに果たす役割について、まとまった答えを用意するのは不可能なことが結局明らかとなった。

そうした答えが出なかったのは努力を惜しんだからではなく、我々が本書で取り扱った問題は現実に激しい対立のある問題だという事実を反映しているからである。我々の考えでは、まさにこの点が決定的に重要である。本書は、多様な視点から問題を検討することによって、この点を鋭く浮き彫りにできたと信じている。また、激しい対立があるということは、日本の外交・防衛政策を「普通」にしようとすると、あるいは「普通」になるのを容易にすべく憲法上、法律上、行政上の規定を変えようとすると、日本の内外で論争を引き起こしうるということである。こうした試みは、「普通の国」に向けた建設的で正しい一歩だと考える人もいれば、危険をはらむ修正主義への不幸な動きだと考える人もいるからである。

本書の執筆陣は、辛抱強くかつ精力的に共同作業に取り組んだ。それもあって、本書は出版のタイミングを一度ならず逸しそうになった。我々がこのプロジェクトを構想したのは一〇年以上前の一九九〇年代後半のことで、本格的に始動したのは二〇〇〇年代初頭のことである。そして、日本、カナダ、イギリスのさまざまな場所で会議やセミナーを開催した。各執筆陣は、他の執筆者、我々編者、そして匿名の査読者二名からの意見を取り入れるために、またこの間の重要な政治的展開を織り込む必要に迫られて、それぞれの担当章を忍耐強く三回にわたって改稿した。こういった点を読者に飲み込んでいただくには、プロジェクトの開始以後出版までの間に、日本の総理大臣は四回も替わったことを記せば十分であろう。本書はかなりの程度、まさに現在動いている標的を捉えようとする試みなのである。
本書（英語版原書）が印刷に回った頃の日本の首相は民主党の鳩山由紀夫で、一九九四〜九五年の短期間に首相の座についた村山富市以来の非自民党の総理大臣である。国民のムード、政党間の力学とも全般的に変化を求めるようになっていたので、二〇〇九年八月に鳩山の民主党が総選挙に勝利したことは必ずしも予想外ではなかった。それだけに、民主党にも慢心があったのだろう。ずっと野党だったために野党気質が醸成されていたし、鳩山は見るからに準備不足のまま統治の任につくこととなった。

長い間野党暮らしの指導者が政権を取った際にしばしば起きるように、鳩山は自身の行動の自由が内外の圧力によって制約されていることを知ることになる。鳩山は日本が安全保障面でアメリカに強く依存していることを問題にし、対外政策の「バランス回復」、すなわち日本の近隣諸国と地域の問題をより重視することを約束したものの、言うは易いが行なうは難いことをじきに悟った。選挙用でもあった鳩山のレトリックは、雑多な立場が入り混じる民主党における伝統的な左よりの平和主義をある程度反映したものでもあった[6]。しかしより重要なのは、それが注意深い戦略的考慮に基づくものというより一種の常套句に過ぎなかったことである。実際、デイヴィッド・ウェルチが第一章で論じるような真の国家戦略を明確にする試みを鳩山政権が始めるのは遅かった。鳩山政権は、軌道修正を試みながらも、最も重要な同盟国と日米安保条約への高い支持を示していた日本の多くの有権者を疎外することになったのである。

本書が出版される二〇一一年半ばに誰が首相であるかを予測することは不可能である。しかし、劇的な地政学的変化が起きていなければ、日本の外交・防衛政策の基本に大きな変化は生じていないだろう。しばらくの間、アメリカとの同盟は日本の安全保障の要であり続けるだろう。日米両国政府は、沖縄・普天間基地の移設に関する二〇〇六年の合意を見直すとする鳩山の主張がもたらした日米間の不和を何とか管理し、互いにすり減った神経を癒すようになるだろう[7]。日本はアジア重視を見せつけるかのように近隣諸国との関係改善を進めるかもしれないが、それが戦後日本の繁栄の鍵を握ってきたアメリカという支柱を損なうことにはなりそうもない。船橋洋一がいうように、「半世紀以上にわたり同盟関係は危機と漂流を経験してきた」が、大局的にみて「異なる言語と文化を持つ〈日米〉両国がこれほどの信頼関係を深めてきた事実は、現代史の奇跡というべきである」[8]。

日本にとってアメリカが重要であるならば、日本が「普通」となることについてのアメリカの視点を扱った章がなぜ本書にはないのか。読者はこうした疑問を感じるだろう。事実、当初はそうした章も含める予定であったが、二つの理由から不要と判断するに至った。第一に、日本の外交・防衛政策に関するアメリカの見解は巷間にあふれており、アメリカに関する章を設けても新たな知見はあまり期待できないものと思わる。第二に、本書のテーマに関連するアメリカの視点は、戦後を通して極めて一貫している。本書の目的に沿ってその基本的なポイントを以下で示しておけばよいだろう。

日本が「普通」となることに関するアメリカの視点の特徴は何であろうか。端的にいえば、日米安保条約の枠内に日本の役割が留まる限り、そして日本がその補助的役割を認めて受け入れ続ける限り、アメリカ政府は、日本が地域的およびグローバルな安全保障上の役割をその豊富な資源に見合った形で担うことを長い間支持してきた。戦後の占領期、基本的にはアメリカが憲法第九条の規定を日本に与えたにもかかわらず、アメリカは冷戦初期段階から日本の防衛力増強に価値を見いだすようになる。日本をその領空、領海および周辺の監視活動に従事させ、対ソ抑止に貢献させるのが有用であることをアメリカはすぐに認識するようになったのである。こうしたアメリカの考え方の周到さは、自衛隊が静かなうちにも目覚ましく発展し、自衛隊と米軍との協力も効果的に進展してきたことに十分示されている。

冷戦時代に日本は信頼を置ける望ましい同盟国だったが、それは洗練され職業倫理を備えた軍を日本が持ち、二義的かつ補助的役割を果たす用意があったことによる。これにより、冷戦後も日本は信頼できる重要な同盟国たり続けている。それゆえ、自国の防衛に努め、地域的およびグローバルな平和と安全を促進する多国間のさまざまな取り組みに貢献しようとする日本の努力をアメリカは受け入れ、促すことに問題を感じることはない。とはいえ同時にアメリカは、日本の内政上の問題および地域における不安感にも敏感であった。日本がなかなか「普通」にならなくとも、アメリカ政府はそれを十分に理解し支持してきたのである。一九八〇年代後半のバブル経済期には、日本がアメリカの核心的利益を脅かし、アメリカに対し地政学的挑戦を突きつけるようになるのではないかという懸念——というより被害妄想(パラノイア)といった方が適切かもしれない——を抱くアメリカ人もいた[9]。しかしそうした声は少数派であり、恐怖は長続きしなかった。今日ではその痕跡を見つけるのはいよいよ難しくなっている。時間の経過に伴う社会化、世代交代、そしてグローバル化を通じて、船橋のいう「現代史の奇跡」が見事に具現化したことを、アメリカの識者たちも信じるようになったのである。

要するに、アメリカは、「普通」の日本の理解ある支持者だと見なせるのである。アメリカ人が、議論の中身と進展の具合を喜んで日本人任せにしていることは十分に理解できることである。事実、近年そうした日本の議論には変化が見られる。すなわち、レトリックではなくますます現実味を帯びた議論になってきているのである。パク・チョルヒーが第四章で論じるように、「普通の国」という用語は、初めに使われ始めた際の事情もあって、主に日本の保守的な思考を連想させるようになった。結果、対外政策をめぐる日本国内の議論ではその言葉自体が聞かれなくなった。その代わり、国内での議論は、当初普通の国となるために必要だと考えられた現実的な各論に対する賛否という形をとるようになった。例えば、国内外で自衛隊の存在感を大きくすることや、日本が引き受ける地域的およびグローバルな役割の拡大などである。

一般的な傾向として、日本では、自国が「普通」になることが現実的に受け入れられつつあるのは明らかなようである。事実、自衛隊は国内で存在感が高まってきたし、海外での活動も増えている。二〇〇七年に防衛庁が防衛省に昇格して以来、防衛庁長官は、他閣僚同様大臣となり、政策協議の過程における自衛隊の発言力が高まった。また、日本の軍事的能力も徐々に向上しつつある[10]。しかしながら、憲法改正は当面のところ棚上げされており、そのことは日本の近隣諸国のみならず、アメリカにとっても望ましいものとされているといえよう。

謝辞

本書のような長年にわたる国際的取り組みは多くのご支援なくしては成り立たず、次の方々に御礼を申し上げなければならない。真っ先に感謝しなければならないのは、渋沢栄一記念財団とミズーリ大学セントルイス校である。両者の資金面およびロジスティクスに関する寛大なご支援がなければ、本プロジェクトはそもそも始まることがなかっただろう。とりわけ、渋沢栄一記念財団の渋沢雅英理事長と木村昌人研究部長、およびミズーリ大学セントルイス校国際問題研究センターのジョエル・グラスマン所長には深く感謝申し上げたい。また、カナダ社会人文科学研究評議会の研究助成プログラムによるデイヴィッド・ウェルチの業務へのご支援、および本プロジェクトの中核的企画となった二〇〇五年のセミナーに対する日本国際交流基金トロント事務所によるご支援も極めて貴重なものであった。さらに、慶應義塾大学とイギリスのケンブリッジ大学は、会合やセミナーの開催を快く受け入れてくれた。最後に、トロント大学出版会のステファン・コトウィチとダニエル・クィンランは、編集者としての英知と専門的能力を辛抱強く示してくれた。

第1章　「普通」を抱きしめて
——日本の国家戦略に向けて

デイヴィッド・A・ウェルチ[1]
合六強［訳］

はじめに

二〇〇六年、朝日新聞は、研究者および官僚、計四〇人を対象に、日本に「国家戦略」はあったのかについてアンケートを実施した。その結果、少なくともポスト冷戦期に限れば、「なかった」という回答が圧倒的多数を占めた。しかし、それ以前の時期については見解がわかれた。例えば、京都大学の中西寛は「吉田ドクトリン」を「一種の国家戦略」とみなせると考えているが、誰もがそう確信しているわけではない。外務省の中枢にいたOBによれば、冷戦期には国家戦略を「考えないで済んだ」こともあり、日本外交の主流派には国家戦略に対する「思考が欠如していた」という。そのため、冷戦が終結すると、日本の外交政策はどうも漂流気味であるという感覚が強くなり、大きな不安が生じることになった[2]。

そもそも、国家戦略とは正確には何だろうか。そしてそれがあるかないかは、どうすればわかるのであろうか。オックスフォード英語辞典(Oxford English Dictionary: OED)の定義によると、戦略とは以下のようなものである。「成功するための行動計画であり、相対立するプレーヤーの行動が合理的で相互依存的であることが前提になっている」。これは意味深長である。第一に、戦略とは「計画」である。つまり、ロードマップ、青写真、あるいはAからBにはどうやっていくのかという指針である。第二に、戦略とは能動的に「行動」するための計画であり、無為や受動的な反応のためのものではない。つまり、目的追求のために、時間、エネルギー、そして資源を進んで投入する意思があることを前提としている。第三に、戦略とは「成功」するための行動計画である。ということは、達成されたかどうかを判断できるように、目標を定式化する能力が必要となるだろう。第四に、戦略というからには、他のプレーヤーも独自の目標を持ち、それを達成しようとするはずだということを考慮に入れねばならない。そして最後に(OEDに明示されてはいないものの明らかに含意されていることとして)、戦略には「手段」についてのビジョンが含まれており、国家はそれによって合理的に目標を達成しようとする。では、国家は目標を達成するために、どのような手段を持つべきか。それをいかに使いこなすか。また、リージョナル、そしてグローバルにいかなる役割を果たし、どのようなニッチ(得意分野）を見つけ出すか。いかに振る舞うか。そしてどの国と提携し、どの国と対抗するのであろうか。

日本の外交・防衛政策の歴史を振り返って、ある特定の時点における目標、手段、役割、ニッチ、スタイル、提携国、対抗国に関する一覧表をつくることは可能である。現在のものについてもそれは可能だろう。しかし重要なのは、こういった諸々の点が首尾一貫しているかどうかである。それはまとまったビジョンを示しているだろうか。また、世界政治の力学についての基本的理解と連動しているだろうか。そして、それは「計画」に基づいたものだろうか。

国際政治を学んでいる者のほとんどは、国家戦略をいわば国際環境の文脈から自然に生じてくるものと見なしている。伝統的見解に従えば、国益とは所与かつ不変であり、そこには安全保障、独立、パワー、富の追求が含まれる。そして政策立案者は「合理的」であるため、手段と目的の釣り合いをなかば自然に保つことができるとされる。通常、こうした見方は「リアリスト」学派に属する[3]。リアリズムは、世界を眺めるレンズとして非常に有用といえるだろう。というのも、国家が限られた数の特定の目標を追求すると仮定すれば、国家の行動を説明・予測しえる強力かつ効率的な理論を導くことができるからである。このようなリアリスト理論の例としては勢力均衡論があるが、これは長い知的伝統を誇ると同時に、時として指導者によって政策の拠り所としても用いられてきた[4]。

とはいえ、リアリズムの観点から国際政治における国家の根本的な行動原理を理解しようとすることには、二つの問題がつきまとう。まず、たとえ国家がつねに自国の安全を追求しようとしていることが事実だとしても、こうした一般論から個別の政策や行動を導くことは容易ではない。また、そもそも安全保障とは何で、それを達成する最適手段は何かという問いに対する答えもすぐには出せない[5]。例えばアメリカにおいては、外交政策をめぐり、孤立主義者も国際主義者も自らの安全保障政策のほうが優れているといつも主張するが、両者の政策は正反対で相容れないものである[6]。

第二の問題は、何が国益に資するかについて、国家の考え方が時おり根本的に変わる可能性が否定し難い点である。かつてドイツやフランスといった国家は、自らの国益を実現するために、独立した外交政策、強力な軍備、そして海外植民地の保有が欠かせないと主張していた。しかし、いまでは超国家主義、国際統合、そして民族自決の原則を受け入れている[7]。つまり、リアリズムは、「国益」の意味をめぐる抽象的な「概念(*concept*)」については確固たる見解をもっているものの、ある時点で国家が抱いている特定の「考え方(*conceptions*)」については捕捉しきれないのである。

他方、リアリズムとは異なる二つめの見方——というよりも、いくつかの見解の集まり——は、国益についての考え方は時間とともに変わりうるし、実際に変わるというものである。古典的リベラリズム、ユートピアニズム、功利主義、機能主義、そしてコンストラクティビズムのすべては、他の点はともかくこの点では共通している[8]。しかし、これらのアプローチは、リアリズムに対する批判としては有効であるものの、リアリスト理論に匹敵するような国家行動を説明する理論を依然生みだせてはいない。さらに、これら非リアリスト系のアプローチは、国家の国益観が根本的に変わるということを指摘してくれるのだが、その変化があまりに多様なメカニズムのもとで起きることも示してしまうのである。

日本の外交エリートが、時代とともに長期的な国益、少なくとも追求すべき具体的な目標（抽象的な目標ではない）について考えを変化させてきたのは確かである[9]。日本の指導者はつねに「安全保障」を追求してきたが、その具体的な考え方は時とともに変化してきたし、今日でも流動的である。日本が「普通の国」であるか、そうなるべきであるか、もしそうなるべきだとすれば日本に何が必要なのかといった現在進行中の論争のなかにも、そのような変化は見られる。「普通の国」論争は基本的に国家戦略をめぐるものであり、日本の外交・防衛政策が果たすべき目標やその達成手段にもかかわるものである。

では、右でいう安全保障に関する「考え方（*conceptions*）」とは何を意味するのだろうか。具体的には以下の三つのことである。①外交・防衛政策によって「保護されるべき対象（referent object）」に関する理解、②「安全保障問題化（securitizing）」するに足る脅威に関する理解（それは単なる「問題」ではなく、「安全保障上の脅威」として定義される。つまり、乏しい資源のなかで政治的課題として最上位に引き上げられ、とりわけ緊急性をもって取り扱われるべき脅威である）[10]、③安全保障上の必要性に応える最適な手段について広く共有された信念のことである。近年の外交・防衛政策の漂流は、日本が新しい国家戦略の策定を切望していることのみならず、その機が熟していることをも示唆しているといえよう。

1 安全保障に関する日本の考え方

第二次世界大戦以前における日本の外交・防衛政策の歴史は本書の読者には周知のことだろうし、私がここで改めて述べるまでもない。一言でいえば、一六世紀から一九世紀にかけて、日本は諸外国の介入を防ぐことにかなり成功した。ヨーロッパで産業革命が起こり、列強が植民地や勢力拡大を求めて東アジアに殺到するなかで、日本の指導者は、西洋を模倣するか、あるいは西洋に支配されるかの選択を迫られていることを理解していた。結果として彼らは、近代化、産業化、そして国家建設を進める大規模な計画に取り組んだ。こうした改革は大成功を収めたが、人口は急増し、経済も急成長したために、日本の限られた資源的基盤は極度に圧迫された。これらを背景に、大国としての国際的地位や威信を高めようとしたため、日本は大陸で帝国主義的な冒険に乗り出し、最終的には第二次大戦でアメリカやその同盟国と衝突し、敗北するに至った[11]。この間、つねに成功したわけではないものの、一貫した国家戦略があったことは比較的容易に確認できるだろう。

戦後に目を転じてみると、日本人研究者よりも外国人研究者のほうが、日本の外交・防衛政策に一貫性やまとまりがあったと描きたがる傾向があるのがわかる。例えば、エリック・ヘジンボサムとリチャード・サミュエルズはいみじくも「重商主義的リアリズム（mercantile realism）」——軍事力よりも富の拡大を通じて、慎重かつ意識的に国力の伸長を図ること——と名づけ、戦後日本は一貫した国家戦略を持っていたと主張する[12]。またジェニファー・リンドは、日本の国家戦略は「リアリズムに基づく責任転嫁（realist buck-passing）」として特徴づけられると論じる。トマス・バーガーは、日本の政策は「極めて一貫している」といい、それは戦後日本の政治・軍事文化に一貫性があったからだという[13]。他方、ケント・カルダーは、そうした一貫性は「サンフランシスコ体制」が持つ独自の特徴に起因するものと指摘する。彼が「サンフランシスコ体制」と呼ぶものには、以下のような特徴がある。①稠密《ちゅうみつ》な二国間同盟網、②多国間の安全保障構造の欠如、③安全保障と経済の両面における同盟関係の大きな非対称性、④日本重視、⑤アメリカ市場への自由なアクセスと限定的な開発援助である[14]。さらには、近年、欧米の研究者による日本の外交・防衛政策に関する最も重要な三つの研究のうち二つが、日本はすでに一貫した国家戦略を持っていると主張している[15]。

他方、戦後日本の政策が戦略的だったと全般的ないし基本的には解釈しつつも、そこには時おり変化があったと考える研究者もいる。例えば、猪口孝とポール・ベーコンは、日本の政策が一九四五年以降、だいたい一五年ごとの五つの局面にわけられると指摘する。最初の局面は不安定な状況下にあり、国家戦略をめぐる合意がなく、社会では日米同盟に対する賛成派と反対派が紛争に明け暮れた時期（一九四五〜六〇年）である。次に、「吉田ドクトリン」が成功を収めた安定期（一九六〇〜七五年）である。第三に、日本が「国際システムレベルでアメリカを支える国家」として浮上した時期（一九七五〜

九〇年)である。第四に、日本が「グローバル・シビリアン・パワー」としての役割を果たそうとする時期(一九九〇〜二〇〇五年)である。そして彼らによれば、現在は、イギリスに倣った「グローバルな普通の大国として、日本の新たな役割が徐々に強化される」という第五の局面にある[16]。

以上のとおり、日本外交をいかに特徴づけるかをめぐっては研究者の間で合意が得られていないものの、その背後に一定の原則が存在するという点では見解が一致している。すなわち、クリスチャン・ヒューゲンが指摘するように、「日本の繁栄が目的である」ということだ[17]。確かにこれはどの時代にも当てはまるといえよう。繁栄とは非常に一般的な概念である。しかし、政治学者がよく行なうように、これを物質的基準からのみ理解するのは間違っているだろう。日本の外交政策を振り返ると、非物質的価値が物質的価値より重視されることがしばしばあった。非物質的価値として真っ先に挙げられるのが、アイデンティティ、自尊心、そして国際的威信である。例えば、領土問題、捕鯨、首相の靖国参拝といった、一見したところ国際的に問題を起こすほどの価値がなく、しかも簡単な妥協で面子が保てそうな問題をめぐって、日本がいつになく決然と非妥協的態度をとって世界を驚かすとき、非物質的価値の重要性がわかる[18]。

もちろん、通常、国家の指導者は「安全保障」や「繁栄」といった抽象的概念から導き出される具体的な目標を追求する。アイデンティティの問題が日本の政策で特に強くみられるからといって、物理的な安全保障、経済的豊かさ、高い生活水準といった物質的目標が政策に影響を及ぼさないということではない。これらも影響を与えているのは自明である。ただし、外交政策の懸案となっているすべての問題が、目標として同時に追求されるわけではない。国家戦略の役割とは、特定の目標に優先順位をつけ、それを追求する適切な手段を明らかにすることによって、目標達成に資する実践的な政策指針を作り出すことである。日本政府にとって利用可能な手段から、特定の戦略が必然的に決まってくるというものではない。例えば、日本の平和維持活動への参加は劇的かつ重要だったが、それは現在進行中の「グローバル・シビリアン・パワー」というまとまった国家戦略がある証左かもしれないし、あるいは一時的な圧力やインセンティブに反応しただけかもしれないのである[19]。

2　国家戦略の源泉

安全保障に関して特定の考え方があるとき、それは何に由来するのだろうか。この問いに取り組む際に用いられる手段の一つとして、「分析レベル」という伝統的な道具がある[20]。これに従えば、外交政策の原動力を、国際システム全体(つまり国家間の相互作用)、国内政治、政府や官僚機構に特有の構造、または外交政策立案者の判断、認識、欲望、世界観、人格特性のなかに見いだせる可能性がある。

戦後日本の外交政策や防衛政策を理解するべくこの道具を用いてみると、各々の分析レベルがせい

図1.1　主要国の人口(1950〜2008年)

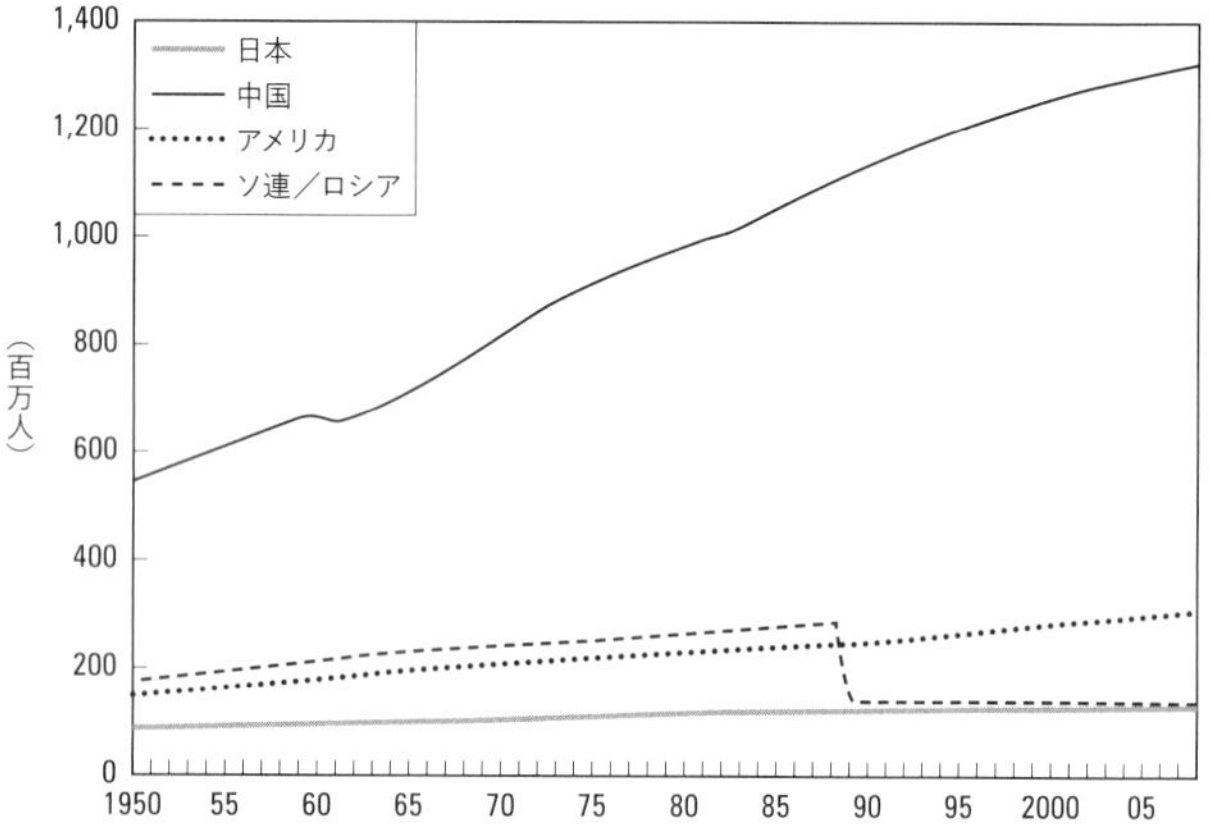

出典：Conference Board and Groningen Growth and Development Centre: http://www.conference-board.org/economics/database.cfm(2009年6月3日アクセス)

ぜいパズルの一ピース程度にすぎないことがわかる。国際システム全体を見てみると、政策というものは国家の能力の関数だったり、リージョナルもしくはグローバルな脅威や機会に対する反応だったり、あるいは(例えば覇権国や支配的な大国などに)強要されたものであるという根拠が見つかる可能性がある。確かに、国家の能力を評価する(あるいはリアリストがいうように「パワーを計測する」)ことは難しいとされているし、いかなる方法論にも議論の余地はあろう[21]。それでも、パワーは大まかには測定可能で、人口、経済、軍事といった要因が重要だということには広く合意があるだろう。こうした観点から、地域の他のアクターと比べて日本がどう見えるかを以下で検討してみよう。

図1・1が示すように、ソ連崩壊以降人口が減

図1.2　主要国のGDP（1950～2008年）

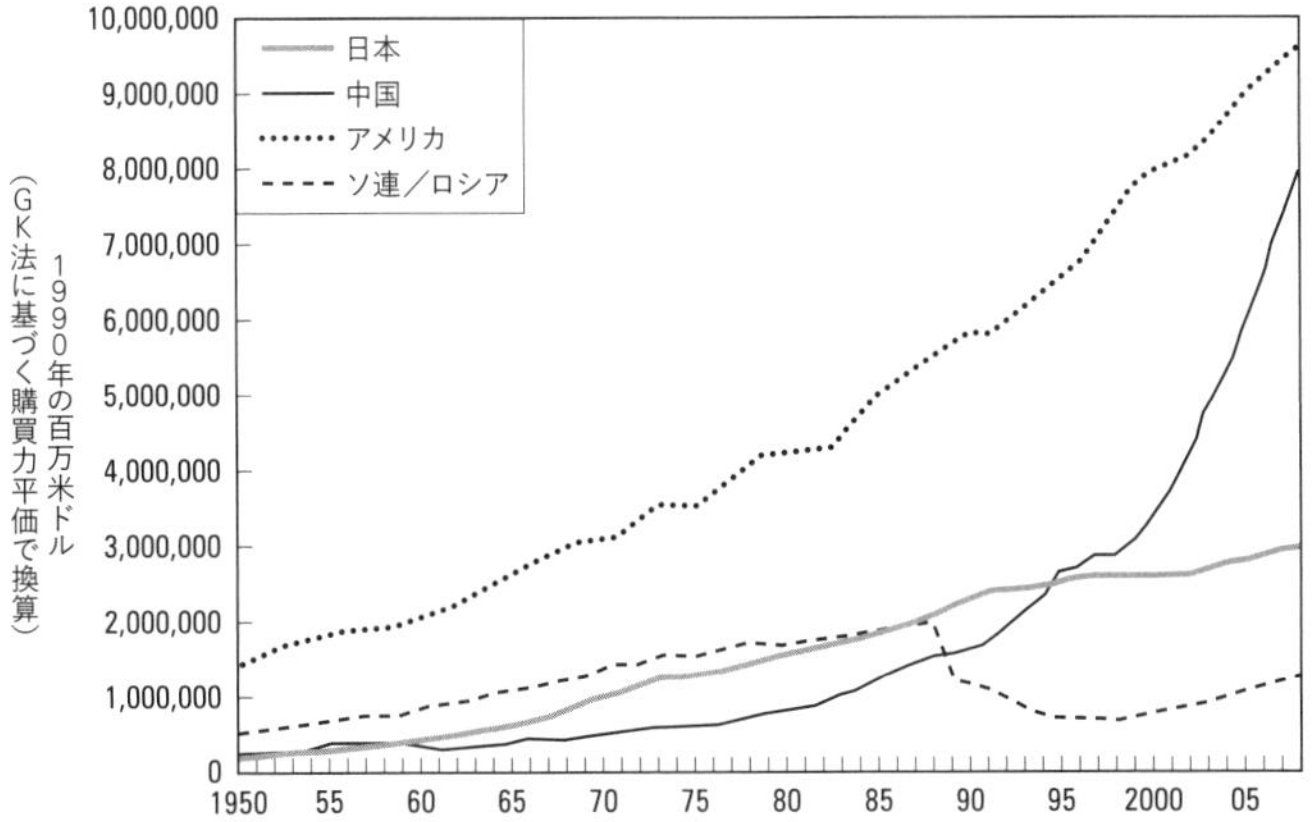

出典：Conference Board and Groningen Growth and Development Centre: http://www.conference-board.org/economics/database.cfm（2009年6月3日アクセス）

少したロシアを除いて、日本の人口は、他の地域大国と比べてみるとゆっくりとしか伸びていない。日本では高齢化が進んでおり、これは長期的観点からは重要な経済的意味をもっている[22]。また、図1・2や1・3は、日本の経済力が相対的に注目に値するものであることを示している。日本経済の規模は、購買力平価で測れば、既に九〇年代に中国に追い抜かれ、もはや世界第二位の規模ではなくなったが、中国が日本の経済発展レベルまで追いつくにはまだ時間がかかる。また、日本の軍事力の質はアメリカに次いで第二位であるが、図1・4と1・5は、地域の主要国と比べると、日本の兵力は小さく、軍事支出は安定的であることを示している[23]。

　こうした傾向は、概ね以下のようなことを示している。もし日本の政策が、単純に他国との比較

図1.3　主要国の一人あたりGDP（1950〜2008年）

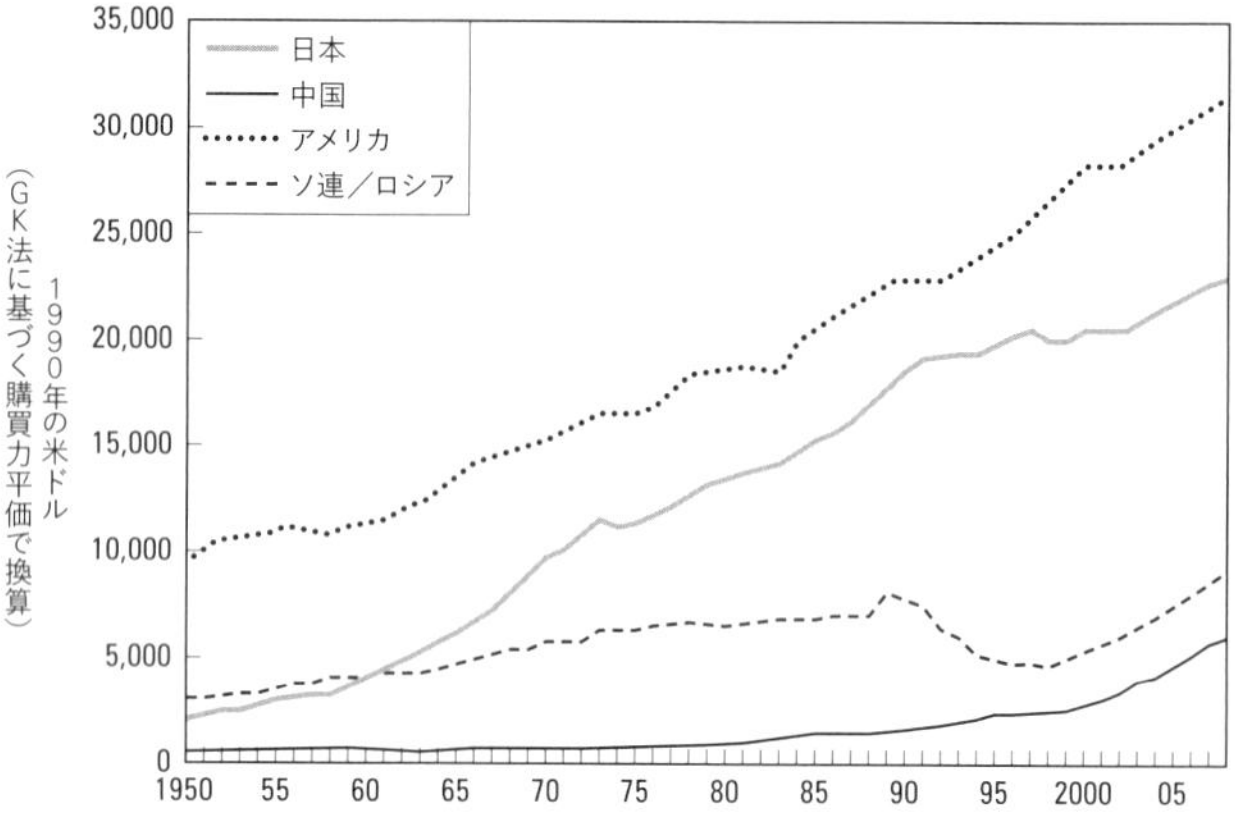

出典：Conference Board and Groningen Growth and Development Centreのデータに基づき筆者作成、http://www.conference-board.org/economics/database.cfm（2009年6月3日アクセス）

図1.4　主要国の兵力数（1985〜2003年）

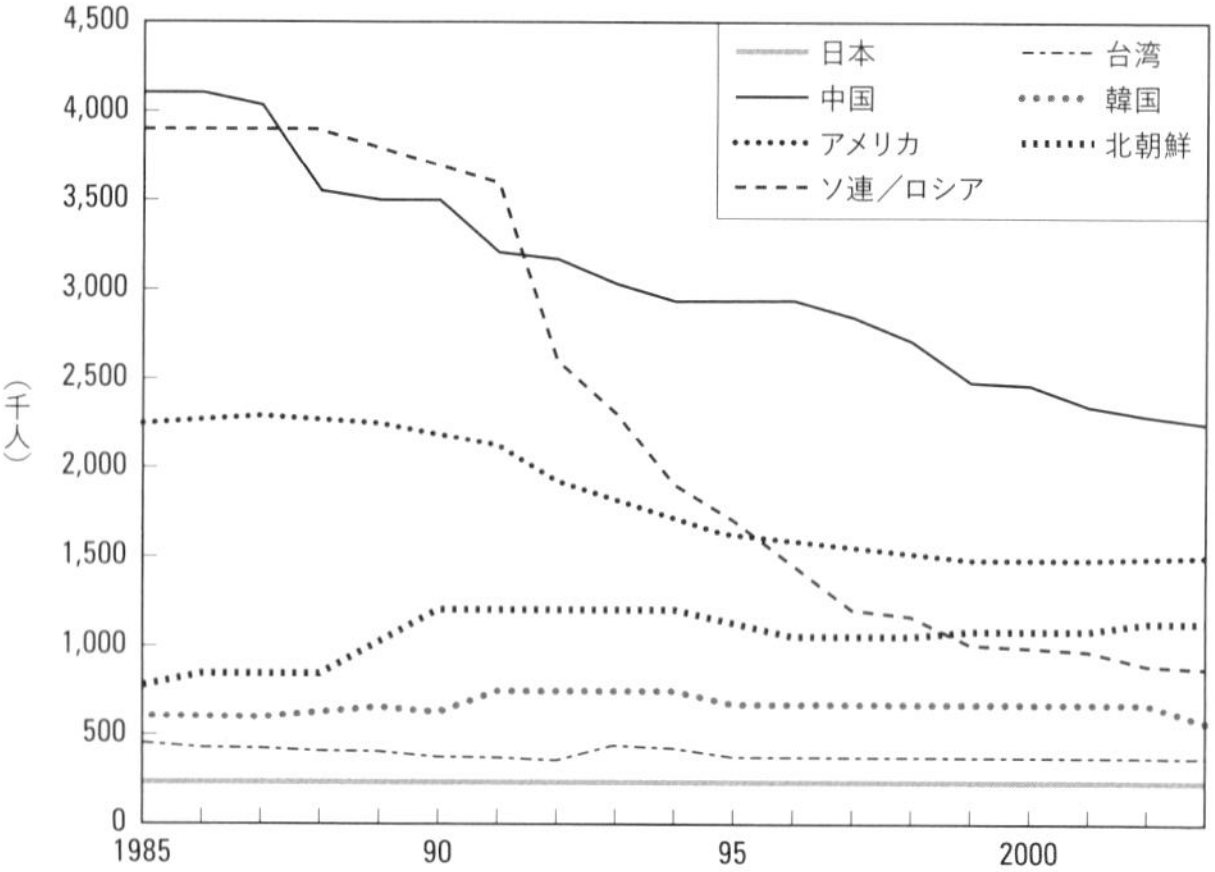

出典：Stockholm International Peace Research Institute: http://www.sipri.org（2009年6月3日アクセス）

図1.5　主要国の軍事支出（1988〜2007年）

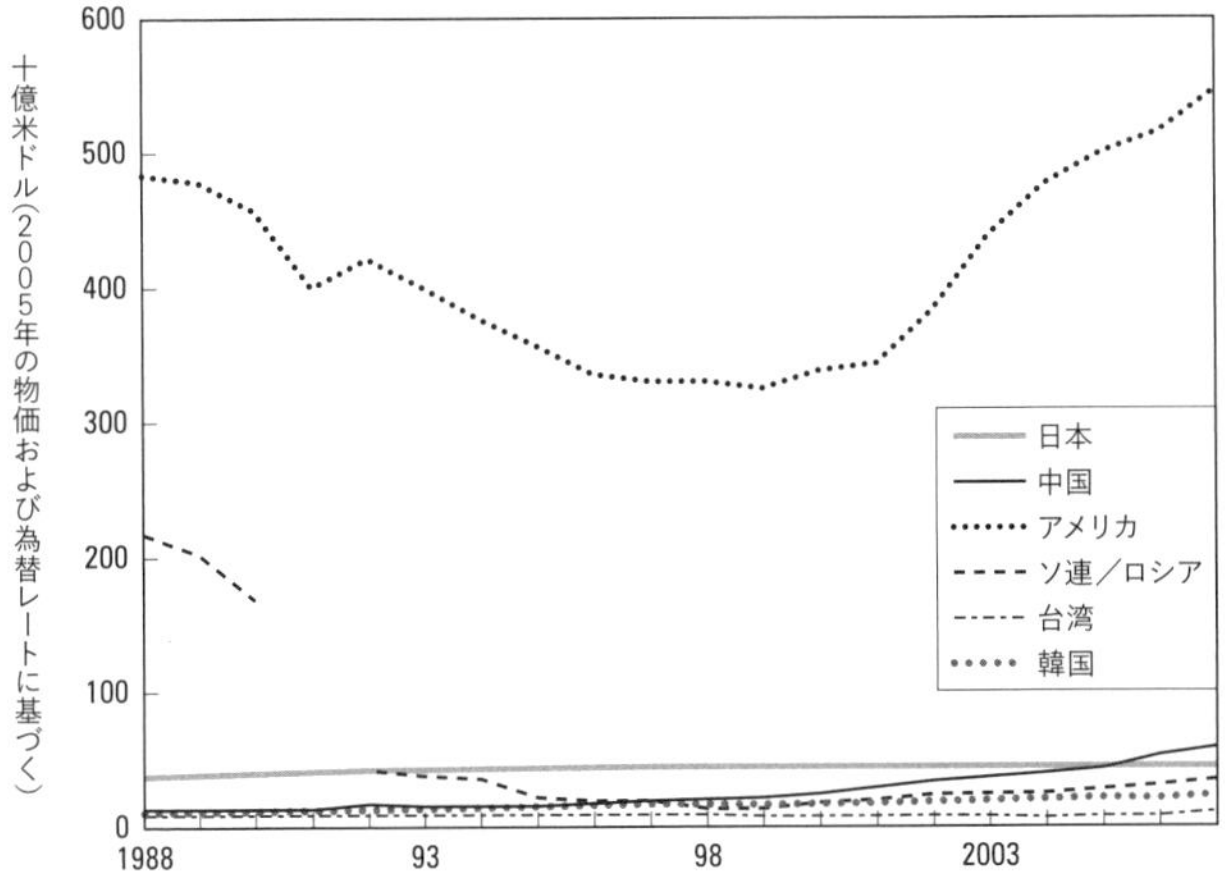

出典：Stockholm International Peace Research Institute: http://www.sipri.org（2009年6月3日アクセス）

による相対的能力の関数で決まっているのであれば、日本の国家戦略は少なくとも一九七〇年代以降、同じような地位にある大国の国家戦略に似たものとなっていたはずである。日本はイギリスのように「なりたかった」わけではないが、約四〇年の間にイギリスのようになっていてもおかしくはなかった。いうまでもなく、経済面での重みによって、日本は国際貿易や国際金融の分野で大国として振る舞うことができた。しかしその一方、軍事面では目立たないように振る舞ってきた。それにはもっともな理由があったが、いずれにせよ軍事面での日本の行動が単なる相対的能力から決まっているわけでないのは明らかである[24]。また、グローバルもしくはリージョナルな脅威や機会が決定的だとすれば、ソ連の脅威の重要性が低下し、北朝鮮からの挑戦や中国の「脅威」が増大することに対応して、米韓台との関係の緊密化が重要になったはずである。そしてそれを反映するような、かなり劇的な政策調整が本来なされてもおかしくなかった。確かに、こうした事情を勘案した政策調整は見られた。日本の『防衛白書』は地域の脅威を綿密に特定し注視している[25]。麻生太郎は外相時代に中国を脅威だと公言し[26]、また日米関係は緊密化し、兵力の相互運用性を改善するために重要な基地再編も完了した[27]。しかしながら、日本の対応はもっぱら外交的なものに終始した。北朝鮮のミサイル能力に対するヘッジとして弾道ミサイル防衛に関する計画を加速化させたことを除けば、軍事戦略、兵力構造、ドクトリン、兵力配備、あるいは兵器調達の面で特段の変化は見られなかったのである[28]。また以下のことも、システムレベルからは説明できない。北朝鮮政策は拉致問題にかかりきりの状態である[29]。竹島／独島(Liancourt Rocks)をめぐる領土問題では、韓国との関係の悪化を甘受している[30]。さらに、日本は台湾支持について言葉を濁してきた[31]。

アメリカの「対テロ戦争」は多くの国の外交政策にはかり知れない影響を与えたが、日本もその例外ではない。小泉純一郎首相は、九・一一テロに対するジョージ・W・ブッシュ大統領の対応を支持する立場を真っ先にとった。多くの専門家は、小泉の対応は日本外交の分水嶺であり、その結果、日本のグローバルな役割が拡大したと捉えた[32]。これは、国際システムの力学に対する合理的な反応だったのだろうか。アメリカの覇権のもとで根本において従属的な日本の立場を反映したものと解釈できないわけでもない。しかし、これは小泉とブッシュの信頼関係をある程度——ことによると大きく——反映した結果であって、システムレベルの力学によるものではほとんどないとする者もいる[33]。

以上を要するに、システムレベルの要因は一見したところ日本の政策に影響を与えているが、それは決定的だとはいえないということである[34]。では、国内政治要因はどうだろうか。システムレベルから説明できないこと（「残差（residual variance）」）を国内政治レベルから説明したい衝動に駆られることもあるだろう。例えば、領土回復要求、捕鯨、首相の靖国参拝の国内受けの良さは、システムレベルの分析から逸脱するような事例を説明する上で大いに助けとなる。第二次大戦後、反軍主義という規範を内面化したことで、日本が軍事的手段を増強したり利用したりすることは抑制されてきた[35]。とはいえその規範は、日本が（最初はためらいがちに、その後はかなり精力的に）国連平和維持活動（ＰＫＯ）を受け入れたり、国家建設や「対テロ戦争」を支援するべく海外に兵力を展開したりすることを究極的には妨げていない。また、自衛隊に対する社会の見方が正常になったり、民軍関係が変化したりすることも徐々に避けられない流れとなりつつある[36]。因果関係の特定は困難だが、むしろ政策の変化のほうが国内の規範や態度の変化を促進しているといえるかもしれない。ジェニファー・リンドは以下のように論じる。「日本では反軍主義の規範が広く共有されているが、これによって日本の安全保障政策が抑制されてきたわけではなかった。その規範は、強力な攻撃能力と防衛能力からなる、世界でも有数の軍事力を備えることを妨げてはこなかったのである。そして日本の指導者がくり返し述べているように、もし日本が脅威を感じるようになった場合、反軍主義の規範によって日本の核兵器保有が妨げられるようなことはないであろう」[37]。

一九五五年以降、一つの政党（自民党）が与党であり続けたことに鑑みれば、国内政治レベルの分析は、日本の外交政策に一貫性があったということを魅力的に説明してくれる。表面的には保守政党である自民党は、実際は派閥や、中道右派・中道左派にわかれる、わりあい非イデオロギー的でプラグマティックな政党である。これは民主党にもあてはまるかもしれない。日本社会党（現・社会民主党）と日本共産党のみが教条的だったといえるが、これらの政党は外交政策や防衛政策に対する影響力を有してこなかった[38]。確かに、このような国内政治要因は日本の政策の惰性的な性格を説明する助けになるかもしれない。しかし、国家戦略を形成し明確化する際に重要な役割を果たしている政党を見つけることは難しい。つまり、国内政治の分析は、国家戦略が何に由来するのかという問いに満足いく回答を与えてくれないのである。

日本は極めて官僚的な国家であるとしばしば考えられている。だとすれば、日本の戦略的思考の原動力を見つけ出すのに、日本政府内の動きを見ればよいということになる[39]。しかし、そういった試みも期待外れに終わるだろう。どの省庁も外交政策立案の権限を手中に収めきれていないし、省庁間の調整が困難であることもよく知られている通りである（その結果、政策はくり返し失敗に終わっている)[40]。さらに、外交政策の決定過程は単線的ではない。「日常」的な状況は政治的に高いレベルからは注目されないが、官僚政治に典型的なせめぎあいが見られる。他方、「政治」的な局面では、重要な問題は官僚の手を離れ、両政党の派閥や超党派のアクターがゲームに参入してくる。そして「重大」な局面では、指導者が責任を負い、作業は通常のチャネルの外で行われる[41]。要するに、官僚レベルの検討は、国家戦略がいったん作成された後、なぜそれが安定化するのかを説明する助けとはなるものの、国家戦略が何に由来するのかに対して納得いく説明を行なう上で重要な役割を果たすことはほとんどないのである[42]。

3 理念の創発者精神(Ideational Entrepreneurship)

それでは、国家戦略は個人に由来するものなのだろうか。個人レベルを検討することは自然であろう。結局のところ、すべての戦略、政策、行動は、特定の個人が選択した結果だからである。プレーヤーは、政府、国内政治、国際政治の複雑な文脈を考慮して選択するのであり、その選択がいかなる拘束も受けないものだとはいえない。しかし、日本の指導者たちがぶれずにいつも同じ戦略を追求し、同じ選択をしない限りは、明らかに個人が重要になってくるのである。

政策決定者個人は、様々な分析レベルからインスピレーションや手がかりを得ることができるし、実際にそうしている。国内政治にやけに敏感な指導者もいるし、勢力均衡に基づく政治を熱心に実践する者もいる。さらには、自らが定める国益を促進しようとする際に、直感や内なる声に耳を傾ける指導者もいる[43]。一九七六年に策定された「防衛計画の大綱」の起源に関する川崎剛の興味深い研究は、格好の事例を提供している。川崎は、坂田道太と久保卓也という二人の重要な政策立案者の政策選好は、文化的側面に対する考慮よりも勢力均衡をより強く反映しており、両者とも国内政治からの制約をあまり感じていなかったことを実証した[44]。同じような立場に置かれた政策決定者が同様の選好や規則性を示すかどうかは、個人の人格の重要性を評価する際、意味のある問いになってくる[45]。

国家戦略をめぐる議論が活発化する時期の初めには、個人であれ志を同じくする集団であれ、理念の創発者が重要な役割を果たすものである。こうした時期には、安全保障とその手段について何らかの支配的な理解が存在する。日本が早い時期に西洋を模倣し急速な近代化を遂げた背景には、明治天皇と、改革の必要性を感じていた政府関係者や実業家からなる比較的小さな集団が存在した。日本のアジア進出に際して、福沢諭吉は知的な正当化を行ない、そして山縣有朋と桂太郎は政治的手腕を発揮した[46]。また、吉田茂は「吉田ドクトリン」を形成し促進させる上で不可欠な影響力をもっていた。比較的最近では、船橋洋一が、日本はグローバル・シビリアン・パワーであると主張している[47]。いかなる時代にも、日本の国家戦略に関する、時には矛盾しあうさまざまなビジョンを推進しようとする知の創発者というものが存在するのだろう。過去にはそうした創発者が確かに存在していた。そのなかでいくつかのビジョンが勝利を収め、他のものは敗れ去った。そうした知の創発者を、安全保障についての考え方を具体的に変化させるための十分条件ではないが必要条件だと見なすことができる。したがって、個人という分析レベルは、日本の国家戦略を説明する上で重要な役割を果たすのである。

それでは、知の創発者の成功と失敗をわけるものは何であろうか。この問いに対する一般的な答えはあるかもしれないし、ないのかもしれない。ある時点、ある場所で成功したことが、他の時点、他の場所では成功しないかもしれない。フランスのようにより強い権限をもつ行政府が存在する国家では、政府高官かそれに近い立場であれば、理念の創発者精神がより生まれやすいかもしれない[48]。そうでない国家では、適当な機会があれば、政策決定過程で鍵となるポジションや政党を掌握することで十分なのかもしれない[49]。

さしあたり一般性を前提としないのであれば、以下のリストは意味があると思われる。つまり、以下の問いに対する答えが確固たるものであればあるほど、理念の創発者が抱く安全保障に関する具体的な考え方が定着していく可能性は高くなるといえる。

• 範囲：政策立案者や他の外交政策エリートに話を聞いてもらえるか。より多くの国民に対して、出版物や放送メディアを通じたアクセスを持っているか。

- 目標：物質的／非物質的な要因を考慮しつつ、「繁栄」という広く知られた概念と共振するような一連の外交政策目標を明示することができるか。
- 役割とニッチ：国家がリージョナルに、またはグローバルに果たすべき一連の役割を明示することができるか。それは国家の資源や相対的な能力を考えたときに適当なものであるか。自尊心や国際的な威信とも一致するようなものか。
- 手段：戦略を追求するのに必要となる、明確で魅力的な手段に関するビジョンを持ち合わせているか。その手段は手ごろで効果的であるか。
- スタイル：どのようなかたちで戦略を追求するかについて魅力的な説明ができるか。つまり、穏やかに説明すべきか、あるいは声高に説明すべきか。また、強く自己主張すべきか、柔軟であるべきか。さらに単独主義、二国間主義、あるいは多国間主義のいずれを受け入れるべきか。
- パートナーと敵：聴衆にも妥当と考えられる国家と提携したり対抗したりすることを想定しているか。
- 説得力：もし、理念の創発者の考えと、広く一般に受け入れられている考えに明らかな断絶が存在するのであれば、その隔たりを最小化して疑念を払拭するようなレトリック戦略を見つけ出し、適切な言説を展開することができるか。

このリストは、単に戦略ビジョンの「内容」が妥当でありそうかという点だけでなく、創発者の「宣伝能力」や「うまく主張する手腕」があるかということにも目を向けさせてくれる。他のすべての条件が同じだと仮定すれば、つねに勝利を収められる望ましいケースとして以下のようなものが考えられる。すなわち、①創発者の目標が広く社会で共有され、願わくは反論しえないほど堅固であるということ、②創発者のビジョンが国家の物質的な必要性や自尊心と広く一致していること、③システムからの圧力や動機に対して合理的な反応であること、④国内で鍵となる支持者を満足させていること、⑤その計画が実現可能で手ごろであることを効果的に主張できるときである。

おわりに――「普通」になりつつある日本の国家戦略

理念の創発者精神を熱心に追求した顕著な例が、小沢一郎の『日本改造計画』である[50]。かつての自民党幹事長であり新進党の創設者でもある小沢は、一九九三年に、それまでの四〇年近くの歴史のなかで初めて非自民党からなる連立政権をまとめるのに重要な役割を果たし、その後民主党党首も務めた。有力政治家であり、発言が広く注目される小沢には、「普通の国」論を展開した功績があると一般に認められている。その「普通の国」論は、偶像破壊として始まり、今では主流になりつつある（この点は第四章参照）。小沢は著書のなかで詳細な国家戦略を描いており、日本はすでにその多くを受け入れてきた。小沢のビジョンのいくつかの点をめぐっては今日まで議論が続いているが、このビジョンに似たもの、あるいはそれに明らかに触発されたものが、今後、「真の戦略」に値する次の段階の日本の政策を規定するだろう。

小沢は上記のリストにあるすべての質問に回答している。その多くはすこぶる断定的であり、いくつかはそうでもない。この点から、なぜ小沢の考えが議論を牽引しながらも、細部にわたっては完全には受け入れられなかったのかがおそらく説明できるだろう。彼の考えがたとえ望ましいものであっても、小沢の著書の読者にはそのすべてが実践的というわけではないと映ったのである。例えば、核兵器の国連管理や常設国連待機軍の創設がそれにあたる[51]。それでも小沢の議論は極めて慎重に組み立てられており、レトリックに関してもその抜群の天性を十分に示すものである。

小沢流の改造計画のみが論壇を席巻しているわけではない。勢いが弱まっているように見えるが、リアリストでありナショナリストであることをはばからない石原慎太郎によるマニフェスト『「NO」と言える日本』も消えたわけではない[52]。また最近では、添谷芳秀が第三章で述べるように、日本はミドルパワーの枠組みに最も的確にフィットするという議論も展開されている[53]。この他にも、日本の社会的潮流によって、新たに現れつつある脱近代的で脱物質的な政体に合うような、これまで見たことのない国家戦略が生まれるかもしれない。これは見てのお楽しみである。適切な能力をもった理念の創発者の手に委ねられれば、多くのことが可能になる。しかし、現時点で一つまず明らかと思われるのは、日本は世界のなかで目標を見失っていることに我慢できなくなってきており、リージョナルかつグローバルな責任を引き受けることに意欲的になりつつあるという点である。国家であれば背負うのが「普通」である責任を、日本は引き受けようとしているのである。

第2章 日本人の対外意識における連続と不連続

田所昌幸

はじめに

日本という国が「普通ではない」と言われるとき、それを象徴しているとされるのが憲法第九条の、いわゆる「非武装条項」である。戦後憲法は占領体制下において基本的にアメリカによって書かれたものであるが、その当初の狙いは日本が再び軍事的脅威になることを防止することにあった。よって、戦後憲法は、日本がサンフランシスコ講和条約により公式に主権を回復した後も、日本をいわば保護観察状態に置くための制度的装置であった。「普通ではない」日本とは、その産物なのである。

憲法第九条は、敗戦の結果むりやり日本に押された屈辱の烙印であり、恥ずべき遺物であると考える者もいる。そのため、日本の復古的なナショナリストが、戦後憲法を戦勝国に押しつけられた国民的屈辱の源であると論じるのも理解に難くない。この観点からすれば、憲法第九条は国際的地位を確立しようとする日本の手足をつねに縛るものであり、日本が国際社会で十全な主権と名誉を取り戻すためには憲法を改正せねばならないとされる。

ただし、憲法第九条の意味はこうした象徴的な点に留まるものではなく、これにより日本はさまざまな現実的障害にも直面してもいるのである。とりわけ、日本が経済大国となるにつれて、アメリカは日本に対しより積極的な軍事的支援を求めてきたにもかかわらず、憲法第九条は日本の防衛政策の範囲を厳しく制約してきたのであった。歴代の日本政府は、安全保障上の必要が生じた際には、憲法のさまざまな条文解釈を拡大することで何とかやりくりしてきた。それでも、憲法第九条は対外政策上の障害としてつねに立ちはだかり、現実に日本が国際問題へ関与するにあたってハンディキャップとなってきたのである。

こうした実際的困難に加え、憲法第九条のおかげで、日本の安全保障政策上の言説やアプローチがある種独特のものとなってしまった点も指摘すべきだろう。日本の保有する軍事力には憲法上の明示的な根拠がない。そのため、安全保障政策をめぐって議論する際、ある決定や行動は日本の政治・安全保障上の広い文脈に照らして理にかなっているかという点より、むしろその合憲性をめぐる法技術論に限定されるのが普通となってしまった。以上をふまえると、戦後憲法は日本の対外政策のみならず対外態度全般に特殊な制約を課したと言えよう。そしてそのことにより、日本は経済大国でありながら政治的には小国であり、戦略的ビジョンを何ら持っていないとの見方が生まれたと言えよう。

しかし、日本は占領期をだいぶ前に終え、戦後実にさまざまな変動を経験してきたにもかかわらず、日本が「普通ではない」状態を維持してきたというのは不思議ではなかろうか。戦後憲法に伴う問題は右のとおりあったものの、実際日本人の大多数は憲法を支持してきたのであった。そうでなければ、憲法が施行されてから六〇年以上（すでに明治憲法が有効だった期間を超えている）も生き延びたはずはない。

それでも一九九〇年代以来、日本は少しずつ「普通」になってきたとは言えそうである。憲法第九条の制約の下で、明らかに日本の防衛政策は積極的になってきた。国民は憲法改正を公然かつ活発に議論するようになった。安全保障政策の議論も、ほとんど「神学的」とも言える形で「そもそも軍事力の保有は合憲か」をめぐって展開した以前の憲法論から、特定の政策が実際上望ましいかどうかをめぐる議論に少しずつ重心が移っているように見える。日本内外の論者は、こうした傾向を「右傾化」と呼んできた。

本章では、戦後日本が「普通ではない」ことについて日本人がいかなる態度をとってきたかを検討する。そして、戦後憲法が課した特殊な制約を日本人がどのように受容し、一九九〇年代以降その態度がどのように変化してきたかに注目しながら日本の対外政策を分析したい。国民の対外態度だけで対外政策が説明しきれるわけでないのは言うまでもない。確かに政治的リーダーシップ、政治制度、国際環境などはすべて対外政策を説明する際に必要な変数だといえる。だが、民主主義国において国家の方向性と命運を最終的に左右するのは、少数の政治指導者や言論エリートではなく、究極的には公衆の選択であろう。よって本章では、日本政治を舞台として展開された出来事より戦後日本社会の意識のほうに焦点を当てたい。

以下ではまず、戦後日本が「普通ではない」ままであり続けるのを可能にしたさまざまな条件を検討する。続いて、一九九〇年代以降の日本を取り巻く環境の変化に照らして、何によって日本がより「普通」になってきたのかを論ずる。ここでは、「普通ではない」日本を説明する重要な要素として経済成長の政治的意義に注目するが、その一方で、九〇年代以降の経済的停滞による不満が日本の「右傾化」や安全保障政策拡大への意欲の背後にあるという議論には反対する。さまざまな世論調査結果を材料としながら、九〇年代以降見られる「普通の」日本への動きはむしろ戦後日本の価値や制度の延長線上にあるものであると論ずる。

1 微妙な均衡としての「普通ではない」日本

サンフランシスコ講和条約への調印により日本が主権を回復すると、ただちに日本社会は戦後憲法のあり方をめぐって大きく分裂した。戦後憲法が制定された際のアメリカの影響力を考えると改憲論者が戦後憲法の正統性に疑問を呈したのは当然であり、日本が主権を回復した以上、真に日本人による憲法が必要だと彼らは論じた。改憲論の中心的論点は、日本が独立国家たる以上、日本人自身の手で憲法を制定すべきだという点のみならず、外国からの侵略に対する自衛権を日本は確保すべきだという点にもあった[1]。

これに対し、護憲論者は非武装中立こそが日本の安全保障を確保すると論じた。このグループにはソ連を支持する勢力も多少はいたであろうが、大多数はいわゆる進歩派勢力であり、核時代にあっては非武装中立こそ日本の安全を保障する現実的手段であるとした。このため、護憲論者は、憲法第九条の文言を忠実に守って一切の軍事力を放棄し、アメリカとの同盟ではなく非同盟中立を推進しようとした[2]。

戦後日本の実際の対外政策の基礎は、吉田茂首相によって築かれた。これは、一方で戦後憲法と第九条を維持しつつ、他方で日本の安全保障をアメリカとの同盟に依存するものであった。吉田は日本自身が保有する防衛力を最低限に抑えつつ、経済発展や国際貿易を優先することで日本の再建を実現しようとした。当初、左右両陣営はこの立場を対米依存であるとして批判した。しかし、一九六〇年代には「吉田ドクトリン」はコンセンサスとして日本社会に定着し、これに伴い憲法論議も当初の熱気を失ったのであった。

吉田路線の本質は、戦後憲法とアメリカとの同盟の両方を受け入れたことにある。日本の敗戦の産物である戦後憲法の前提としては、戦勝国の安定した協力関係によって世界秩序が維持されるという世界観があった。他方、アメリカとの同盟は冷戦の産物であり、これにより日本は明確に「自由世界」の側に属するようになり、西側世界の防衛に関与する立場に置かれるようになった。いうまでもなくこれら二つの柱は、戦勝国の世界的な協力関係に基づく秩序と、イデオロギー的対立ならびに軍事的対抗関係というまったく異なった世界観を土台にしている。そう考えると、日本の対外政策において平仄の合わないことが表面化する事態がしばしばあったのも怪しむに足りない。実際、戦後日本の対外政策は、中途半端で奇妙なものであった。憲法第九条があるにもかかわらず自衛隊が創設され、その戦力は徐々に拡大していった。その一方で、アメリカが冷戦の同盟国として一層の再軍備を求めると、日本は憲法第九条を引き合いに出してその要求をかわそうとしてきた。吉田とその後の歴代自民党政権はアメリカとの同盟を維持するのに相当な政治的コストを負担してきたものの、日本の領土防衛に必要な水準を少しでも超える軍事的能力の拡大はまったく図ろうとしなかったのである。

アメリカとの同盟が求める安全保障政策とは明らかにつじつまが合わなかったにもかかわらず、結果として戦後憲法は手つかずのまま残った。憲法第九条という制約により、自立的にせよアメリカとの同盟の枠内にせよ日本は十分な軍事的役割を果たせなかった。このため、第九条はアメリカ側にとっても日本の改憲派にとっても不満の種であった。他方、日本の左翼勢力や平和主義的な進歩派にとっても、アメリカとの協力関係を持つ自衛隊の存在は、たとえ自衛隊が法律論からして第九条に違反してはいなくとも、その存在は条文を無理に拡大解釈し憲法の精神をないがしろにしていると感じられたので、およそ満足のいく状態ではなかった。

このように「吉田ドクトリン」は緊張をはらむものだったにもかかわらず、日本の「普通ではない」状態は続いた。しかしこうした緊張があるのなら、なぜ日本人は、現実の日本の対外政策（とりわけ日米同盟や自衛隊の存在）と合致するよう憲法を修正する、あるいは対外政策のほうを憲法とより明確に合致するよう改めるなどして、日本のあり方を「普通」にしようとはしなかったのであろうか。

これに対しもっとも有力と思われる説明は、冷戦下の日本では社会のさまざまなグループの政治的分裂が深刻すぎて、基本的な政策について、ましてや憲法についてもコンセンサスを得ることが事実上不可能だったというものだろう。一方で戦前の支配層に近い右翼勢力は、改憲によって日本を戦略的にも自立した真の独立国にしようとしていた。他方でソ連に親近感を持つ共産党や社会党、それよりずっと重みのある進歩派勢力は非武装中立を説いており、彼らは日本の学界やマスコミの世界で有力であった。

原理的に言えば、この二つの立場の間にはまったく妥協の余地はない。いわば、日本社会にはイデオロギー的、政治的な「ベルリンの壁」が存在していたのである。東西ドイツ同様に日本でも、二つの陣営は少なくとも組織的かつ大規模な暴力に訴えることなく共存していたが、歩み寄って見解の相違を埋めることはできなかった。このため、吉田の曖昧な路線は、いわば双方にとって何とか我慢できる暫定的な妥協の産物だったのである。

また、日本人の反軍国主義感情は戦後一貫して強力かつ一般的なものであった。戦前の軍部は無謀にも日本をむりやり戦争に引きずり込み、米軍の原爆投下による死者も含めて三〇〇万人を超える日本人が命を失ったというのが日本人の一般的な認識だった。これにより、多少なりとも軍国主義的な言説には厳しい不信の目が向けられてきたのである。

もっとも、反軍国主義感情は非武装中立を支持することには結びつかなかった。ソ連が日ソ中立条約に違反して一九四五年八月に日本を攻撃した結果、多数の日本人がシベリアに抑留されるとともに、日本側が現在まで自国領と考えている千島列島が奪われたため、日本社会の対ソ不信には根強いものがあった。また、朝鮮戦争の勃発によってせっかく訪れた平和を非武装中立で維持できるとは思えなくなったため、平和主義的立場が有力になることは一層難しくなった。ここで日本社会は奇妙な状態に陥った。いかなる軍事的紛争にも巻き込まれるのは嫌だとする一方で、ソ連や共産中国が隣にいる状態で非武装中立を貫くのは現実的政策ではないというジレンマである。吉田路線は、一見すると両立しがたい当時の日本社会の要請に折り合いをつけるものだったのである。

国家安全保障上の基本政策をどうするかをめぐって日本社会では深刻な分裂状態が続いたこと右に見てきたとおりだが、経済の再建と成長が優先的な国家目標であるという点については幅広いコンセンサスが存在した。この路線は、ともかく食べていかねばという敗戦直後からの国民の関心事に応えるものだっただけでなく、本格的な再軍備を避けながら日本の国際的地位を回復できるため魅力的でコストの低い戦略でもあったのである。この路線は一九六〇年代に高度経済成長を遂げることで一大成果を挙げ、多くの日本人の生活水準が向上した。これにより日本の国際的イメージは、屈辱的な敗戦国から活力ある西側民主主義陣営の一員へと一変したのである。

このとおり、「普通ではない」日本とは、戦後日本で交錯していたさまざまな力学の微妙な均衡の産物であった。「普通ではない」ことによって、本来なら日本社会を引き裂きかねないさまざまな要素が何とか共存しえたのである。実際、これにより日本人が欲するものはほとんど何でも手に入れられるように見えた。日本は、アメリカとの同盟(といってもアメリカの冷戦戦略への直接的な軍事的関与は最小限に抑えられた)に依存することで、ソ連の軍事的脅威から自国を防衛できたため、権力政治に過剰にかかわらずに済んだ。「普通ではない」おかげで日本は軍事的役割を極小化でき、アメリカの庇護下で経済成長に専心できたのである。結果として、「普通ではない」ために、経済的繁栄が促進され日本の国際的地位が向上したばかりでなく、内政上の混乱や軍事的関与をも避けることができたのであった。

もちろん日本人には不満もあった。講和を果たした後も米軍基地が国内に存続したため、日本はまだ占領されているという印象を多くの日本人が持った。このことは、とりわけベトナム戦争中に顕著となる。大多数の日本人は、間接的にせよ日本政府がベトナム戦争を戦うアメリカに加担することは平和主義の理念に矛盾するし、ベトナム戦争の正統性も非常に疑わしいものだという理由から不満を抱いたのである。また憲法第九条を念頭に置きながら、ベトナムでのアメリカの行動により、当時着実に規模を拡大しアメリカ軍と協力しつつあった自衛隊への不安が強まった。

潜在的にはこうした問題があったものの、憲法論議は一九六〇年代には全般的に沈静化し、一時しのぎだったはずの「吉田ドクトリン」の結果生まれたコンセンサスが定着を見た。ここでくり返せば、戦後憲法を維持する一方で自衛隊は保持するが、日本の領域防衛に必要な最小限の規模に限定するというのがその内容である。このように、結果として戦後憲法は「普通ではない」日本を制度化してしまった。そして、かつては敗戦の屈辱の象徴とも受けとられた憲法は、だんだんと戦後日本の平和主義の誇りとなっていった。軍事的役割をめぐる憲法上未解決の基本的問題は棚上げしつつ、日本は経済成長という目標に邁進し、それを見事に達成した[3]。こうした政治的文脈のなかで、日本国民の大多数は戦後憲法、軽武装、そしてアメリカとの同盟を支持するようになったのである。

当初は戦後憲法が押しつけられたことに対し屈辱感があったし、戦後憲法のために国家安全保障上の基本政策がつじつまの合わないものになったのも事実ではある。とはいえ、戦後憲法は、戦前の軍国主義は再来しないとの安心感を多くの日本人に与える効果があった。非武装中立が現実的でも魅力的でもなかった一方で、無理に憲法を改正して日本を「普通」にすることも不要なことに思えた。日本は平和も繁栄も、国際的地位の向上もすべて実現できるのだし、どうして無理に改正せねばならないのか。こうして「普通ではない」日本のあり方は社会に広く受け入れられるようになり、一九九〇年代まで事実上広く疑問を呈されることはなかったのであった。

2 一九九〇年代以降の大変動

もちろん、「普通ではない」日本という微妙な均衡に問題がなかったわけではない。日本経済が成長するにつれ、日本の経済的な重みと安全保障上の限定的な役割の間にあるギャップは日米両国にとり不満の種となっていった。日本が豊かになるに応じてアメリカの要求は大きくなったのである。一九八〇年代までには、アメリカの提供する安全保障に日本はただ乗りしているとの批判の声がアメリカ議会で大きくなり、無視できないものとなった。西側の有力メディアも、日本の姿勢を「神風平和主義」と揶揄するようになっていた[4]。また、うち続くアメリカとの貿易摩擦を通じて、特に議会やワシントンの一部メディア、そして政策当局者は、アメリカが安全保障を提供する格下の同盟国から経済面であたかも挑戦されていることに複雑な思いを持っている姿が窺えた。

他方、日本側は、自らが「普通の」独立国として振る舞えないことにいらだちを感じるようになっていた。日本は、年々増えゆく「思いやり予算」をもって米軍を支援し、多額の政府開発援助(OD

A）を供与し、国連や国際通貨基金（IMF）などの国際機関を財政的に支えている。しかし日本はそれに見合った国際的地位を与えられておらず、日本の行動を不当に制約するアメリカとの同盟関係は、対米従属を象徴するものではないかと感じられ始めたのである[5]。

だが、戦後の経済優先路線の限界が露呈するのは、一九九一年の第一次湾岸戦争の経験を待たねばならなかった。憲法第九条は国連の軍事行動に対し日本が貢献することを禁じているというのが公式解釈だったが、他方で日本は国連中心主義を標榜しており、もしそうなら軍事的にも国際的取り組みへの負担を分担するべきということになる。日本は逡巡した挙げ句、軍事的貢献の代わりに一三〇億ドルの財政支援を多国籍軍に供与することにした。しかし、これは日本の国際的地位向上に役立つどころか軽蔑をもって受け止められることとなり、危険を分担せずに経済的繁栄を享受する日本に対する怒りすら一部で招く有様であった。

国連による作戦への参加問題を契機として、日本の非武装中立論の本質的な偽善が白日の下にさらされた。冷戦下においては、米ソ対立によって国連の集団安全保障機能が全般的に麻痺した状態にあったので、日本の「平和主義」的立場と国際協力の理念との矛盾は表面化しなかった。だが、一九九〇年代以後国連が集団安全保障機能を本格的に果たすようになると、日本の「平和主義」は、単に国際紛争やそれに伴う不確実性から身をかわそうとする手前勝手な孤立主義にしか見えなくなってしまった。

日本人の目には、もし日本が国際安全保障への取り組みから「棄権」し続ければ、日本はあたかも壊れかけのキャッシュディスペンサーのごとく扱われ、叩かれたり蹴られたりしながらカネをむしられるだけということが次第にはっきりしてきた。発言権がほとんどない活動に、資金だけ求められるというのはそもそも屈辱的である。この結果、戦後日本の「普通ではない」部分は、高邁で誇るべき平和主義の理念の象徴というよりかは、しかるべき名誉ある国際的地位を日本が占める上での障害だと認識されるようになったのである。

第一次湾岸戦争時の混乱に満ちた屈辱的経験を通じて、日本の指導者たちは日本の国際的地位について真剣に検討するようになった。湾岸戦争が終結すると、日本政府はただちに海上自衛隊の掃海部隊をペルシャ湾に派遣した。さらに、一九九二年には自衛隊をカンボジアにおける国連平和維持活動(PKO)に送った。日本の帝国主義の歴史を理由に、アジアの指導者のなかには、こうした控えめな行動ですら不安視する向きがあった。例えば、当時シンガポール首相であったリー・クアンユーは、武装した日本人を平和維持活動に参加させるのは、「アルコール中毒患者にウィスキーボンボンを食べさせるようなものだ」「何をやっても日本人は極端に走る」と語り、不信を露わにした[6]。

日本国内の進歩派もこうした否定的反応に呼応して、PKOへの自衛隊の参加を「蟻の一穴」と呼んだ。つまり、それ自身は大したことではないが、戦後日本で軍国主義の再来を防いできた堤防に、小さいが決定的な突破口を開けるものと考えたのである。このため、ごく小規模な人道目的の海外任務ですら、参加をめぐる決定に際しては激しい論争を呼んだ。自衛隊のカンボジア派遣の根拠となる法案をめぐる国会審議では、社会党をはじめとする反対勢力は牛歩戦術による空前の議事妨害で応じた。法案可決後も、当初予想されたものより危険の多い任務であることが明らかになるにつれて、国民の支持は不安定となった。合意された和平プロセスに違反してクメール・ルージュが国連の平和維持部隊に協力しなくなると、日本政府は難題に直面する。一九九三年に日本人の文民警官と国連ボランティアが殺害され、与党自民党のなかからさえ自衛隊を一方的に撤退させるべきだとの声が公然と上がったのである。

とはいえ、自衛隊が戦闘に巻き込まれうる状況に対し国民が極度に神経質だった点を考えると派遣には相当の政治的リスクがあったものの、日本政府はカンボジアへの自衛隊派遣を通じて地域安全保障上の重要な役割を担う意思と能力を示すのに成功したと言えるだろう。この流れは二一世紀まで続き、日本の歴代政権はモザンビーク、ゴラン高原、東ティモールなどの国連のミッションに要員を継続的に派遣してきたし、ボスニアへは選挙監視要員を数一〇名規模で派遣した。また、二〇〇一年の九・一一テロ以後、日本政府はアメリカ主導のアフガン戦争を支援するべくインド洋に海上自衛隊の補給部隊を派遣したり、長らくアメリカの同盟国だったフランスなどが兵員を送るのを拒んだイラクにすら自衛隊を派遣したりして、国連の活動への関与を強めてきた。

日本の積極的な軍事的関与は、国際的な名誉のために資するだけでなく、地域の平和維持にも有益と思われる。北朝鮮の核開発をめぐる危機が一九九三〜九四年に高まり、アメリカが実際に軍事行動をとる寸前まで事態は悪化したが、日本はこうした事態にまったく準備がなかった。また、北朝鮮工作船による領海侵犯や、かつて同国により日本人が拉致された事実が明るみになったことで、日本人は自国が現実に攻撃を受けつつあるとの意識を持つに至った。このことは、日本が攻撃しない限り外部からの脅威に直面することはないと主張してきた非武装中立論者には大きな打撃となった。その上、九六年の台湾総統選挙に際して中国は台湾の有権者を威圧するべく台湾沖でミサイル演習を実施したが、これにより日本人は、台頭する中国に対処するには、かつての戦争犯罪を謝罪し多額の政府開発援助(ODA)を供与するだけでは不十分だという印象を強めた。

このとおり、冷戦が終焉しソ連が解体した後も、地域で軍事紛争が起こり日本の核心的利益が脅かされる可能性が減少したとは到底思えなかった。日本人は戦後憲法が課しているさまざまな制約を意識し始め、地域の安定を究極的に保障するアメリカの軍事力の存在がかつてなく重要になってきているなか、この制約は日本がアメリカの同盟国として行動する際の障害になっているのではないかと感じ始めたのである。

こうした事態を背景に、日本政府はアメリカとの同盟関係を強化するための一連の措置をとった。ソ連崩壊後しばらく日米同盟は漂流状態にあり、経済摩擦が両国関係を支配する課題となっていた。しかし、一九九七年の新ガイドライン(日米防衛協力のための指針)策定によって日米の安全保障同盟は再確認されるとともに再定義され、同盟の焦点は、日本の領域への直接的侵攻に対処することから地域安全保障を維持することへと移った。日本の国民は、こうした防衛協力の再確認・再定義をさしたる反対もなく受け入れた。

戦後初期の頃に比べると、日本の軍事的役割とそれに関するコミットメントのあり方の変化は、一見したところ相当な度合いだと思えるかもしれない。だが、実際そうした変化は穏当なものにすぎず、日本は軍事的活動についてはすこぶる慎重な姿勢を維持している。国際安全保障上のさまざまな取り組みに自衛隊が派遣されるようになったが、その任務は非戦闘目的に厳しく限定されている。また、アメリカとの同盟関係があるにせよ、国連に認められていない海外任務のために今後自衛隊が展開される可能性も著しく低い。

地域安全保障上の日本の軍事的役割についても憲法上の制約は強く、現在までの公式の憲法解釈によれば、日本は集団的自衛権の行使が禁じられている。そのため、朝鮮半島や台湾海峡での不測の事態に出動する同盟国アメリカに協力する戦闘行為はもちろん、限定的な補給活動すら憲法違反となってしまうのである。

3 憲法論議の変化

図2.1 憲法改正に関する世論調査(読売新聞)

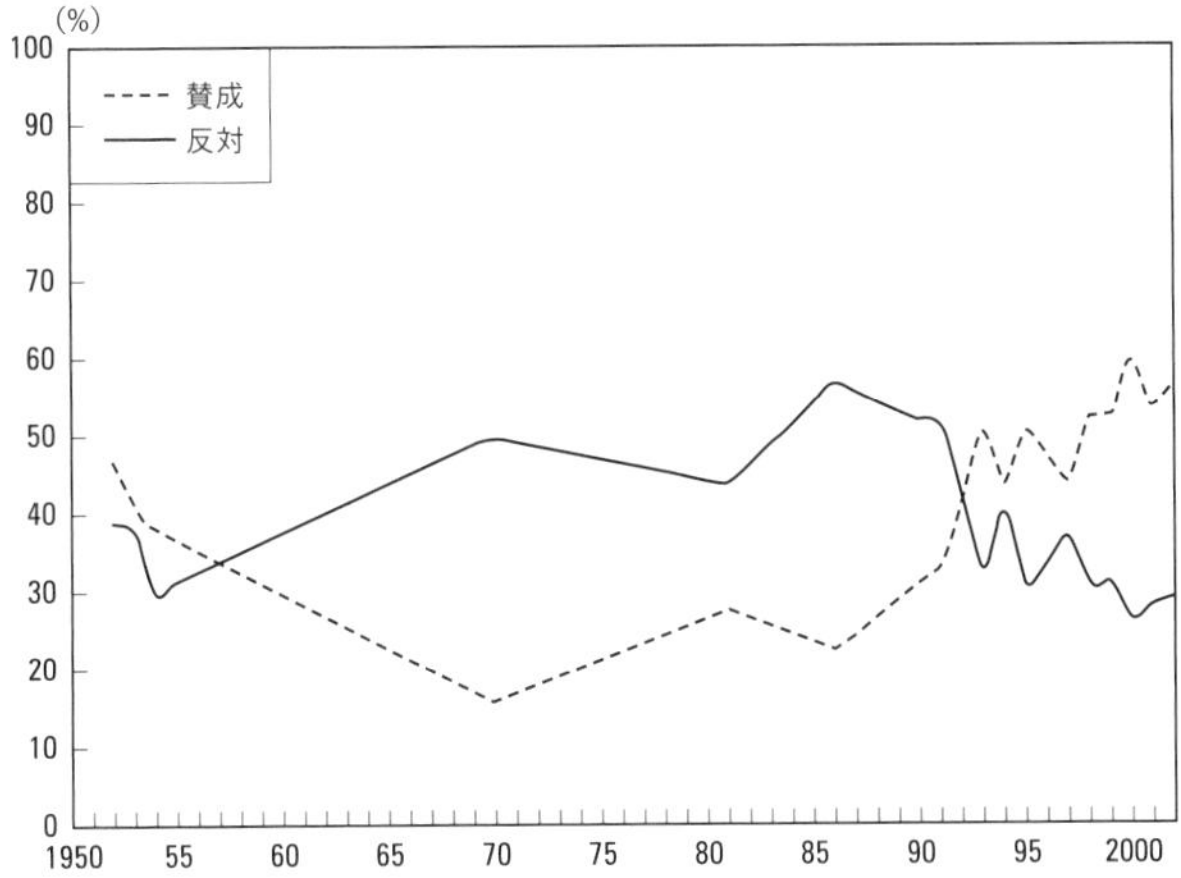

出典：*The Japan Journal*, June 2005, p.8.

一九五〇年代から六〇年代初めにかけて日本社会は戦後憲法をめぐって二分されたが、六〇年代以後高度成長時代に入ると「吉田ドクトリン」によって形成された暫定的妥協が幅広く受け入れられるようになり、微妙なバランスが奇妙な形で成立した。しかし先に見たとおり、九〇年代になると国民の態度は変化し始める。以上のことは、朝日・読売の二大新聞の世論調査にはっきり表れている(図2・1、2・2)[7]。両新聞の調査結果の数値は異なるものの、全般的には同じ傾向を示している。すなわち、サンフランシスコ講和条約によって日本が主権を回復した直後の五〇年代には、改憲論・護憲論は拮抗しておりやや改憲論が優勢であった。六〇年代以降になると護憲論が圧倒的優勢となり、改憲論の支持者は復古的ナショナリストや極端な右翼的グループに限定されるように

図2.2　憲法改正に関する世論調査(朝日新聞)

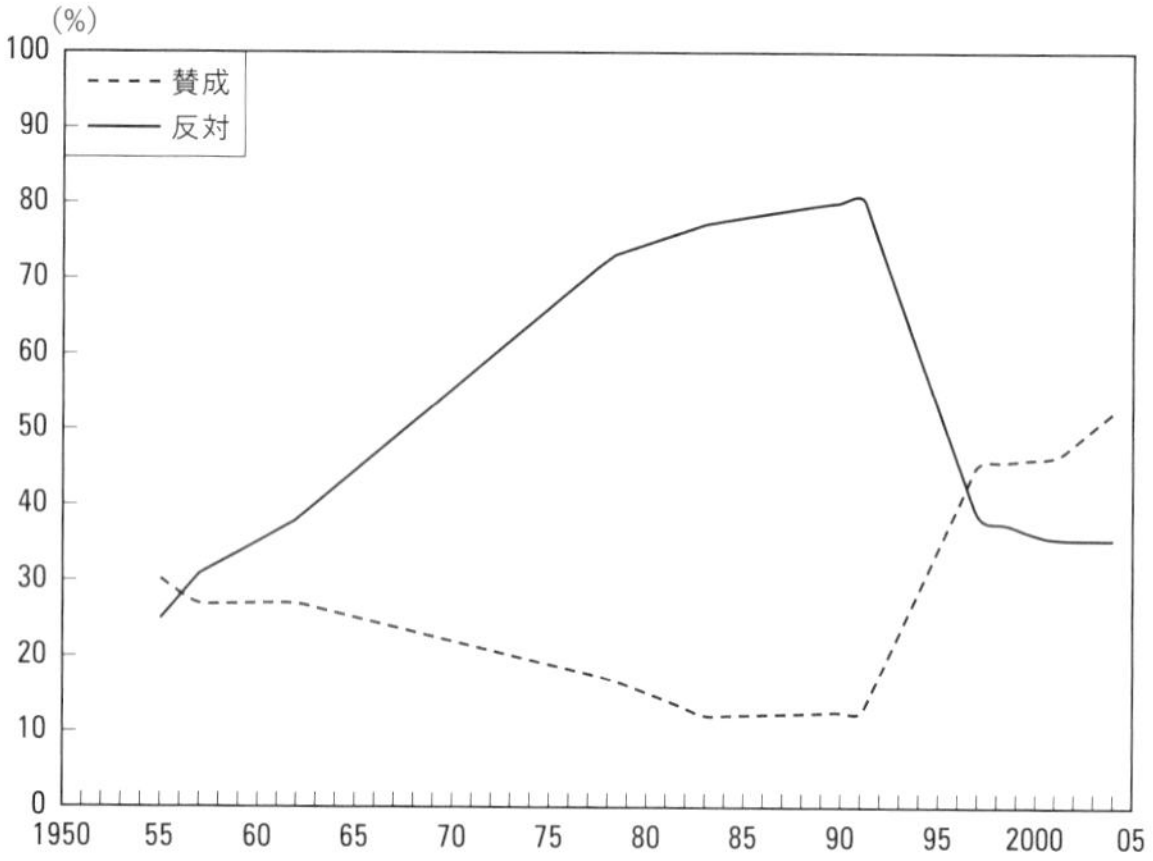

出典：*The Japan Journal*, June 2005, p.8.

なった。

　しかし、一九九〇年代に入ると今度は改憲論が多数派になり始める。二〇〇四年に行われた国会議員の意識調査によると、一般国民よりも一層改憲論への支持が高い。旧社会党の議員を含み、一般に進歩的と目される民主党ですら過半数の議員が何らかの改憲を支持していることが明らかとなった(図2・3)。二〇〇七年には、改憲を政策課題として公式に掲げた安倍晋三内閣が「日本国憲法の改正手続に関する法律」(国民投票法)を制定している。

　かつては憲法改正に消極的だった世論の動向が変化したことにより、一九九〇年代の日本の安全保障政策上の課題にも変化が表れた。憲法に対する意識の変化と並んで、日本も国連のPKOに参加すべきであり、またアメリカのプレゼンスは地

図2.3 国会議員の憲法9条に関する意識調査(朝日新聞)

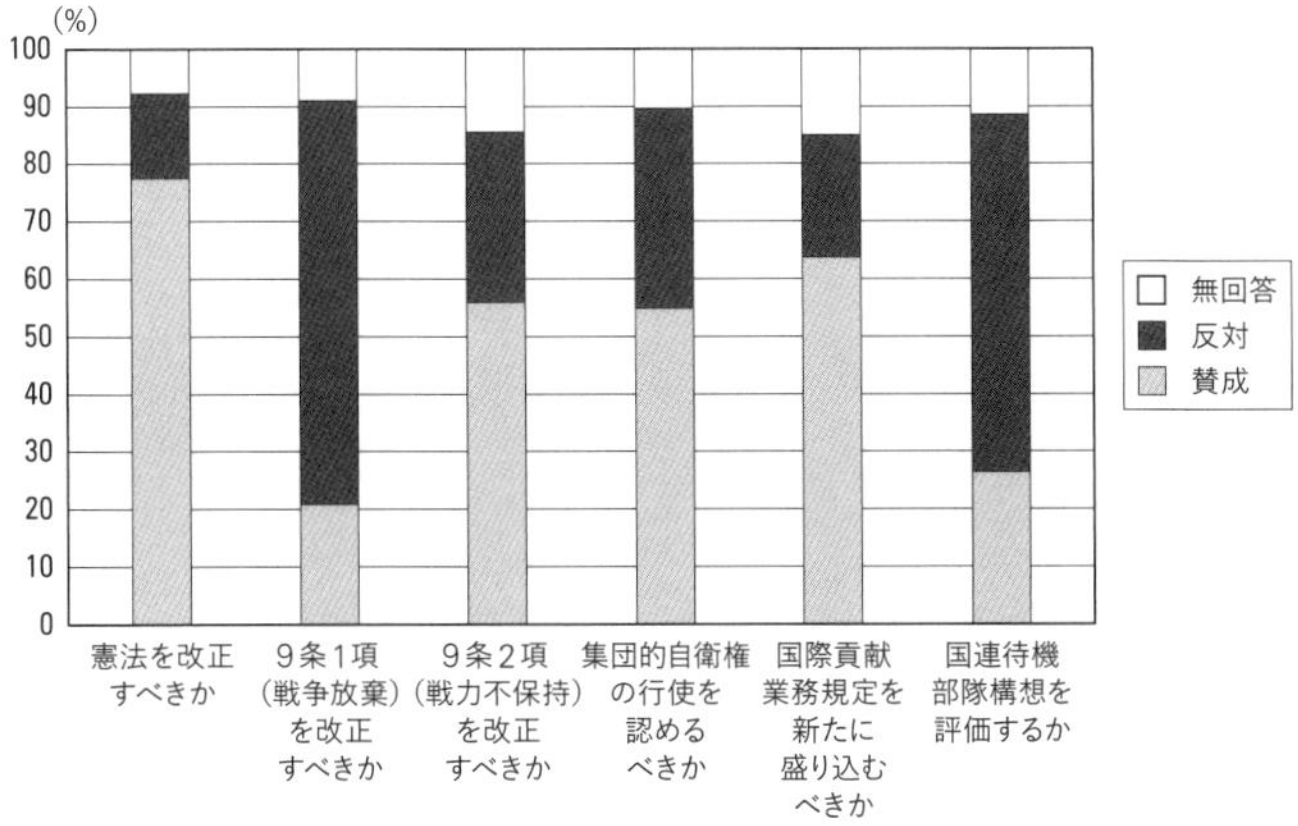

備考：2004年4月時点の衆参両院722議員中545人が回答
出典：『毎日新聞』2004年5月3日。

域の安定に資するとの意識が国民の間で支配的となった。こうした日本の世論の変化に応じて社会党は凋落していった。中立を掲げた同党の基本政策は、ソ連の崩壊や、依然権威主義的な中国が事実上資本主義的な市場経済へ移行したことにより意味をなさないものとなったからである。また、社会党にとってはPKOへの参加に徹底して反対したことや、基本政策が明らかに異なるにもかかわらず九四年に自民党と連立政権を組んだことが大きな失敗となった。加えて、二〇〇二年に北朝鮮の指導者金正日が日本人の拉致を認めたことは日本社会を驚かせたが、それまで親北朝鮮の姿勢をとり、かかる犯罪行為には関与していないとする同国の言葉をそのまま受け容れてきた社会党には、致命的とまで言えないにせよ大きな打撃となった。

社会党は長きにわたって最大野党たり続け、戦後憲法体制下では進歩派の最重要勢力だった。一九九〇年の総選挙の時点でも、戦後憲法の守護神とも呼ぶべき土井たか子率いる社会党は衆議院の全五一二議席中一三六議席を獲得している。しかし、社会党を後継する形で九六年に誕生した社会民主党の党勢はこの時に比べると大幅に縮小していき、二〇〇三年の総選挙ではわずか六議席を得たに留まり、土井党首自身も落選する有様であった。社会党は周辺的な政治勢力以上のものではなくなり、憲法改正に反対する中心的組織とは到底言えなくなった。かつて日本を分断していた目に見えない「ベルリンの壁」は、静かだが確実に崩壊したようである。

とはいえ、改憲論が高まり、それに伴って社会党の提唱してきた非武装中立論が衰退したことは、日本政治が突如「右傾化」した結果ではないという点は重要である。図2・4の示すとおり、憲法改正を支持する者の多くが、広い意味でリベラルな価値観への反発よりも、むしろPKOなど国際安全保障への貢献の必要性を改憲理由として挙げている。多くの人々にとって、憲法改正は戦後の基本的な価値観や制度を守る手段として位置づけられていると思われるのである。したがって、憲法改正に対する国民の態度の変化は戦後憲法体制の否定だと解釈すべきではなく、ましてや戦前の体制への回帰を望むものだと誤認してはなるまい。

一九九〇年代の世論の変化に伴って、改憲をめぐる問題は幅広く公の場で議論されるようになった。自民党は二〇〇四年一一月に憲法改正草案大綱を、翌年一〇月には新憲法草案を発表したし、他の各

図2.4 憲法改正を支持する理由

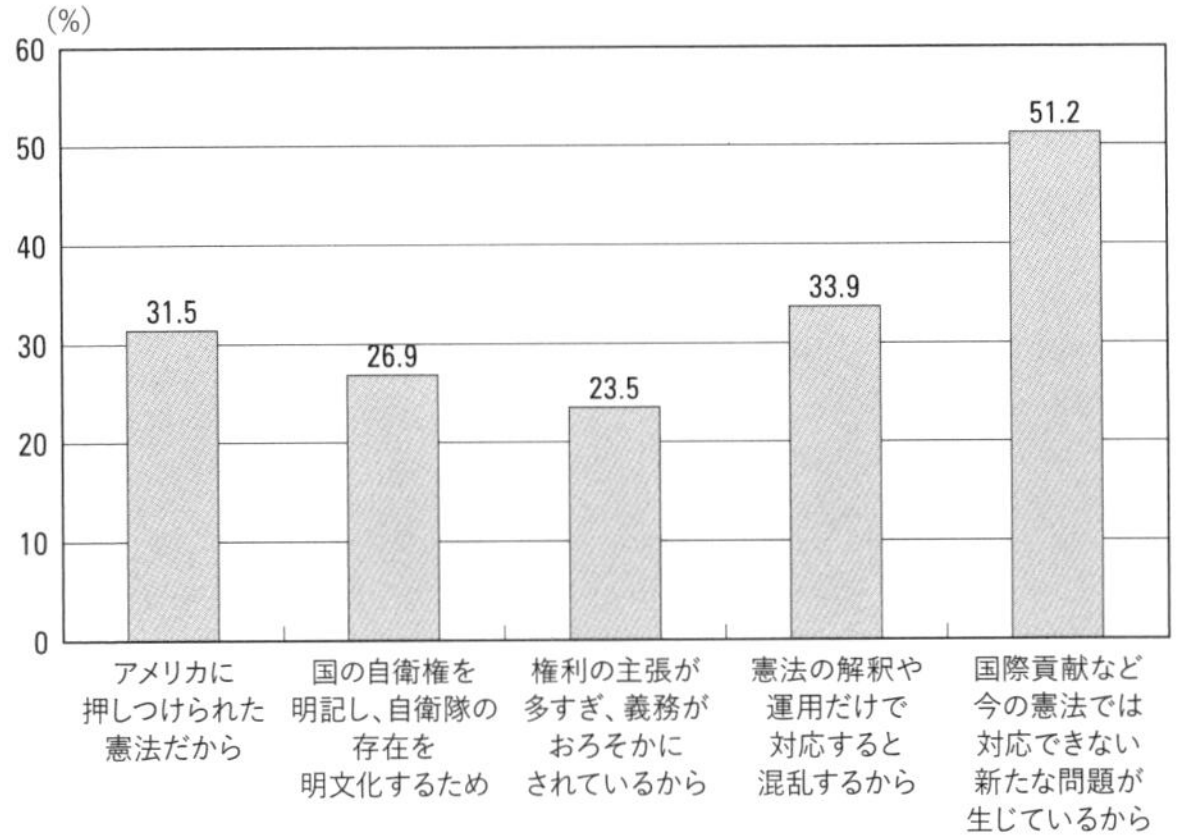

出典:『読売新聞』2005年4月8日。

政党も憲法改正に関する報告書を公にしている。

民間のシンクタンクや経済団体も憲法に関する議論へ加わるとともに、独自の草案をものした団体もある。しかし、何らかの憲法改正が必要だという合意はあっても具体的にいかなる改正をするかについては、表2・1が示すようなごく一般的な方向性以外はほとんど合意がない。公表されている草案はすべて現行憲法の基本原則たる民主主義、象徴天皇制、基本的人権の尊重、そして平和主義といった点を支持している。憲法第九条は依然として論争の的であるが、これとて主要グループはすべて、改憲を通じて自衛隊ならびに自衛権の合憲性を明示すべきだと論じている。議論がもっともわかれるのは集団的自衛権の取り扱いと、国連の安全保障上の活動における日本の役割に関する問題だろう。国民の多くは個別的自衛権や自衛隊

社民党	共産党
護憲	護憲
• 一切の憲法第9条改憲論に明確に反対。 • 専守防衛の理念を厳守し、自衛隊を縮小・改編。 • 平和憲法の理念を世界に拡げ、軍事力によらない平和を実現	• 憲法の全条項をもっとも厳格に守るという立場をつらぬく。
• 解釈の見直しに強く反対。	• 憲法第9条は、戦争違法化の流れのなかでもっとも先駆的な条項として、世界に誇るべきもの。
• 現行憲法下で、国際緊急援助隊、青年海外協力隊、PKOの人道的活動などの、非軍事面で積極的な国際協力をすすめる。	• 日米安保条約の廃棄と国民の合意に基づく自衛隊の解消。 • 憲法第9条の存在が自衛隊の海外派兵の一定の制約になっている。
「憲法をめぐる議論についての論点整理」2005年3月10日。社会民主党全国連合常任幹事会 http://www5.sdp.or.jp/central/topics/kenpou0310.html#k3（2012年10月19日閲覧） 「集団的自衛権の解釈の見直しに反対する（談話）」2009年8月4日。http://www5.sdp.or.jp/comment/2009/08/04/（2013年9月27日閲覧） 「社民党の政策　3つの争点」 http://www5.sdp.or.jp/central/topics/04sanin/seisaku/s3.html（2012年10月12日閲覧）	「憲法9条・自衛隊問題—憲法を生かした民主日本の建設を」 http://www.jcp.or.jp/seisaku/004_0607/kenpou_jieitai_22taikai_.html（2012年10月12日閲覧）

表2.1

	自民党	公明党	民主党
基本的態度	改憲	加憲	創憲
安全保障	•平和主義は継承するとともに、自衛権を明記し、国防軍の保持を規定。 •領土の保全等の規定を新設。	•現行9条を堅持すべき。 •自衛隊の存在を認める記述を置くべきではないか、との意見がある。	•「平和主義」と「専守防衛」の考えに徹し、武力の行使については最大限抑制的であること。 •国連憲章上の「制約された自衛権」について明確にする。 •「民主的統制」(シビリアン・コントロール)の考えを明確にする。
集団的自衛権	•何らの制約もなく行使可能な自衛権に含まれる。 •現行憲法の解釈変更によっても行使可能。	•行使は認めるべきではないという意見が大勢。	•解釈変更による行使容認に反対。
国際貢献	•国防軍は、国際社会の平和と安全を確保するための国際的な協調活動を行なうことができると明記。	•現行憲法下で、国連平和維持活動(PKO)へ積極的に参加し、「人間の安全保障」分野へのODA拡充やNGOへの支援を強化する。 •明確化を望む指摘がある。	•国連が主導する集団安全保障活動への参加を可能にする明確な規定を設ける。
出典	自民党「日本国憲法改正草案」2012年4月27日。自民党「日本国憲法改正草案 Q & A」。自民党「重点政策 2012」。	公明党憲法調査会「公明党憲法調査会による論点整理」2004年6月16日。公明党「マニフェスト2010」	民主党憲法調査会「民主党憲法提言」2005年10月31日。

の存在そのものについて肯定的だが、日本の領域外での軍事行動については憲法上何らかの制限を設けるべきだと考えているようである。とりわけ海外での戦闘任務についてはたいていの日本人は困惑するか、そういったことを考えるのすら恐ろしいと感じているであろう。

だとすれば、現在提案されているような形で憲法改正が起こっても、それ相応の変化はあるにせよ、戦後日本の基本的な価値観や制度が大きく変わるようなことはありえないであろう。改正草案は概ねかなり穏健なものであり、アメリカ政府の目から見れば、英・独・仏など第一次湾岸戦争やアフガン戦争でアメリカとともに戦った主要同盟国に期待するような軍事的役割を果たすには依然遠く及ばない。いずれにせよ、憲法第九六条が憲法改正の発議には衆参両院の総議員のうち三分の二以上の賛成が必要であると規定していることもあり、日本の公衆が戦後の基本的な価値観や制度に満足している限りそれと背馳するいかなる憲法改正も起こりようがないのである。

よって、憲法改正の行方を見定めるにあたって以下のような点を考慮する必要があろう。第一に、改憲論の主要な根拠となっていたPKOへの日本の積極的参加は、かつてほど切迫した争点とは考えられなくなった。厄介な制約が派遣部隊の活動に色々と課されているとはいえ、歴代日本政府は、現行憲法下においても国連の活動のために何とか要員を派遣し続けてきた。加えて、近年のイラクやアフガンでの国連の活動には多少の幻滅も見られた。これらは日本が引き受けるには危険すぎる任務であり、かつ国際社会の総意を示す多国間主義的性格もはっきりせず、日本人の目には十分な正統性が

図2.5　憲法第9条を今後どうすべきか

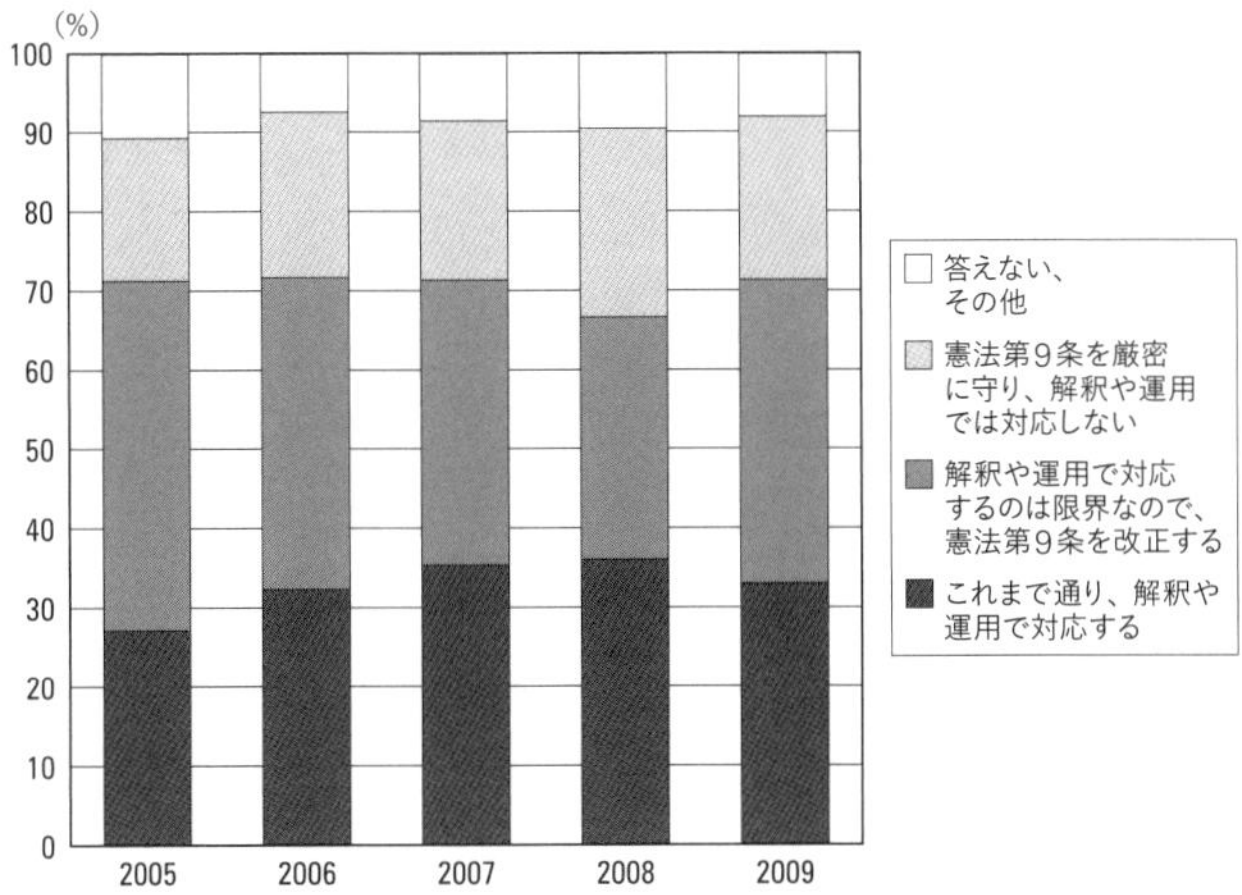

出典：『読売新聞』2009年4月3日。

あるとは思われなかったからである。こうした状況にあっては、憲法第九条は、国連を隠れ蓑にしたアメリカの世界戦略への過剰なコミットメントを回避する便利な手段だと日本人が考えるようになることもありうる。だが、憲法第九条が、例えば二〇〇八年一二月の国連決議に基づくソマリア沖海賊対策のような真に多国間主義な任務への障害だと日本人が認識するようになれば、憲法改正への支持は強まるであろう。図2・5に示したように、今日の日本の世論における主要な見解の相違は、憲法第九条の文言にあくまで固執する「平和主義者」と、真に自立した軍事的パワーへと日本の姿を変えたい人々の間のイデオロギー的な相違ではない。見解の相違はむしろ現実的なものであり、現行憲法を維持して解釈の柔軟化などにより何とか凌

図2.6　中国に対する親近感

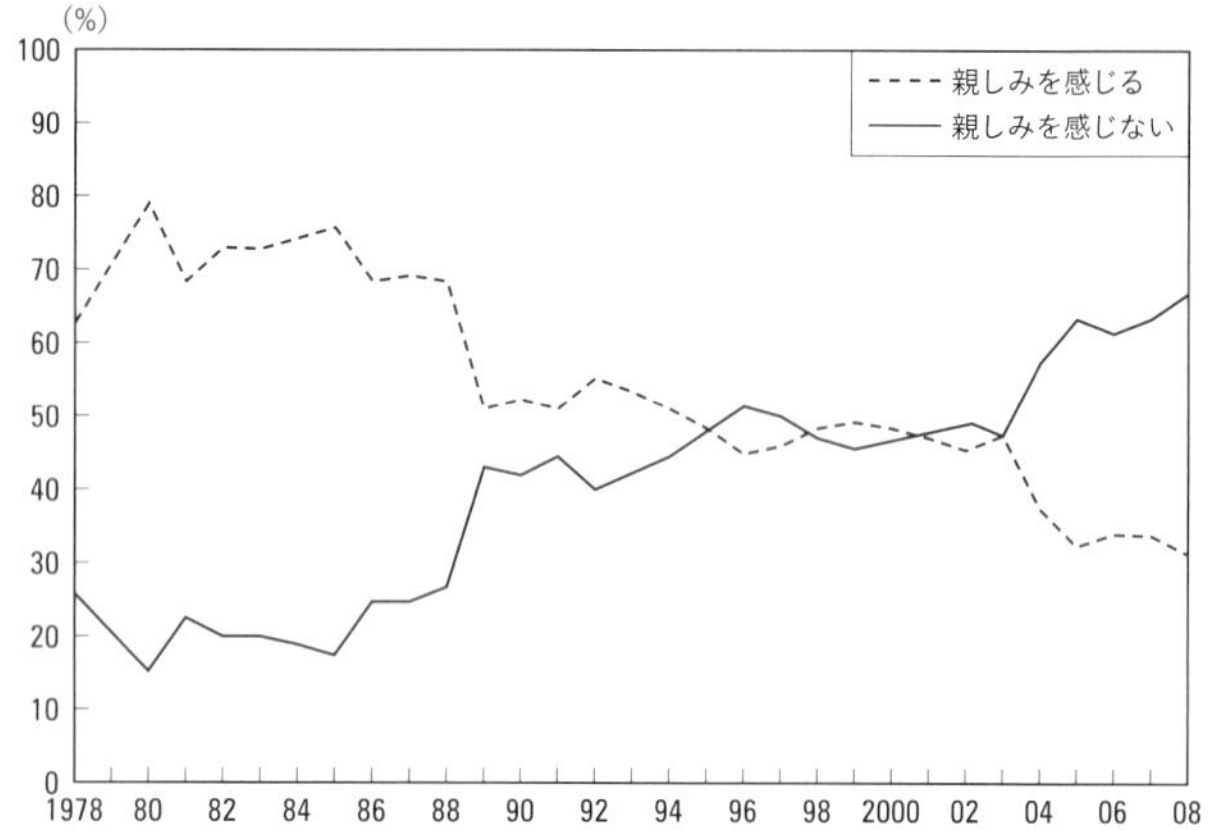

出典：内閣府大臣官房政府広報室『外交に関する世論調査（平成20年）』。http://www8.cao.go.jp/survey/h20/h20-gaiko/index.html（2009年1月21日アクセス）

いでいくという方法を提唱する人々と、憲法改正により条文を明確化し、依然限定的ではありながらもこれまでより大きな軍事的役割を日本が果たせるようにすべきと考える人々の間の相違と言えよう。

第二に、国際平和活動を根拠とした改憲論は弱まっている一方で、二〇〇二年に金正日総書記が日本人拉致を認めたことや、二〇〇五年の中国での反日暴動などによって大いに刺激されたタカ派知識人の声が目立って大きくなってきたが、戦後の価値観や制度を否定するこうした言動に警戒感を強めている日本人も多い。日本人は北朝鮮を異常な犯罪国家と見なすようになったし、反日暴動によって対中感情も一層悪化した（図2・6）。しかし、だからといって、こうした問題に対処すべく憲法を改正し軍事的自制を撤廃すべきだとする議論が高まるまでには至っていない。全体として見ると、これまでのところ日本の市民は海外の反日よりも国内のタカ派的言動の方に問題を感じているようである。

過激な反日暴動は受け入れられないと大多数の日本人は見ているが、反日暴動のきっかけとなった小泉純一郎首相の靖国参拝そのものは日本人の間でも議論を呼び起こしていたことを忘れるべきではない。同様に、小泉政権を引き継いだ第一次安倍内閣のイデオロギー的な態度も、改憲ともなれば欠かすことのできない国民的コンセンサスの形成に有益とは言えなかった。わずか一年の任期の間に、第一次安倍内閣は憲法改正にあたり必要な国民投票法を何とか制定したが、改憲には不可欠の超党派的支持を得ることはできなかった。よって、長きにわたりユートピア的平和主義が支配的だった日本のマスメディアでタカ派知識人の言動が大きく取り扱われるようになったことで、皮肉にも憲法改正の実現は遠のいたと言えるのである。日本人は現実的な選択としてより党派的な争点として憲法改正論を理解するようになり、改憲にはより慎重となった。

したがって二〇〇五年頃から改憲論の勢いはむしろ弱まっているが、このことは一九九〇年代以前の「普通ではない」知的情景への回帰を意味するのではない。もはや改憲論は一部の極論に属するものとは見なされておらず、護憲論の方も憲法改正問題には以前よりはるかに現実的な態度をとるようになっている。そして解釈改憲によって、依然必要最小限ではあってもかつてより大きな日本の安全保障上のニーズに応じようとする者もいる。議論は今後も活発に続くだろうし、改憲の実現も視野に入ってくるであろう。しかしここでくり返すべきは、国民の圧倒的多数が支持する現行憲法下の基本的な価値観や制度が維持された形でないと、憲法改正が実現することはありえないということである。

4 「普通」になった日本経済

戦後憲法体制について日本の世論が相当の変化を見せていると同時に、日本経済は大きく動揺していた。一九八〇年代後半の日本経済は無敵のように思われ、その躍進ぶりは世界で賞賛され、時に恐れられたりもした[8]。しかし九〇年代前半に入ると、日本は九四年と九八年に景気後退を経験するなど長きにわたる経済的停滞期に入り、一時は賞賛の的だった日本経済はむしろ笑いものになり果てた(九〇年代の日本と主要国の成長率の比較については、図2・7および2・8に示した)。不況になると政府は大規模な財政支出で需要を刺激したが、過去の成長の勢いが戻ることはなく、二〇〇二年には失業率が五・四%に達した[9]。この年、ロンドン・エコノミスト誌は日本経済の状態を次のように表現した。「同情をもって言えば日本はすでに意味のない存在である。多少厳しく言えば日本は世界のお荷物である。警戒論者からすれば日本は世界にとって危険な存在である。これに対し、日本人のほとんどは肩をすぼめるだけである」[10]。もっとも、日本経済はまったく回復の兆しを見せないと思われた矢先、景気が好転し始めるのであるが。

図2.7 日米の実質成長率

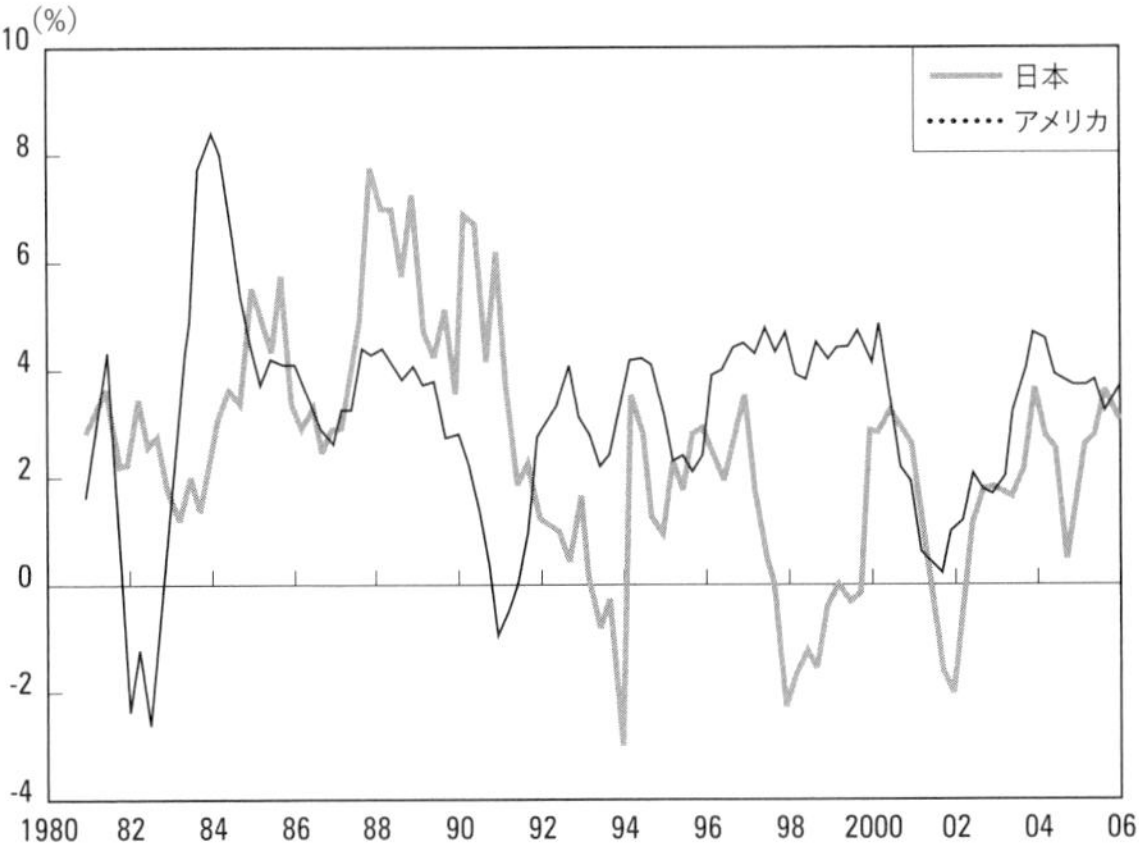

出典：内閣府。http://www.esri.cao.go.jp/jp/stat/data（2009年6月3日アクセス）

図2.8 1990年代の各国の経済成長率

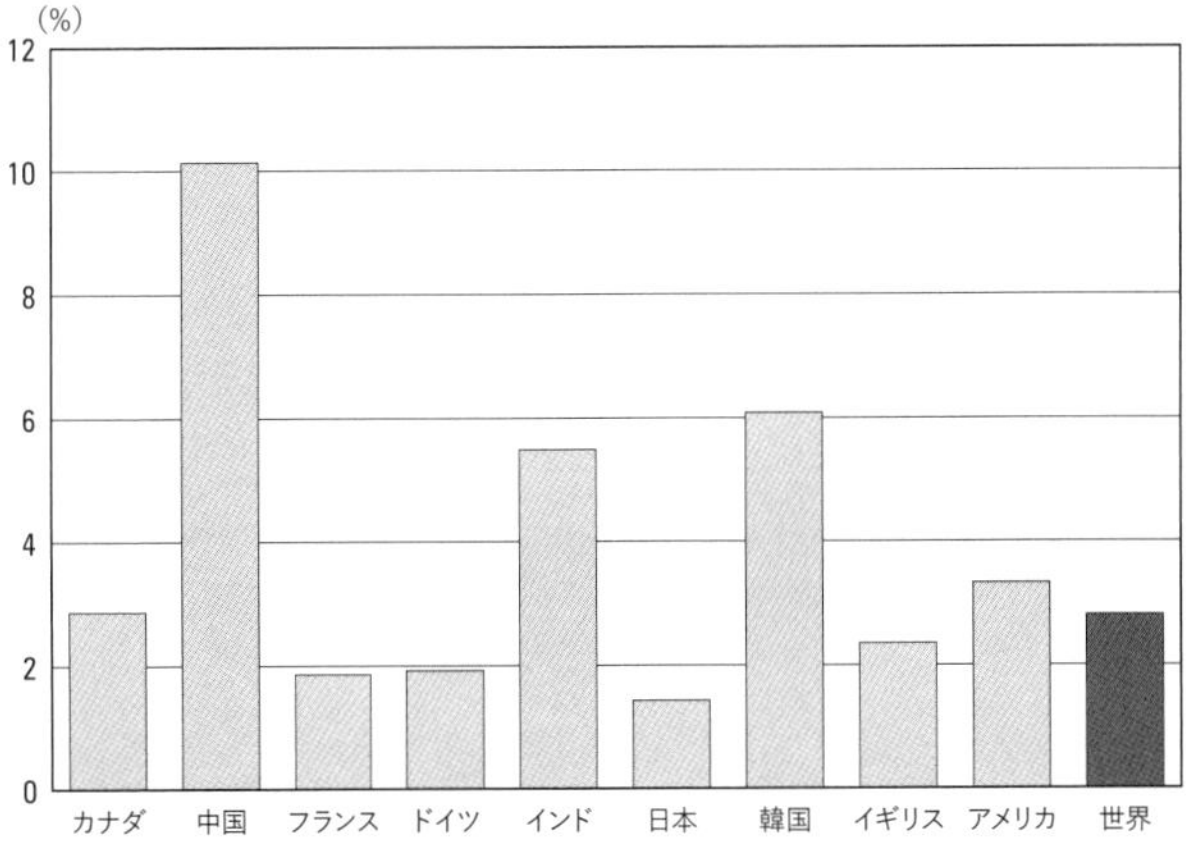

出典：World Bank, *World Development Indicators* (various years).

日本の長期的停滞の原因としては、不良債権処理に決然と取り組まなかったことがよく挙げられる。痛みが伴ったとしても、債務超過となった金融機関をいち早く整理しておけば景気回復はもっと早かっただろうと言われる。そして、そもそもバブルを生み、その反動として不良債権問題を生んだ経済構造そのものを改革すべきだということもしばしば言われた。だが、言うは易く行なうは難い。実際、一九九六年から九八年にかけて橋本龍太郎内閣は、マクロ経済状況が好転したという判断に基づきつつ、行政、財政、経済、金融、社会保障、教育の六つの分野で大規模な構造改革に乗り出した。これは、大まかに言えば新自由主義経済のコンセンサスに沿った野心的改革であり、正統派のエコノミストから支持されていた。もちろんマスメディアは橋本の努力を批判もしたが、それはこの改革が劇的にすぎるということではなく、不十分だという批判であった。だが、改革の影響として現れたデフレがアジア金融危機に重なったため、改革は放棄されることになった。そして橋本自身も、国内外から、今や痛みを伴う構造改革ではなく景気浮揚を進めるべきとの厳しい批判にさらされた。これにより九八年の参議院選挙では自民党が敗北し、橋本も辞任を余儀なくされたのである。

こうした曲折はあったものの、二〇〇四年には日本経済の自立的回復が始まった。日本について悲観的な論評をしたエコノミスト誌も翌年、次のように論じた。「遅くとも着実に歩みゆく者こそレースに勝利するものである。……漸進的な改革を通じて、結局日本の政治、経済、金融市場は多くの人々が考えるよりはるかに大きく変化し、それによって、長い目で見ると日本の未来は明るくなった」[11]。

一九九六～九七年や二〇〇〇～〇一年の一時的な景気拡大とは違い、二〇〇四年以降の景気回復は財政主導のものではない。一〇年以上にわたる合理化策の結果、日本の銀行や企業の財務は大幅に改善した。二〇〇四年のダイエーの処理は日本の不良債権問題の終結を象徴的に示すものとなり、翌年一月には竹中平蔵経済財政政策担当大臣が「不良債権問題の終結が見えた今、もはやバブル後ではない」[12]。

とはいえ、日本経済は依然いくつかの問題に直面している。大規模な財政刺激策をとったため不良債権は銀行部門から公的部門に移動し、多額の公的債務が蓄積した。しかも、日本は足早に高齢社会となり、社会保障支出増加などにより国家財政がますます逼迫することが予想される。社会保障制度が維持できるか不確実であるという認識が強いことを考えると、現役世代の消費行動も極めて慎重にならざるをえない。

これまで見てきたような日本経済のあり方が、日本の対外政策にいかなる影響を及ぼしてきたかについてはさまざまな解釈がある。日本経済が急拡大していた頃には、それは世界政治においてより大きな役割を果たしたいという欲求に必ずつながるだろうから、こうした日本からの脅威を封じ込めねばならないとする議論があった。この観点からすると、経済力が相対的に後退するに応じて政治的野心も低下するはずだということになる。これと対照的な議論は、金融バブル後の、経済状態が最悪だった一〇年間に多く見られた。つまり、経済の後退による社会的不満を和らげるべく、攻撃的なナショナリズムを基にした政策を日本政府はとるようになり、これがいわゆる日本の「右傾化」につながったとの議論である。

しかし、いずれの説明もあまり説得力があるとは言えない。第一に、経済的にもっとも困難だった時期でも、大半の日本人の生活水準は外国の一部の識者が論じたほど極端に悪化したわけではない。一九八〇年代の日本経済の成功ぶりは明らかに誇張されていたが、その後の日本経済の低迷についても逆の方向に極端なイメージをもって語られたと言えよう(もちろん停滞したのは事実である)。日本人の多くは、物質的に十分豊かな生活を送り続けたのである。確かにバブルが弾けたことによって、九〇年から九三年の間に株価も地価もピークの半ばに低落し、キャピタルロスは一〇〇〇兆円、つまりGDPの二年分を超えた。それはアメリカが二九年から三三年の世界恐慌の間に失ったのに匹敵する規模の損失であったものの、日本経済が受けた経済的、社会的な混乱やストレスの度合いは、当時のアメリカが受けたそれよりもはるかに小さかった。大恐慌下のアメリカでは、名目GDPは四四%低下し失業率は二五%に達したが、日本経済は九〇年代も年率一%弱で成長し、失業率も五%を超えることはなかったのである。これは立派な経済実績ではないが、破局的とも言えまい。「六〇年前のアメリカの経験と対比すれば、実は一九九〇年代の日本経済は驚くべき強靭さを発揮した」とすら言えるかもしれない[13]。そして図2・9にあるとおり、日本の失業率はこの間相当上昇したが、それで

図2.9　各国の失業率

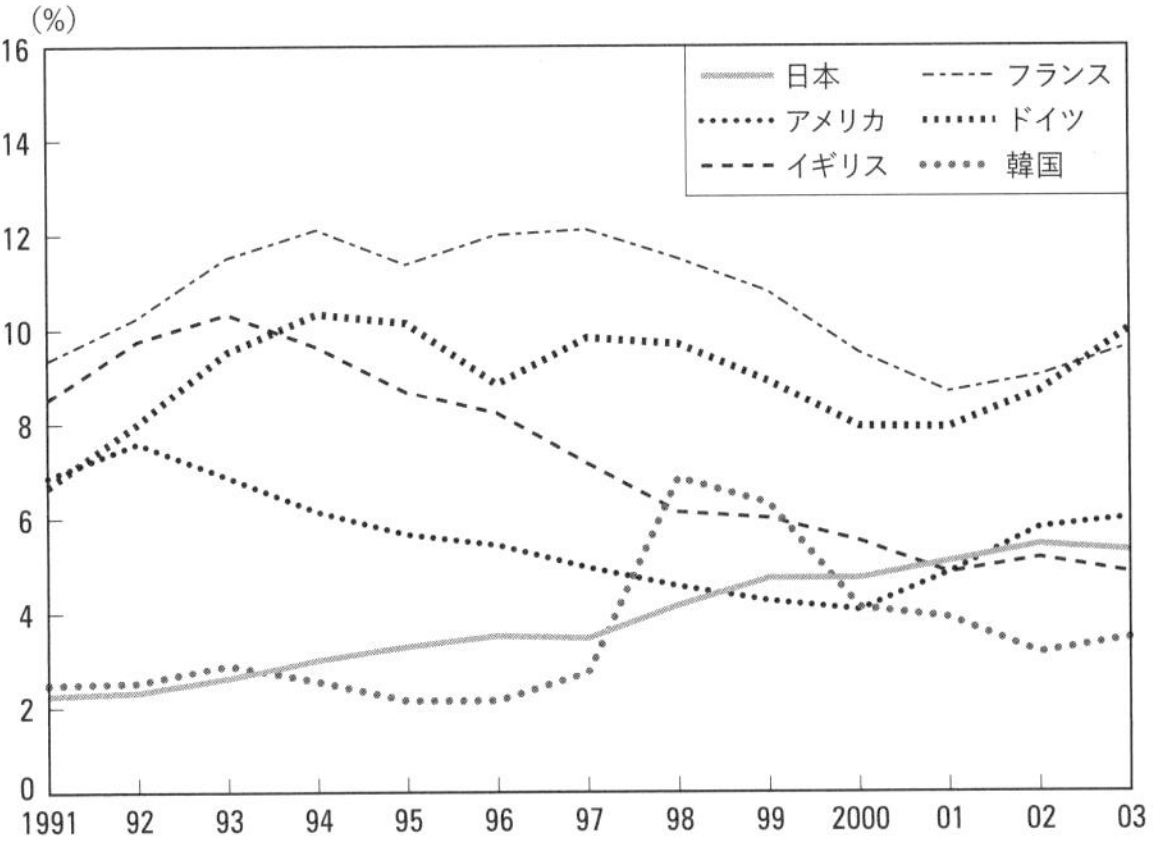

出典：国際労働機関。http://ilo.org（2009年6月3日アクセス）

もアメリカやヨーロッパの先進国と比較すれば依然として低い。さらに表2・2で示したように、「失われた一〇年」と呼ばれた九〇年代の間、国連開発計画（UNDP）が毎年発表する人間開発指数（HDI）において日本は高い順位を維持し続けている。というわけで、日本経済が九〇年代に活力を失ったのは明らかだが、日本人の生活水準は概ね維持されたと言える。九〇年代以後の日本人の経済的な暮らしは、「豊かさの中の停滞」とも呼ぶべきものだったのである[14]。

ただし、日本経済のあり方が徐々にではあるが確実に変化してきたのも事実であり、それは多くの人が考えるよりも深い層で見られた。ことの是非はともかく、全般的に規制緩和と民営化が相当進行したので、日本経済は以前に比べてより開放的で競争的なものになった。その結果、日本への

表2.2 人間開発指標における日本の順位と上位国

	日本の順位	第1位の国	第2位の国
1990年	1位	日本	スウェーデン
1991年	1位	日本	カナダ
1992年	2位	カナダ	日本
1993年	3位	カナダ	スイス
1994年	3位	カナダ	スイス
1995年	3位	カナダ	アメリカ
1996年	3位	カナダ	アメリカ
1997年	7位	カナダ	フランス
1998年	8位	カナダ	フランス
1999年	4位	カナダ	ノルウェー
2000年	9位	カナダ	ノルウェー
2001年	9位	ノルウェー	オーストラリア
2002年	9位	ノルウェー	スウェーデン
2003年	10位	ノルウェー	オーストラリアとアイスランド(同順位)
2004年	9位	ノルウェー	カナダ
2005年	9位(スイスおよびフランスと同順位)	アイスランドおよびノルウェー(同順位)	(カナダ)
2006年	8位(ルクセンブルグと同順位)	アイスランドとノルウェー(同順位)	(カナダ)

出典：United Nations Development Program, *Human Development Indices* (New York: various years). http://hdr.undp.org/en/（2011年1月6日アクセス）

直接投資が増加したが、これにより日本経済の姿が大きく変貌する可能性もある。また経済的停滞の後、大蔵官僚の不祥事が明るみになったこともあって、日本の経済官僚の権威は失われてしまった。それでも経済の不振は、少なくともこれまでのところ、日本人が自暴自棄になるほど深刻であるとはおよそ言えそうにない。おそらくそれより重要なのは、バブル崩壊のだいぶ前から、日本人の多くが経済成長を疑問の余地なき最重要目標だとは考えなくなっていたことである。二〇一〇年には日本の国内総生産（GDP）は中国に抜かれたが、それでも日本の一人あたりGDPは中国の五倍から一〇倍あることになる。これほどの物質的水準に達してしまえば、経済成長が疑問の余地なき政治課題としての緊急性を持った戦後の時代が過去のものになったとしても、不思議ではないだろう。日本経済の見通しについては悲観一色だが、だからといって日本人が危機感に染まっているわけではないのも事実である。一九九〇年代以降の経済的停滞にもかかわらず、日本人は国際的基準からすると豊かで安定した社会を享受してきたし、政治に対する不満は主として政・官と特定利益集団の癒着を温床とする構造的腐敗に向けられたのである。

事実、バブルが弾けてからの一〇年間、政治課題として経済成長が優先されていたわけではなかった。例えば、一九九三年に成立した細川護煕内閣は三八年ぶりの非自民党政権として国民の大きな期待と支持を得たが、その政策課題の中心は政治改革にあった。短命内閣が二つ続いた後、久しぶりの本格政権と言われた橋本内閣でも、景気回復より政治経済上の構造改革のほうが重視された。橋本の後を継いだ小渕恵三内閣では、九七年の金融危機からの景気立て直しに精力が注がれたが、その後の小泉内閣では、単純な景気浮揚策よりも再び構造改革が叫ばれ、それこそが長期的かつ持続的な景気の回復につながるとされた。

これまで見てきたように、戦後憲法体制下では、経済成長は物質的な豊かさ以上の意味があった。それは、軍事的問題に深く直接的にかかわるのを避けながら日本の国際的地位を向上する手段だったのである。日本が金融バブルに狂喜した一九八〇年代に得られた教訓は、日本の平和と経済的繁栄は、国際的な尊敬を受けるというよりかは非難と嫉妬の対象になりうるということであった。経済成長への専念はイデオロギー的に分裂していた日本をまとめる上で一時は有効な方策だったが、経済的キャッチアップが完了した八〇年代までには日本をまとめる力を失っていた。あるいはこうも言えよう。すなわち、日本人の意識のなかで経済成長はかつてほど重要ではなくなり、経済的停滞がただちに大きな社会不安を呼び起こすことはなくなったのである。

一九九〇年代以降の日本の経済的停滞は、日本人が正気を失って、戦後六〇年以上にわたり日本人の利益に驚くほど合致していた基本的な価値観や制度を放棄するほど深刻ではなかった。そもそも経済成長の意義そのものが低下していたのである。したがって、九〇年代の日本の対外政策の変化は経済的停滞によるものだとは言えない。むしろそれは、日本を「普通ではない」状態に留め置いていた基本条件が長期的に変動した結果だと理解すべきである。すなわち、イデオロギー上の分裂の解消、経済的キャッチアップの完了、そしてポスト冷戦期に新たに生じた安全保障上の必要（ＰＫＯ参加や地域の安定の維持）などである。

5 「普通の」日本は何を望むか？

もし、日本の目標が軍事大国になることはおろか物的な豊かさの追求でもないとすれば、日本は「普通」になって一体どうしたいのだろうか。よく聞かれる答えは、「普通」の日本とはよりナショナリズムに溢れた国であるというものだろう。日本が「普通になる」ことが議論となる際にくり返し語られてきたテーマである。金融バブルによって日本の経済力について誇大なイメージが流布した八〇年後半から九〇年代前半にも、類似の議論が繰り返された。興味深いことに、日本経済が低迷を続けた九〇年代半ば以降も日本のナショナリズムの「復活」は、一九六〇年代以後の高度経済成長期の頃から、がしばしば語られたが、この度は論理がまったく逆であった。つまり、経済成長ではなく経済の停滞こそがナショナリズムを高揚させるというのである。しかし、九〇年代半ば以降実施された自国への感情に関する調査を見る限り、日本人の態度の一貫性の方がずっと印象的である。つねに約半数の日本人が自国に対して肯定的態度を示し、一〇%程度が否定的である(図2・10)。

日本人のナショナリズムが他国に比べて強いという見解についても根拠がなかなか見つからない。二〇〇〇年の世界価値観調査(World Values Survey)によると、「自国民であることを誇りに思うか」を質問した調査では、対象となった七四カ国中、日本は七一番目にランクされている。このような観点からナショナリズムを理解すると、オランダ(五七位)、ベルギー(六七位)、ドイツ(六八位)など日本同様に所得の多い国家と並んで、日本は世界でもっともナショナリズムの弱い国の一つと位置づ

図2.10 国を愛する気持ちの程度

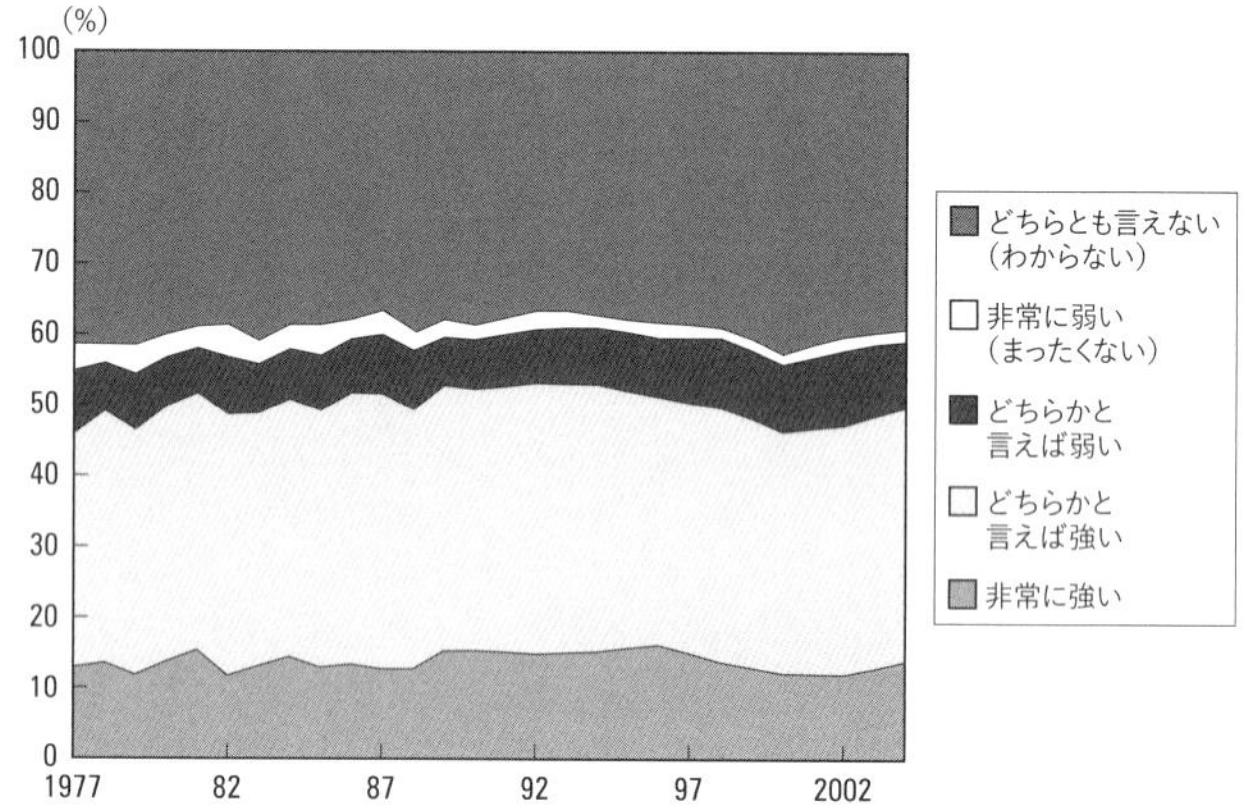

出典：内閣府大臣官房政府広報室『社会意識に関する世論調査』各年版。
http://www8.cao.go.jp/survey/index-sha.html（2005年11月1日アクセス）

けられる。なお、この調査では、エジプト（一位）、フィリピン（二位）、ベトナム（三位）などのナショナリズムが強いとされる[15]。また、戦争で武器を取る用意があるかどうか尋ねた質問では、日本人で「はい」と答えた者の比率は調査対象国中最低で、これは一九九五年の調査でも類似の結果が出ている[16]。この質問項目では、例えば中国（四位）、韓国（一二位）、インド（二一位）、アメリカ（三六位）、イタリア（三九位）、カナダ（四〇位）、フランス（四一位）、ドイツ（五六位）といった結果が出ている。したがって、戦争忌避の強さという点で日本人の態度は欧米諸国に類似しているが、なかでも日本のそれは目立って強い。

とはいえ、ナショナリズムという言葉はその内容が曖昧なことで悪名高いのも事実である。日本人は、日本は守る価値のない国と考え、自分が日

図2.11　日本に対する愛着心の推移

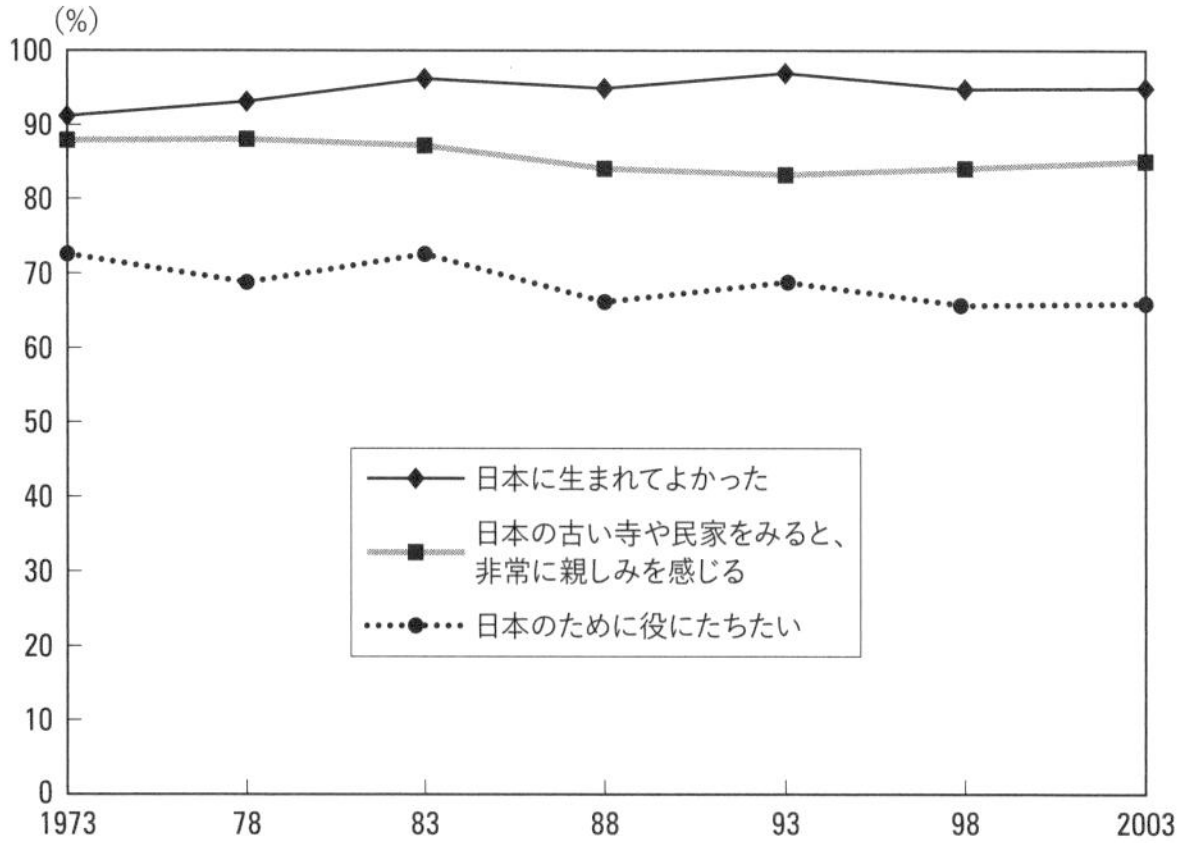

出典：河野啓・加藤元宣「『日本人の意識』調査にみる30年①」『放送研究と調査』2004年2月号、28頁。

本人であることを強く不満に思っていると解釈するのは誤りである。ＮＨＫの意識調査によると、日本人の大多数は自分が日本人であることに満足している（図２・11）。この満足感は文化的アイデンティティによるものであって、政治的アイデンティティや、他国に比して物質的に恵まれているとの優越感によるものではない。

一般にナショナリズムと呼ばれる競争的な意識が日本人の心を駆り立てる主要な力になっていないとすると、一体日本人は日本という国のどこに価値を見いだしているのだろうか。毎年、日本政府は社会意識に関する世論調査を実施しており、過去三〇年以上にわたって「日本の国や国民について、誇りに思うことはどんなことか」という質問をしている。また、ＮＨＫも一九七三年以来日本人の自信について意識調査を実施してきた。図

図2.12　日本に対する自信の推移

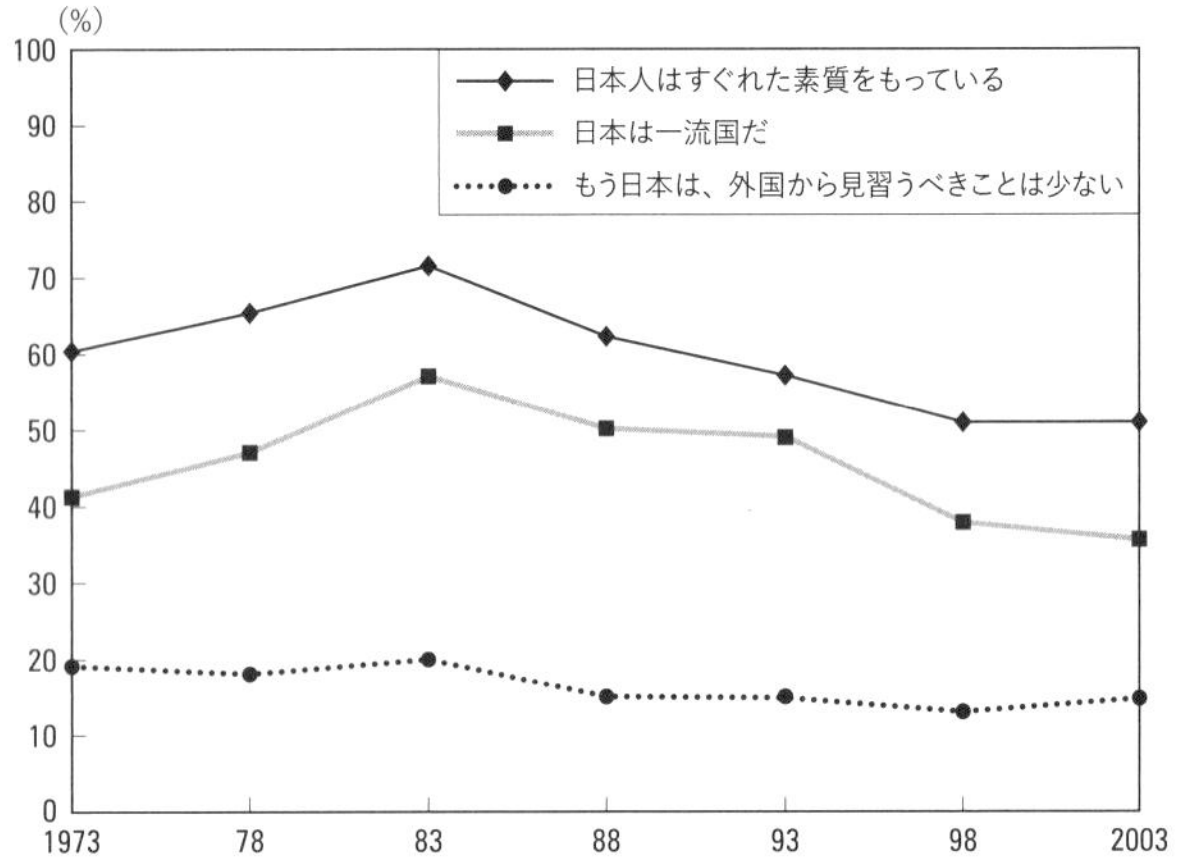

出典：河野啓・加藤元宣「『日本人の意識』調査にみる30年①」『放送研究と調査』2004年2月号、27頁。

2・12と2・13はこれらの調査結果をまとめたものであるが、これを見ると海外で広く抱かれている日本像とは異なる部分が大きい。

第一に、経済的繁栄そのものが日本人の自尊心の最重要部分であったことは一度もなかった点である。一九八〇年代前半、日本経済への国際的評価がピークにあった時期の日本人の「自信」は低下気味であった。物資的な意味での経済的繁栄はその頃までには概ね達成されていた目標であり、むしろ繁栄そのものがある種の試練を与え始めていたのである。例えば、金融バブルは国際的に日本のカネへの関心を強めたかもしれないが、それが日本人や日本のライフスタイルへの敬意につながることはなかった。アメリカとの絶え間のない貿易摩擦や、バブル経済の狂乱に対する海外からの冷たいまなざし

図2.13 日本の誇り

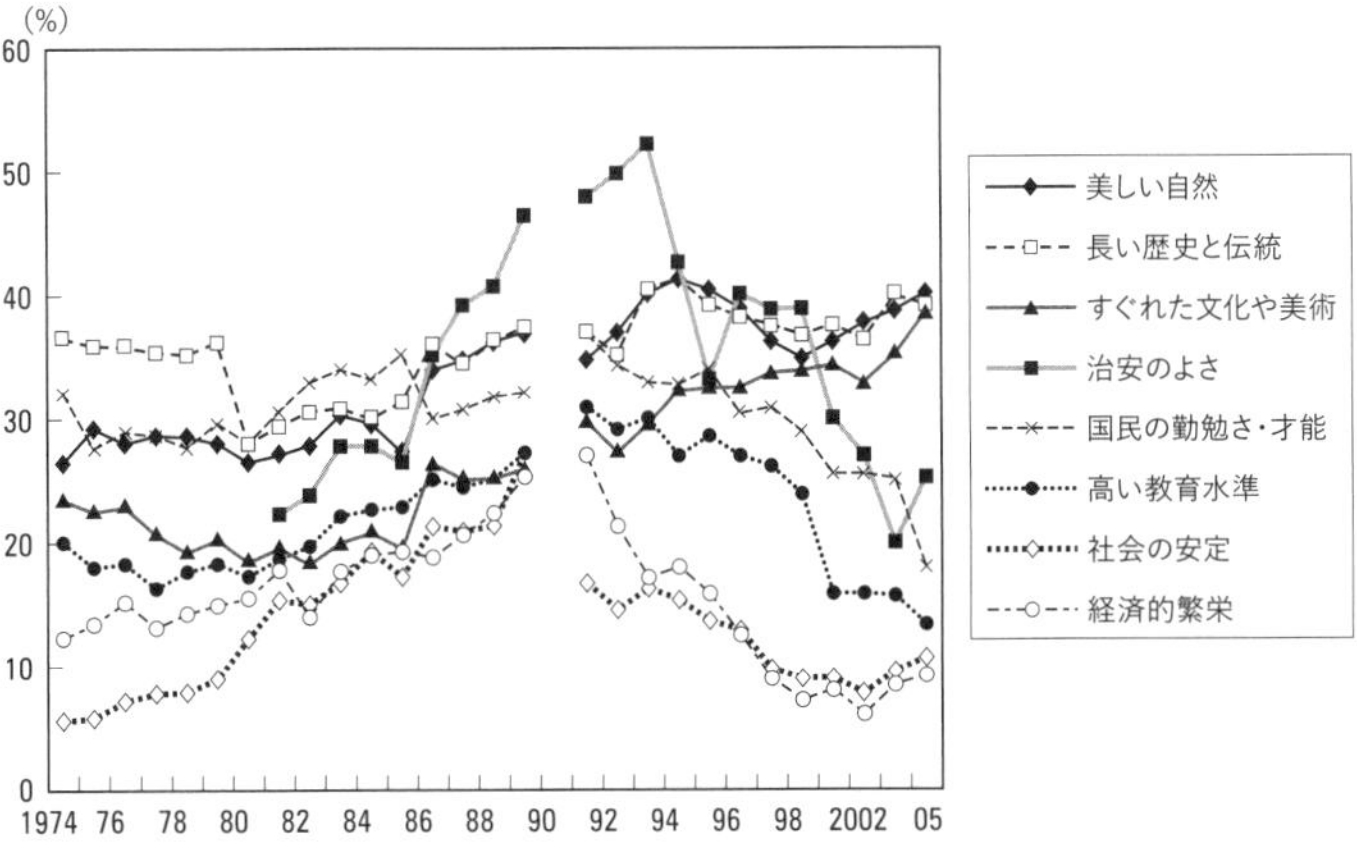

出典：出典：内閣府大臣官房政府広報室『社会意識に関する世論調査』各年版。
http://www8.cao.go.jp/survey/index-sha.html（2009年6月5日アクセス）

を前にして、日本人は経済的成功の達成感より、むしろやるせなさや悲しみを感じたのである。第二に、九〇年代以降の日本人の価値観は、非物質的なものをより重視する方向に変化してきた点である。経済成長や労働のあり方に対する関心は明らかに低下する一方で、文化、芸術、環境保護への関心が強まってきた。最後に、全般的に見て日本人は現在の生活水準に満足しているが、日本の将来については不安が強く、自信を失っている。

このように見てみると、日本の社会意識が「右傾化」したと特徴づけることは難しそうである。今日、日本の価値観の傾向は、ロナルド・イングルハートが「脱物質主義」と呼んだものと一致しているように思われる[17]。社会意識の国際比較研究も日本社会についてのこうした見方を支持しているのではないか。つまり、日本人は生活の物質的側面では概ね満足しており、寛容や責任といった規範を重視する一方、かつてほど勤勉を重視しなくなっている。また、宗教や何らかの教義的な価値体系には比較的無関心で、政治的には自国への帰属感が薄い。これが、調査から浮かび上がる日本の社会意識の姿である。日本の価値指向のあり方は、スウェーデン、フランス、イタリア、スペインなど西ヨーロッパの豊かな国々に似ており、中国、韓国そしてアメリカとは大いに異なっている[18]。

こうした日本人の社会意識は、日本社会で見られた進展を考え合わせれば驚くことではない。例えば、日本の漫画、アニメ、映画、そして若い作家による小説までもが世界で人気を博している事実は、日本がトヨタやソニーの国から少しずつ脱皮して、文化の分野で国際的存在感を拡大しつつあることを示している[19]。日韓関係や日中関係においては政治的問題が目立っているが、かたや日本の文化コンテンツは急速に拡大するアジアの中産階級に歓迎されている。韓国の大衆文化も、日本の市場のみならず世界で関心を集めており、汎アジア的な市民文化が新たに形成されつつあるのかもしれない。このような文化の分野での国際的地位の拡大は、日本人にとって非常に心地よいもので、これが日本のソフトパワーにつながるといった議論も一部にはある。

また、一九九〇年代半ば以降日本で見られるいま一つの傾向として、NGOやNPOの活動への関心や参加が増えていることも忘れてはならないだろう。九五年の阪神淡路大震災が大きな契機となったのであるが、かつては公務員や大企業就職の道を選んだであろう活動的な若者が、こうした公共セクター、しばしば国際的な公共セクターでの仕事に関心を持つようになってきた。このことからは、若い有能な日本人が、非物質的な価値あるいは個人的に手応えを感じられる何らかの目標に惹かれていることが窺えるだろう。

おわりに

戦後日本の「普通ではない」姿は、国内外の、時に矛盾するさまざまな要素が微妙な形で均衡した結果形成されたものであった。だがそうした日本のあり方は、日本にとって安全保障上必要なことや日本人の価値観に適合しているとはもはや言えなくなった。日本は安全保障政策において自制してきたことの一部を慎重に見直しつつあるが、空想的平和論の崩壊や経済的な低迷といった変動により戦後の価値観や制度が否定され、一九三〇年代のような軍国主義への回帰が歓迎されるといった事態にはなっていない。むしろそれとは逆に、九〇年代以降の日本の変化は、戦後憲法の下で発展してきた価値観や慣行に基づくものだったのである。現在の日本人の価値観をふまえれば、たとえ憲法改正が実現したとしても、民主主義、基本的人権の尊重、軍事的優越を追求しないことなど戦後の基本的な価値が変容するとはおよそ考えにくい。田母神俊雄元航空幕僚長のような復古的ナショナリストにとっては残念かもしれないが、戦後の価値観を否定するような声を上げれば上げるほど、日本人は「普通ではない」戦後憲法体制を維持しようとするであろう[20]。

ことによると、改憲をめぐる二〇〇〇年代半ば以降の世論の動向はこうした日本人の態度を反映するものかもしれない。読売新聞が毎年行っている世論調査によると、改憲賛成は二〇〇四年をピークに低下し、二〇〇八年には、一九九三年以来始めて改憲反対がわずかながら改憲支持を上回った（図2・14）。改憲賛成派の後退は復古的ナショナリストたちの強硬な言説が目立つようになった時期と符合しており、戦後の日本のあり方を否定する彼らの言動に多くの日本人が危機感を抱いたことと関係しているかもしれない。

また、安全保障政策の積極化と経済の低迷があいまって日本社会の「右傾化」が進んだとしばしば解釈されてきた。しかし、一九九〇年代以降の日本の経済的苦境は海外において誇張して伝えられた面があったし、より重要なのは、一般に想定されている以上に日本では物質的価値の重要性が低下している点である。

「普通の」日本の姿が、経済的危機によって促された軍国主義への回帰ではなく、機会さえあれば物的資源を軍事力に変えようとするエコノミックアニマルでもないとすると、日本が「普通になる」とは一体何を意味するのであろうか。一九九〇年代以降の日本の価値観の傾向を見ると、ポストモダンな価値観が強くなっており、物質的価値指向に取ってかわっているのがわかる。これは特段驚くに値

図2.14　憲法改正に関する世論調査（読売新聞）

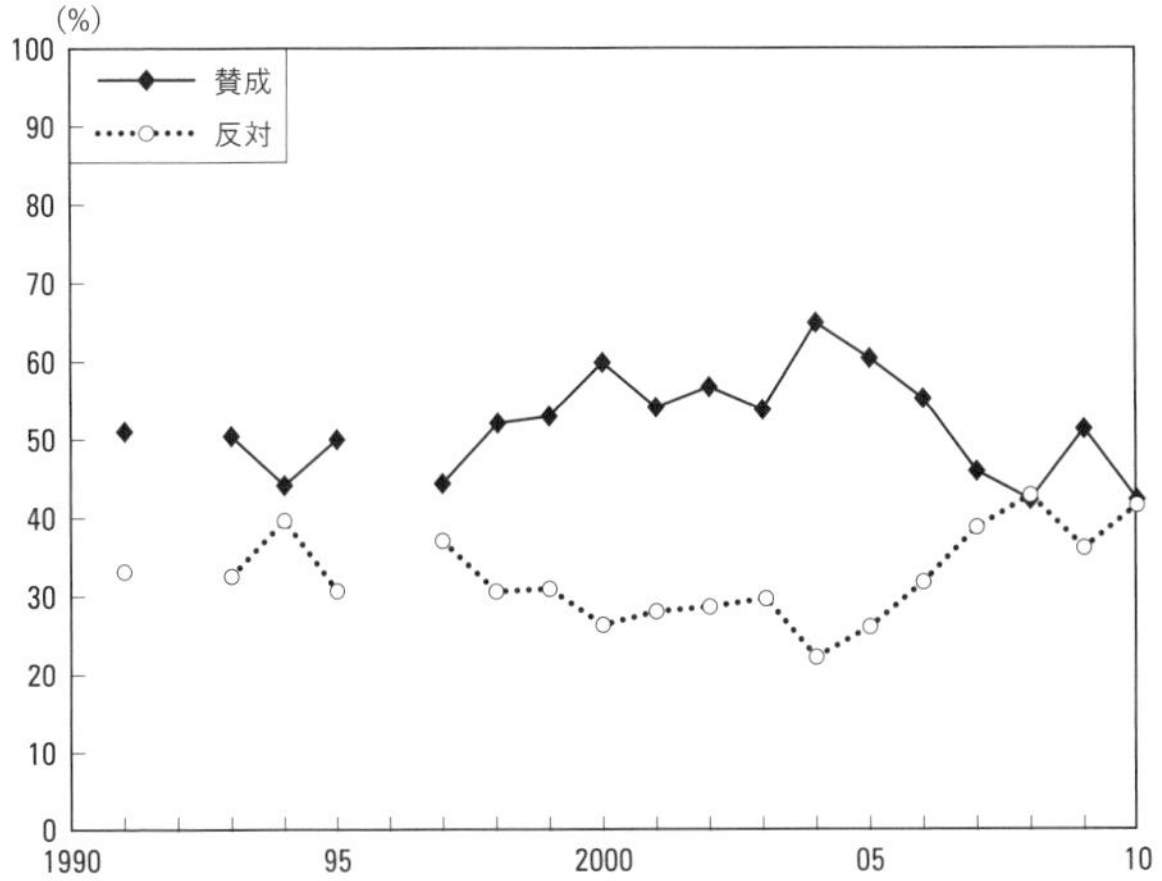

出典：『読売新聞』の各年の世論調査をもとに筆者作成。

する結果ではない。六〇年以上にわたり、日本が概して平和な環境下で大きな繁栄を享受してきたのを考えると、日本社会の関心が生きる上で最低限必要なことや今以上に大きな物質的豊かさなどよりも、生活の質を向上させる方に移ったのは当然である。日本の若い世代が、軍事的優越はもちろん富の蓄積やオリンピックでの獲得メダル数の増加を通じた国威発揚よりも、開発協力、環境保護、平和構築、そして芸術や文化に惹かれる傾向にあるというのは驚くべきことではないのである。

言うまでもなく、いかなる国の政策も人々の価値指向によって直接決まるわけではない。政策は、政治指導や政治制度、それに国際環境などの要因の複雑な相互作用の結果である。とはいえ、民主的社会では、政策の方向性が国民の基本的な価値観からかけ離れたものになることはありえない。

「普通」となった日本にとって、アメリカや中国のような伝統的大国の地位を求めることは、たとえそれが可能だとしても魅力ある目標ではない。国民の価値指向から考えると、「普通」となった日本は、経済や戦略の分野で優位に立つことより、多国間主義や国際的な法の支配を求める方向へ向かうと思われる。

もちろん、こうした望ましい協調関係が見られる世界は必ず実現すると約束されているわけではない。脱近代的な行動は、結局のところ近代的価値が十分に達成されることが前提になるからである。経済危機が深刻化したり地域で軍事的脅威が高まったりすれば、日本も経済的生存と戦略的競争をめぐるゲームに否応なく引き込まれるだろう。自己主張を強める中国の急速な台頭やアメリカの一方主義的な行動様式への懸念を考えれば、日本人が鋭い危機意識や深い屈辱感を抱くようになり、価値観が大きく変動する可能性も当然ある。しかもヨーロッパ諸国のように、EU（欧州連合）の協調的枠組みにより概ね安全が保障されていて、加盟国同士で脱近代的価値観を共有できているのとは違い、日本は近代的な国もしくは近代化途上の国に囲まれている。そしてそうした国々の世界観は、依然として領土や経済力をめぐる競争への強い関心に支えられている[21]。こうした地域的環境の下で脱近代的価値を対外政策にて追求しようとすれば、日本は困難に直面するであろう。「普通」になった日本は、自らの脱近代的目標を追求できるような地域的・国際的環境を創っていかねばならないのである。

第3章

「普通のミドルパワー」へ

——冷戦後の日本の安全保障政策

添谷芳秀

はじめに

「普通の国」日本は、戦後日本の安全保障政策が「普通ではなかった」ことを前提にした概念である。「普通の国」論が唱えられ始めたときに「普通ではない」とされたのは、一般的には冷戦の終焉に対する日本の不十分な対応であり、具体的には一九九〇年から九一年にかけての湾岸危機に際して何もできなかったことであった。とりわけ九一年の第一次湾岸戦争は、冷戦後の重大な危機への国際社会の対応が試される最初のテストケースであった。イラクによるクウェート侵略に対する多国間協調に、一三〇億ドルという巨額の資金援助以外日本が参加できなかったことで、日本の政策決定者とオピニオン・リーダーは、冷戦後の世界秩序形成に日本がまったく役割を果たせないのではないかとの強い危機感をもった。そこでの基本的認識は、国際安全保障の領域で適切な役割を果たせないところに、戦後日本の安全保障政策の「普通ではない」側面があるというものであった。

したがって、湾岸戦争の経験を経ると、国際安全保障とりわけPKO（国連平和維持活動）への参加に対する戦後の制約をいかに乗り越えるかが、日本政府にとっての中心的課題となったのである。小沢一郎が「普通の国」という考えを主張し始めたのは、そうした状況下においてであった。その動機は、国家主義的というよりは本質的に国際主義的であり、当時憲法改正論議が日本社会で市民権を得るようになったのも、まさにそれが国際主義を反映するものだったからである。

こうして日本は、冷戦後の国際安全保障上の新しい課題に取り組むようになり、その結果、一九九〇年代以降、主に四つの領域で日本の安全保障政策が変化していった。すなわち、国際平和協力に加えて、九〇年代半ばの日米安保の「再確認」、九〇年代後半の人間の安全保障の推進、そしてより最近では国の防衛に関する「普通」の対応である。これらの変化の順番は重要である。なぜなら、最初に国際主義の領域で変化が起きることにより「普通の国」化する流れが生まれ、その後国民も伝統的な安全保障や防衛の問題にそれなりの関心を示すようになったからである。

「普通の国」日本をめぐる国際的な議論が混乱しているのは、「普通の国」になることで日本は伝統的な大国路線に回帰しようとしているのだとする一種の「陰謀論」的解釈が強いからである。中国での議論は圧倒的にそうだし、程度の差はあれ韓国でも同様である。しかしながら、一九九〇年代以降の変化の内実を検討すれば、そうした懐疑論にまったく根拠がないのは明らかである。

さらに議論を混乱させているのは、近年日本社会において国家主義的言動が徐々に影響力を高めているという現実である。日本の「普通の国」化を考えるにあたり、この現象をどのように理解するかは極めて重要である。というのも、国際主義に基づく「普通の国」化の基盤の上に国家主義的主張が唱えられているのだとすれば、国際主義に基づく変化の流れを国家主義が「ハイジャック」する可能性を考慮しなければならないからである。日本の変化に関する海外の懐疑論の多くは、まさにそのことを懸念しているわけである。しかし本章は、歴史問題に関する修正主義的主張、反中感情、および北朝鮮に対する強硬姿勢を特徴とする国家主義の高まりは過渡期の現象であり、戦後長期間続いた「五五年体制」が崩壊した後の「反動的」現象に過ぎないことを論じる。

結局は、国家主義的反動には行き場がなく、サンフランシスコ講和体制に根ざした国際的現実と日本の「戦後コンセンサス」の強固さに跳ね返されて、挫折することになるだろう。そして、あたかも「見えざる手」に導かれるように、事実上の「ミドルパワー」的な選択が今後の日本外交を導いていくことになるだろう。要するに、戦後日本の安全保障政策はかなりの程度事実上のミドルパワー外交の産物であり、一九九〇年代以降進んだ「普通の国」へ向けての変化は、「普通のミドルパワー」としての国際的役割を妨げていた「異常さ」を修正しようとする試みとして意義づけられるのである。

このように、本章は、国際平和協力および日米同盟の領域で起きた冷戦後の日本の安全保障政策の漸進的変化は、日本の事実上のミドルパワー外交の基盤を固めるものであったことを論じる。同時に、その変化は、国防政策にも及んだ。しかし、それとて基本的にミドルパワーの防衛政策の枠を超えるものではなかった。むしろ、伝統的安全保障や国の防衛政策の基盤強化がともなわなければ、ミドルパワー外交も不安定なものにならざるをえないと考えるべきだろう。

その上で、ミドルパワー外交が本領を発揮するのは、伝統的安全保障の領域においてではないことが再確認される。本章は、こうした観点から人間の安全保障を推進した日本外交にも光を当てていく。

1 「戦後コンセンサス」とミドルパワー外交

敗戦後の日本の安全保障政策は、中国をはじめとするアジア諸国への侵略に対する深い反省の上に構築された。当初多くの国民は、一九四六年に成立した平和憲法を戦後日本のアイデンティティの礎として受け入れた。しかし、四七年に欧州で冷戦が発生すると、若干の時差をともなってアジアにも拡大した。そして、五〇年に勃発した朝鮮戦争は、戦中から戦後初期にかけて連合国が推進してきた戦後秩序構想に決定的な打撃を与えることとなる。アメリカは朝鮮半島で中国と戦火を交えることになり、中国を中心的な安定要因とする戦後アジア構想は崩壊した。そこでアメリカは、ソ連や中国と対峙するアジア戦略の要として日本を位置づけるようになったのである。

　こうして、制定後五年も経たないうちに、戦後憲法が定めた日本の非武装化は非現実的となり、武装放棄を定めた第九条は国際政治の論理からすると早くも妥当性を失うことになった。にもかかわらず、当時の吉田茂首相は、アジア諸国の反発や軍国主義復活の危険性が残っていることを訴え、再軍備を迫るアメリカの圧力に抵抗した。しかし、もはや非武装のままで日本の安全を保てる状況ではなく、一九五一年、朝鮮戦争の最中に日米安全保障条約が締結された。

　こうして、戦後憲法と日米安保条約を二本柱とする「吉田路線」がスタートすることとなる。その外交路線は、軍事力を背景とした大国の地位を求める野心を日本が放棄したことを意味していた。すなわち「吉田路線」とは、アジアでの侵略戦争の反省に立ち、大国間の権力政治から降りるという決意を示し、事実上のミドルパワー路線を支える日本の「戦後コンセンサス」を体現するものだったのである[1]。一九五一年九月にサンフランシスコ講和条約と日米安保条約に同時に署名することで、日本は戦後の世界に復帰した。サンフランシスコ講和体制が吉田路線の基盤となり、戦後日本の平和と繁栄に寄与したのである。

　したがって、戦後日本外交がたどった道はユニークであった。戦争の廃墟から立ち上がりやがて世界第二位の経済大国になったものの、伝統的な大国路線を歩もうとはしなかったのである。この戦後の経験がユニークかつ重要なのは、日本が伝統的な安全保障の領域で事実上のミドルパワー外交を展開することで経済大国になったという事実である。

しかしながら、そこに代償がなかったわけではない。戦後日本は長い間日米同盟以外に国際安全保障にはまったく関与せず、その外交はミドルパワーの水準にすら達していなかったともいえる。国際紛争を解決する手段としての武力の行使を禁じた憲法第九条により、日本の軍事力行使は厳密な意味での国土防衛に限定され、日米安保の枠内での集団的自衛権の行使と国連憲章に基づく集団安全保障への参加は禁じられた。そして、日本の周辺における伝統的な安全保障の問題に関しては、日本に駐留する米軍が対処してきた。こうして、戦後日本はこうした安全保障上の問題に独力で正面から対応することがなくなった。その間、戦後憲法に根ざした平和主義は日本の戦略文化に深く根を下ろし、国際政治における日本の軍事的役割を議論すること自体がタブーと化したのである。

マクロにみれば、こうした戦後日本の現実は、日米安保条約によるアメリカのプレゼンスがあったからこそ生まれたものであった。アメリカが日本の周辺の安全保障環境を維持する一方で、日本の国内政治は、政権党の自民党と社会党をはじめとする野党の間のイデオロギー対立に特徴づけられた「五五年体制」という独特のシステムへと発展していった。そして、与党自民党が自衛隊と日米安保条約は合憲であるとの立場を貫く一方で、社会党や共産党は、自らの政治的存続を可能にしていたともいえる吉田路線の基盤である自衛隊や日米安保条約は憲法違反だと批判した。

こうして、冷戦下での日本の安全保障政策決定過程の実体は憲法論や法律論に終始することとなり、合理的な安全保障戦略はまったく議論されなくなった。結局のところ、野党が主張する非武装中立路線は憲法との整合性を保つところに主眼があり、当然ながら国際政治の論理からは極めて非現実的であった。その結果、「知的アクロバット」[2]とでもいうべき一連の法解釈により、日本政府が自衛隊と日米安保条約の合憲性を護ることで、吉田路線は長らえてきたといえる。

こうして戦後日本は、吉田路線の下で国際安全保障面での役割は果たさずにきたが、冷戦の終焉は吉田路線の枠内で、つまり「憲法九条・日米安保体制」を前提にした上での戦略的思考を迫ることとなった。そうしたなかで、「普通の国」への動きこそ、戦後日本の安全保障政策の空白を埋めようとする試みに他ならなかった。そこでは、内向きの「一国平和主義」とかつて揶揄されたものが、積極的で国際主義的な平和主義へと転換し始め、日本の国際平和協力活動への参加の道を開いたのである。同時に、東アジアと世界の平和・安定のために、アメリカとの同盟協力に実体を与えようとする動きも生まれた。要するに、日本は、「普通のミドルパワー」としての国際的役割を果たすための一歩をようやく踏み出したのである。

しかし、完全に「普通のミドルパワー」となる道のりは依然として長い。多国間の国際平和協力に参加する自衛隊の役割は、憲法第九条によりいまだ根本的な制約を受けているし、日本政府は日米同盟における集団的自衛権の行使は違憲であるとの法的判断を変えていない。したがって、二〇〇三年のイラク戦争終結後に自衛隊のイラク派遣が実現した際も、武力行使には厳格な制約が課せられていた。イラクの土を踏んだ自衛隊は、オランダ、イギリス、オーストラリアなどの軍が治安維持にあたるなかで、水の浄化、道路や施設の補修、医療活動といった人道復興支援活動に従事したのであった[3]。

2 「ナショナリズム」の台頭をどう見るか

上述のように、冷戦後の日本の安全保障政策の変化は明らかに国際主義的な特徴を示しているにもかかわらず、それは伝統的な意味での軍事的役割を求めようとするものだとする解釈は少なくない。これは、伝統的な「ナショナリズム」の台頭が安全保障政策の変化の原動力だと認識されるからである。以下で論ずるように、伝統的「ナショナリズム」の台頭という現象は、戦後日本外交が抱える構造的問題の「症状」にすぎない。それを、しばしば「主体性」が欠如するといわれる日本外交の問題の「解決策」とする見方は、決定的に誤っている。本章が示すとおり、冷戦後日本の安全保障政策の変化は、国際主義的な発想と衝動に支えられていたからこそ可能になった。伝統的国家主義者は、後からその流れを利用して自らの国家主義的課題を推進しようとしているのであって、しかもその試みはほとんど成功していないのである。

近年の日本の安全保障政策の変化は、以下の二つに分類することができる。一つは、しばしば「一国平和主義」と称されてきた、国際安全保障領域での過度な最小限主義を是正しようとする試みであり、「普通の国」論が提起されたのはまさにこの文脈においてであった。一九九〇年代以降の日本の安全保障政策の展開は、基本的にこの路線に沿ったものである。同じことは、憲法第九条をめぐる議論に関してもいえる。以前は、九条改正論の必要性を指摘するだけで「タカ派」的言動と見なされてきたが、今や国際安全保障を視野に入れた多様な改憲案が様々に議論されるようになった。全体的に見れば、これは日本の安全保障論議の進歩に他ならない。その間、憲法改正を支持する世論は着実に増えた。このことは、少なからぬ日本人にとって、憲法改正が必ずしもナショナリズムの問題ではないということを示している。

その反面、とりわけ日本社会党が自滅し「五五年体制」が崩壊すると、より複雑な第二の変化が顕著になってきた。それは、伝統的国家主義者が、戦後日本の安全保障政策とその前提に対する不満を声高に表明するようになったことである。事実、時にこうした国家主義的言説は、無自覚であるにせよ、あたかもサンフランシスコ講和体制や日本の「戦後コンセンサス」を覆す「革命的」選択を志向しているかのような響きを持つことがある。東京裁判、靖国問題、慰安婦問題などの「歴史問題」に関する国家主義的な自己主張には、そうした響きが見られる。二〇〇六年九月より一年間、「戦後レジームからの脱却」を唱えつつ政権を担った安倍晋三首相(二〇一二年一二月には第二次安倍内閣が誕生)が、そのような復古的価値観の持ち主であることは周知のとおりである。

こうした国家主義的衝動から生まれているのが、民主主義や人権といった普遍的価値を強調する「価値観外交」というスローガンである。たとえば、安倍首相は、日米印豪四カ国の関係を「アジア・大洋州デモクラティックG3プラス・アメリカ4」[4]と呼び、二〇〇八年から一年間政権を担当した麻生太郎首相は「自由と繁栄の弧」[5]を提唱した。

近年の自民党の「主張する外交」には歴史見直し論と価値志向が混在していることが以上からわかるが、その両者を矛盾と感じない感覚は、戦後日本の「自立」の欠如はあの戦争での敗戦と占領経験に根ざしているとの認識がトラウマになっていることと深い関連がありそうである。そこで安倍は、日本人の手による憲法改正によってこそ「真の独立が回復できる」[6]というのである。

こうした国家主義者らの認識では、彼らの掲げる課題にとって国外の最大の障害が中国なのである。中国は日本を押さえつけ、その「自立」を牽制するべく「歴史カード」を使用しているのだと彼らは強く信じている。こうして、反中意識、歴史見直し論、「主張する外交」の三つが、多くの国家主義者のトラウマともいうべき心理のなかで固く結びついているのである。

この見方が正しいとすると、彼らの掲げる課題が日本の統一的な戦略として実現することはないといえそうである。なぜならば、彼らの描く戦略は、戦後日本外交のみならず、より重要なことに、アメリカを究極的な保護者とするサンフランシスコ講和体制に根ざした戦後秩序をも否定する論理を含んでおり、その意味で「革命」に等しいからである。もとより、こうした国家主義的主張の実態は、歴史を逆戻りさせようとする明示的な戦略として唱えられているというよりは、日本の「戦後コンセンサス」へのトラウマから生じるフラストレーションに過ぎない[7]。しかし同時に、こうした国家主義的主張に対して中国や韓国が過敏かつ執拗に反発すると、それが日本の内政において国家主義者の追い風となる。その結果、彼らのフラストレーションが、中国や韓国による対日批判への憤慨として表明されるという悪循環が進むのである。

逆説的にも、国家主義者らの個々の主張は、そこに戦略がないからこそ世論の支持を一定程度得るという現象が起きている。戦後日本を否定するような衝動が(たとえば核武装を含む)戦略として明示的に語られるようなことがあれば、それを真っ先に拒絶するのはおそらく日本国民だろう。だからこそ、二〇〇六年秋に政権の座についた安倍首相が、彼の信条や思想とは裏腹に、中国や韓国との関係改善へ動いたことが国民の支持を得たのである。隣国との感情的対立を深める悪循環を断つことができれば、日本国民の多くは、冷戦後の積極的な平和主義の基礎である「戦後コンセンサス」に共感を示すであろう。

リチャード・サミュエルズは、日本の戦略環境(制度的惰性、民主的競争、プラグマティズム、将来のアメリカの国力への懸念、地域の勢力均衡の変化)を検討し、それらの要因の相互作用によって「日本の修正主義的路線はいずれ頓挫しそうである」[8]と結論づけている。実際、最近の日本の政治と社会における国家主義的ムードは、戦後日本の防衛・安全保障政策が過度に平和主義的だったことへの反動であり、やがて過渡期的な現象に過ぎなかったということが判明するだろう。「五五年体制」下での左の平和主義が非現実的であったのと同様、今日の右からの反動的な言説にも非現実的要素が多く、いずれ日本社会の周辺に追いやられるであろう。

しかしこうした過渡期においては、ナショナリズムを原動力とする興味深い変化も起きている。防衛庁の防衛省への昇格(二〇〇七年一月)、「日本国憲法の改正手続きに関する法律」の公布(同年五月)、そして主に集団的自衛権問題を検討する「安全保障の法的基盤の再構築に関する懇談会」の設置(同年五月)などである。実は、これらの課題はいずれも、本質的に日本の「戦後コンセンサス」の域を超えるものではない。たとえば、日本が集団的自衛権の行使や集団安全保障への参加に踏み切ったとしても、その結果起きることは日米同盟の強化であり、また多国間安全保障への積極的参加に他ならない。サミュエルズによれば、そうした変化が起きても、日本は「一九三〇年代のように世界情勢の中心に立つわけではないし、また冷戦時のように世界情勢の周辺にいることにもならない」[9]のであり、実質的に「普通のミドルパワー」としての安全保障政策が整備されることになるのである。

一九九〇年代初めに、船橋洋一は、冷戦後の日本の新たなアイデンティティとして「グローバル・シビリアン・パワー」という概念を提示した[10]。そして、九九年に小渕恵三首相の下に設置された「二一世紀日本の構想懇談会」は、日本の適正な戦略の指針として船橋の「グローバル・シビリアン・パワー」を採用した[11]。伝統的国家主義の影響力が増しているかに見える過渡期の混乱にもかかわらず、戦後日本の成功の鍵であった「戦後コンセンサス」が簡単に消え去ることはないだろう。それどころか、このコンセンサスは、日本が「普通の国」すなわち「普通のミドルパワー」へと変化する過程でより強化されているともいえる。

安全保障面における日本の実像をこのように捉えれば、国際安全保障への参画と日米同盟の管理が、今日そして今後の日本の安全保障政策において重要な要素であることが理解される。興味深いことに、そして重要なことに、今日の日本の安全保障論議において、伝統的国家主義者の多くもこれらの要素を否定することはない。それは、彼らが必ずしも革命的な代替戦略を求めようとしているわけではないことを示しているのである。

3 冷戦後の安全保障政策の変化

これまで論じてきたことを明らかにするために、以下では、国際安全保障、日米同盟、防衛政策という三つの領域における冷戦後の日本の安全保障政策の変化を見ることにする。続いて、日本外交が人間の安全保障への関与を深めたことを明らかにしてみたい。人間の安全保障の推進は、ミドルパワーの自立した安全保障政策ともいえる一種の「ニッチ(すき間)外交」であり、日本が非伝統的安全保障の領域において重視したものである。そこには、事実上のミドルパワー戦略としての意味を見いだすことができる。

❖国際安全保障への覚醒

日本政府を冷戦後の新たな現実に覚醒させることになった転機は、一九九一年一月に始まった湾岸戦争であった。前年八月にイラクがクウェートに軍事侵攻すると、海部俊樹内閣は、アメリカを軸とする国連の多国籍軍の展開に備えて、自衛隊の後方支援への参加を可能とする法案の準備に取りかかった。しかし、日本の政治と社会における戦後平和主義の影響力は依然として強く、政府の計画は頓挫した。日本の対応が「普通」ではなかったことにより、日本はアメリカをはじめとする国際社会の厳しい批判にさらされることになった。

一九九一年三月早々にアメリカ主導の多国籍軍が湾岸戦争に勝利した後、日本政府はカンボジア和平という新たな課題に直面した。同年一〇月、国連安全保障理事会の常任理事国主導によりカンボジア和平パリ協定が成立したのである。九二年三月に国連事務総長特別代表の明石康がプノンペンに着任し、国連カンボジア暫定統治機構（UNTAC）の本格的な活動が始まった。日本政府は、湾岸戦争時に金銭面での一三〇億ドルの貢献しかできず「小切手外交」と揶揄されたことがトラウマになったこともあり、同年六月に自衛隊の派遣を可能とする「国際連合平和維持活動等に対する協力に関する法律」を成立させた。そして、九月にはUNTACへの自衛隊施設大隊の派遣が実現した。

こうして、戦後初めて自衛隊が海外の土を踏むこととなったが、とりわけ一九六〇年代より自衛隊の国連平和維持活動参加の法的検討を進めていた外務省にとっては、長年の夢がかなった瞬間でもあった。当時、日本政府のこのような意欲を示すべく使われていた概念が「国際貢献」である。そこには、国際的な平和と秩序維持にしかるべき役割を果たしたいという熱意があった。なお、外務省が国連安保理の常任理事国入りを目指すようになる強い動機も、基本的に「国際貢献」の実現にあったといってよい[12]。

UNTACでの自衛隊の活動が成功裏に終わると、日本政府はザイール、モザンビーク、ゴラン高原、東チモールの平和維持活動へ立て続けに自衛隊を派遣した[13]。自衛隊の活動に対する法的制約が厳格なのは周知のとおりであり、厳密な自己防衛目的以外での武器使用は禁じられている。その結果、自衛隊の活動は、主に人道的支援に関する領域に集中することとなった。それはNGOの活動のようだと揶揄されることも時にあったが、日本政府が重視したのは、自衛隊が「汗」を流すことによって、冷戦後の日本の安全保障政策を多少なりとも「普通」のものにするということに他ならなかった。

こうして、日本が戦後初めて国際安全保障に参画し始めたなか、一九九三年八月に日本新党の細川護熙を首班とする反自民連立政権が誕生し、自民党支配が崩壊した。焦燥感を深めた自民党は、翌年六月に日本社会党委員長の村山富市を首相とする連立政権を画策し、再び権力を手にした。すると村山は、翌月の所信表明演説で「自衛隊合憲、日米安保堅持」の立場を表明し、それまでの社会党の党是をあっさりとひっくり返した。その結果、社会民主党と党名を改称して臨んだ九六年一〇月の衆議院議員選挙では議席数がわずか一五へと激減し、ここに自社対立を基盤とする「五五年体制」は完全に崩壊した。

国内政治における左の社会民主勢力の後退は、日本の安全保障論議を大きく変えることとなった。とりわけ、憲法第九条の問題を含めた防衛・安全保障問題に対するタブー意識が薄まった。そうしたなか、平和維持活動への参加実績が積み重なったことで、日本の世論も徐々に日本の「普通の国」化を受け入れるようになったのである。たとえば、一九九五年のある調査によれば、憲法第九条の改正を支持する世論は、八六年の二二・六%から九五年には五〇・四%へと倍増しており、そのうちの五九・六%が改正を支持する理由として九条が「国際貢献」の障害になっていることを挙げている[14]。結局のところ、右で述べてきたとおり、小沢一郎が最初に「普通の国」という概念を打ち出した際に外交面でとりわけ重視していたのは、まさに国際的な平和と安定への貢献だったのである。

❖日米同盟の再確認

冷戦後の安全保障環境の変化に対して、まず国際安全保障への参画の途を拓いた日本は、続いて日米同盟の再確認に取り組んだ。一九九五年一一月に、七六年の制定以来ほぼ二〇年ぶりに改定された「防衛計画の大綱」では、新大綱策定の趣旨として「大規模な災害等への対応、国際平和協力業務の実施等より安定した安全保障環境の構築への貢献という分野」での自衛隊の役割への期待の高まり、および「日米安全保障体制の信頼性の向上」が指摘されている[15]。続いて、九六年四月に橋本龍太郎首相とビル・クリントン大統領により署名された「日米安全保障共同宣言」は、日米同盟が「共通の安全保障上の目標を達成するとともに、21世紀に向けてアジア太平洋地域において安定的で繁栄した情勢を維持するための基礎であり続けることを再確認した」[16]。

この日米同盟再確認には冷戦の終焉という一般的背景があったことはもちろんだが、その直接の契機となったのは、しばしば指摘される「中国の脅威」ではなく、一九九四年の朝鮮半島危機であった[17]。当時、北朝鮮の核開発疑惑が高まり、クリントン政権が核開発関連施設への限定的空爆に踏み切る寸前まで危機が深まった[18]。そこでアメリカは、第二次朝鮮戦争の可能性すら危惧されるなかで、朝鮮半島での軍事衝突が実際のものになったときに自衛隊の対米協力が得られなければ、日米同盟は崩壊するだろうという危機感を強めた[19]。こうして、九四年の北朝鮮核危機は、日米同盟の行方をめぐって深刻な懸念を引き起こした。すなわち、日米同盟再確認の本質的動機は、日本が傍観者に留まって同盟が瓦解するのを防ごうとするところにあったのである。

このように、一九九六年の「日米安全保障共同宣言」は、冷戦後の現実にそぐわなくなった過度の自己抑制を是正するという意味での「普通の国」化の試みであったといえる。同宣言は、冷戦後の日米安保協力の領域として以下の五つを挙げた。

(a) 国際情勢、とりわけアジア太平洋地域についての情報および意見交換の強化。防衛政策ならびに日本における米軍の兵力構成を含む軍事態勢について緊密に協議。

(b) 一九七八年の「日米防衛協力のための指針」の見直しを開始。

(c) 一九九六年四月に署名された「日本国の自衛隊とアメリカ合衆国軍隊との間の後方支援、物品又は役務の相互の提供に関する日本国政府とアメリカ合衆国政府との間の協定」を歓迎。

(d) 次期支援戦闘機(F-2)等の装備に関する日米共同研究開発をはじめとする技術と装備の分野における相互交流の充実。

(e) 大量破壊兵器およびその運搬手段の拡散防止のために共に行動。弾道ミサイル防衛に関する研究において引き続き協力。

とりわけ重要であったのは、一九七八年に合意された「日米防衛協力のための指針」、通称「ガイドライン」の見直しであった[20]。日本政府は集団的自衛権の行使を認めておらず、また憲法の制約上、自衛の範囲を超える国際紛争解決のための武力行使も禁じられているため、「新ガイドライン」が対象とするのは「日本の平和と安全に重要な影響を与える事態」に限られた。したがって、朝鮮半島有事などの「周辺事態」において日米協力の対象とされたのは、いずれも日本の武力行使を含まない、捜索・救難、非戦闘員を退避させるための活動、施設の使用、後方地域支援、情報収集、警戒監視、機雷除去などであった。後方地域支援においても、自衛隊による武力行使と米軍との一体化を慎重に回避することが、具体的な日米協力を検討する際の重要な基準であった。こうした実態は、日米同盟が、たとえば共通の危機への共同対処が当然である米韓同盟や米豪同盟と比較して、いまだ十分に「普通」とはなっていないことを示している。その意味で、日米同盟の再確認とは、日本が「普通のミドルパワー」に近づこうとする試みに過ぎなかったといえるのである。

そうはいっても、とりわけ中国においては、日米同盟再確認は「中国の脅威」に向けられたものであるという強固な認識がむしろ常識化していることも事実である。日本国内の言説をふまえれば、それも無理はないという感じがしないでもない。日本の政治家やオピニオン・リーダーの間に反中感情は蔓延しており、政策課題を推進する際に中国や北朝鮮の脅威を材料にすることが少なくないからである。しかしここで思い起こしたいのは、こうした国家主義的言説は日本の「戦後コンセンサス」に対する後ろ向きのトラウマから生じているものが多く、必ずしも何らかの新たな戦略を示すものではないということである。

日米同盟再確認のプロセスを詳細に検討してみれば、日本における反中感情は現実であったにせよ、一九九四年の朝鮮半島危機が日米同盟の行方を脅かすことがなければ、「ガイドライン」見直しという法的にも政治的にも繊細で綿密な作業は始まらなかっただろうと判断できる。この見直しを明記した「日米安全保障共同宣言」は九五年秋には出来上がっており、そもそもは一〇月に大阪で開催されたAPEC（アジア太平洋経済協力）首脳会議にクリントン大統領が来日する際に、村山首相との間で発表されることが予定されていた。それが翌年に延びたのは、クリントン大統領が国内問題を理由にAPECへの参加を急遽取りやめたからであった。

その間、一九九六年三月の台湾初の総統直接選挙に際し、中国が軍事演習による露骨な圧力を加えたことで、台湾の安全保障問題がクローズアップされることとなった。すでにその時、ジミー・カーター元米大統領の平壌訪問（九四年六月）を契機として北朝鮮核危機は収束に向かっており、北朝鮮のNPT（核不拡散条約）体制への復帰と引き換えに、九五年三月には朝鮮半島エネルギー開発機構（KEDO）が設立されていた。こうして、日米同盟の再確認、とりわけ「ガイドライン」の改定問題が議論されている最中、世の中の関心は北朝鮮問題から台湾問題へとシフトしたのである。

以上のとおり時系列的に見ても明らかであるが、日米の政策決定者は、台湾危機が中国による政治的手段の延長としての軍事的威嚇の典型であることを理解しており、その威嚇がごく具体的な「ガイドライン」の見直しを迫るほどのものでなかったことはほぼ確実である[21]。しかし、「ガイドライン」は理論的には台湾有事にも適用可能であり、事実、台湾危機が深まるなかで日本政府がそれを否定することはなかった。このことは、間接的ながら、「ガイドライン」が規定する「周辺事態」は地理的概念ではないとする日本政府の一貫した主張にも示されていた。

船橋洋一は、日米同盟再確認のプロセスにおいて中国が果たした役割を「サブリミナル」として説明する[22]。一般論として、日米の政策当局者が、中国の台頭への対応という観点から日米同盟再確認の長期的意義を理解していたのは事実である。当時国防次官補の地位にあったジョセフ・ナイは、日米が同盟を基盤に協力することで中国の台頭をより建設的に管理することができると論じていた[23]。この意味で、再確認された日米同盟の機能の一つは、中国の歴史的な台頭に直面して、戦略的安定を維持するところにあったともいえる。

こうして、「ガイドライン」の見直し作業において中国要因が意識されるようになったことは、中国が自ら招いた結果だといえないこともない。すでに述べたとおり、状況次第では「ガイドライン」は台湾有事にも適用可能である。中国がこの点に神経質になり、とりわけ日本政府を執拗に攻撃したことで、日本政府は「周辺事態」が地理的概念ではないとする対応をとるようになったのである。「ガイドライン」見直しの直接的契機となったのは朝鮮半島危機だったが、中国の反応に直面した日本政府は、中国に対する「戦略的曖昧さ」の効用についてはっきり意識するようになったともいえる。

一九九五年五月に成立したいわゆる「周辺事態法」[24]は、「周辺事態」を「そのまま放置すれば我が国に対する直接の武力攻撃に至るおそれのある事態等我が国周辺の地域における我が国の平和及び安全に重要な影響を与える事態」と定義した。そして、アメリカに対する「後方地域支援」については、「周辺事態に際して日米安保条約の目的の達成に寄与する活動を行っているアメリカ合衆国の軍隊に対する物品及び役務の提供、便宜の供与その他の支援措置であって、後方地域において我が国が実施するもの」と定めた。

こうして、当初想定されていた朝鮮半島危機から中国や台湾へと関心が移行するなかで、二〇〇五年二月一九日に公表された日米安全保障協議委員会（外務・防衛「2＋2」会合）の共同発表は、一二におよぶ日米間の「地域における共通の戦略目標」に言及した。そこには、中国および台湾に関する以下の三点が含まれていた[25]。

- 中国が地域および世界において責任ある建設的な役割を果たすことを歓迎し、中国との協力関係を発展させる。
- 台湾海峡をめぐる問題の対話を通じた平和的解決を促す。
- 中国が軍事分野における透明性を高めるよう促す。

これら三点の内容自体は、中国を含め誰の耳にも新しいことではなかった。しかし、日米の大臣会合の共同発表という公式文書が中国や台湾問題に明示的に言及するのは初めてであり、日米同盟強化を目指す当局間の強い政治的決意を示すものとして重要であった。従来、日本政府は中国や台湾の問題に関して公に言及するのに極めて慎重だったことに鑑みれば、このことを日本の「普通の国」化のもう一つの側面として見ることもできる。中国の思い込みとは異なり、共同声明で中国や台湾への言及を提案したのは、日本ではなくアメリカであったという[26]。それまでの日本であれば中国を刺激することは避けたであろうが、「普通の国」としての日本が、アメリカとともに長期的な対中ヘッジング(関与政策が機能しない場合への安全保障上の備え)に動き始めたものと理解できそうである。

✣防衛政策

国際平和の維持と日米同盟の再確認に続く「普通の国」化の第三の領域は、伝統的な国防に関するものであった。日本は、戦後を通して完全に「自立した」防衛政策を持ったことはなかった。それは日米同盟を前提とする事実上のミドルパワーの防衛政策だったのであり、このことは冷戦後も基本的に変わっていない。

その意味では当然のことであるが、一九七六年以来ほぼ二〇年ぶりに改定された「防衛計画の大綱」(九五年一一月)は、日本の防衛政策の目標として、「我が国としては、日本国憲法の下、この指針に従い、日米安全保障体制の信頼性の向上に配意しつつ、防衛力の適切な整備、維持及び運用を図ることにより、我が国の防衛を全うするとともに、国際社会の平和と安定に資するよう努めるものとする」と述べていた[27]。すなわち新たな「防衛計画の大綱」は、冷戦後の日本の防衛力を、自国領土の防衛に限られるものではなく、日米同盟の効果的な運営に資するもの、かつ安全保障環境の変化に対応できるものとして位置づけている。その上で、「今後の我が国の防衛力については、こうした観点から、現行の防衛力の規模及び機能について見直しを行い、その合理化・効率化・コンパクト化を一層進めるとともに、必要な機能の充実と防衛力の質的な向上を図ることにより、多様な事態に対して有効に対応し得る防衛力を整備し、同時に事態の推移にも円滑に対応できるように適切な弾力性を確保し得るものとすることが適当である」と述べるのである[28]。この結果、自衛隊はスリム化されると同時に機動性が求められ、テロリズムにより引き起こされる惨事、国際平和のための取り組み、大規模な自然災害などの非伝統的な危機に適切に対応できることが目指された。

アメリカの支援により自衛隊が第一級の装備を備えていることは公然の事実であるが、そのことは同時に、日本の防衛体系はアジア太平洋におけるアメリカのプレゼンスと戦略の事実上の「サブ・システム」でもあることを意味している。したがって自衛隊は、戦略的な情報能力、指揮および統制、共同戦闘能力、ミサイル防衛などの面で弱点を抱えている[29]。これらを総合的に勘案すれば、「普通の国」化する日本の防衛力とは、本質的にアメリカの軍事戦略の制約を受けたミドルパワーのものであるといってよい。そうした「普通の国」日本こそが、アメリカにとってのかけがえのない同盟国なのである。この前提に基づいて、再び二〇〇四年一二月一〇日に閣議決定された「防衛計画の大綱」[30]は、「事態の特性に応じた即応性や高い機動性」を備えた自衛力の重要性を強調した。また同大綱は、「我が国に対する本格的な侵略事態生起の可能性は低下していると判断されるため、従来のような、いわゆる冷戦型の対機甲戦、対潜戦、対航空侵攻を重視した整備構想を転換し、本格的な侵略事態に備えた装備・要員について抜本的な見直しを行い、縮減を図る」と述べる。その上で、備えるべき新たな脅威として、弾道ミサイル攻撃、ゲリラや特殊部隊による攻撃等、島嶼部に対する侵略、周辺海空域の警戒監視および領空侵犯対処や武装工作船等、大規模・特殊災害等を列挙した。

こうした防衛政策に関する日本の新たな「実用的現実主義」[31]は、一九九〇年代半ばの北朝鮮核危機と台湾海峡危機、九九年から二〇〇一年にかけての北朝鮮のものと思われる不審船による度重なる領海侵犯、とりわけ二〇〇一年九月一一日のアメリカへのテロ攻撃以降のテロの脅威など、冷戦後の一連の不安定要因や脅威への対応をめぐる試行錯誤により生み出されたものであった。この過程を経て、日本の世論の軍事に対するアレルギーも、一定程度「正常化」することになった。その代表的ケースが、二〇〇三年六月に成立した「武力攻撃事態等における我が国の平和と独立並びに国及び国民の安全の確保に関する法律」およびそれに関連したいくつかの法律、いわゆる武力攻撃事態対処関連法である[32]。従来これらは「有事立法」と呼ばれ、戦後日本に特有の「反軍事文化」[33]の強い制約を受けて制定不可能な状態が続いていたのだが、「普通」の民主主義国家であればこの種の法律がない方がおかしいはずである。

以上のような冷戦後の日本の防衛政策の変化が、日本の「軍事化」や「右傾化」ではないのは明らかである。ここで、そうした冷戦後の変化の一般的特徴を確認しておきたい。すなわち、保守的な国家主義者が「普通の国」化のプロセスで重要な役割を果たしたことは事実であるものの、その結果生まれた政策上の変化は必ずしも国家主義の衝動を反映したものではないという点である。つまり、吉田路線に根ざす「戦後コンセンサス」へのアンチテーゼとしての国家主義が、行きすぎた「一国平和主義」から生まれた「普通ではない」面を是正したものの、その結果起きた変化の内実は、依然として「戦後コンセンサス」の枠内に留まっているのである。

皮肉にも、日本の国家主義者が「戦後コンセンサス」という「見えざる手」の強靭さに気づいていないという事実は、彼らが何らかの代替戦略を有しているわけではないことを如実に示しているといえよう。そしてこのことこそが、「普通の国」化する日本の変化に関するもっともわかりにくい側面だといえるだろう。戦後日本の安全保障政策の枠組みを守ってきた優秀な官僚らは、こうした複雑な政治状況を巧みに利用しており、彼らが長年望んできた「普通の国」化という成果に満足しているようでもある。

4 ミドルパワー外交としての人間の安全保障

「普通ではない」面を正そうとするのは、どんな主権国家にとっても普通のことである。それが、日本の「普通の国」化を進めてきた政策決定者やオピニオン・リーダーの一般的認識であった。したがって、冷戦後の日本の「普通の国」化において、日本のどこかが本質的に変わったとする前提に立つ限り、変化の核心は見えてこない。「普通の国」日本は、何かの始まりであって、それ自体が目的ではない。今後の日本の安全保障政策にとって重要なのは、「普通の国」日本がその基盤の上に何を築くのかであり、日本はそうした自己発見の道を踏み出したばかりである。

その過程で伝統的な国家主義者が一定程度影響力を増すことは、「五五年体制」崩壊後の「新しい何か」への移行期にある日本にとって、不可避の現象なのかもしれない。明らかにいえるのは、時に国家主義的な衝動が国内政治上の変化を引き起こすことがあったとしても、それが必ずしも「新しい何か」そのものではないということである。これまで見てきた日本の安全保障政策の三つの領域における変化が示すことは、日本は伝統的な大国路線に回帰したわけではなく、むしろ「全面的な普通の国」へと歩みを進めているという点である。日本が国際安全保障の領域にて平和維持活動や人道支援に関与し、アメリカとの同盟を強化してきたことはその証である。

さらに、近年日本外交の主要な目的に人間の安全保障が加わったことも、「普通の国」日本が事実上のミドルパワー外交を追求していることを示しているといえよう。人間の安全保障への日本のアプローチで特徴的なのは、それが国際社会でのより大きな、かつより積極的な役割を果たそうとする意気込みと密接に関連していることである。その動機は、明らかに国際主義的な平和主義である。小渕恵三首相の側近として人間の安全保障の推進に重要な役割を果たした参議院議員の武見敬三は、以下のように説明する。

日本の平和主義は、隣国への軍事侵略に対する深い反省と悔恨に基づいて、軍事力を拒絶する、極めてイデオロギー的な一国平和主義となった。しかしながら、東西冷戦構造の崩壊にともなう新たな現実を前にして、一国平和主義は徐々に妥当性を失い、戦争を直接経験していない若者にとってはその重要性が低下しつつある。

今の日本に必要なのは、国際社会の責任ある一員としての地位を高めかつ推進する、新たな未来志向の平和主義を形成し打ち出すことである。相互依存が深まった、人間中心の二一世紀の世界において、漠然とした一国平和主義は、個人の価値に焦点を当てた平和外交へと発展しなければならない。このことは、日本国民が、人間の安全保障を柱にして、国際社会の先頭に立って役割を果たすべき課題である[34]。

一九九七年のアジア通貨危機は、ASEAN(東南アジア諸国連合)+3(日中韓)設立の重要な契機になっただけでなく、日本が人間の安全保障を打ち出すにあたっての重要な契機ともなった。危機当時の外務大臣は小渕であり、武見が外務政務次官として仕えていた。小渕は、翌年五月のシンガポールにおける政策スピーチにおいて、日本の外務大臣として初めて人間の安全保障に言及した[35]。

経済危機において、最もしわ寄せを受けやすいのが、貧困層、高齢者、障害者、女性・子供等の社会的弱者です。健康や雇用といった問題は、「人間の安全」(ヒューマン・セキュリティー)にかかわる問題であり、従来より我が国はこのような社会開発分野への取り組みに対して政府開発援助(ODA)により積極的に支援を行ってきていますが、今後この分野の協力を一層拡充していきたいと考えています。

一九九八年七月末に首相に就任した小渕は、一二月、日本国際交流センター主催の国際会議「アジアの明日を創る知的対話」での開会挨拶で、再び人間の安全保障の重要性を強調した[36]。その二週間後の一二月半ばにハノイで開催された第二回ASEAN+3首脳会議に出席した小渕は、日本政府の拠出により国連に「人間の安全保障基金」を設立することを提案している(一九九九年に設立)。

人間の安全保障に関する日本のイニシアチヴを国際社会に根づかせるために重要な役割を果たしたのが、一九九〇年から二〇〇〇年にかけて国連難民高等弁務官を務めた緒方貞子である。その最初の重要な場が、二〇〇〇年七月二八日に東京で開催された、外務省主催の「人間の安全保障国際シンポジウム――G8九州・沖縄サミットから国連ミレニアムサミットへ」であった。タイトルが示すように、このシンポジウムは同年七月二一〜二三日に沖縄で開催された九州・沖縄サミットの機会を捉えて、また九月に予定されていた国連ミレニアムサミットを視野に入れて企画されたものであった。これは、小渕による人間の安全保障のイニシアチヴを国際的な課題として展開する重要な機会となった。基調講演を行なうために招かれたのは、国連難民高等弁務官の緒方貞子と、ケンブリッジ大学教授のアマルティア・センであった。その後緒方とセンは、九月の国連ミレニアムサミットでの森喜朗首相の提案で設立された「人間の安全保障委員会」の共同議長に就任している。

日本外交に人間の安全保障を根づかせた小渕は、沖縄でのサミット開催にリーダーシップを発揮したものの、開催直前の二〇〇〇年五月に帰らぬ人となった。しかし、小渕の遺志はその後の内閣にも受け継がれた。森首相は、国連ミレニアムサミットにおける演説で、「二つの点を特に強調したいと思います。第一は、国際社会が直面している課題に取り組む際に人間を中心に考える視点の重要性であり、第二は、新しい世紀における国連の機能強化です」と切り出し、「我が国は、『人間の安全保障』を外交の柱に据え、二一世紀を人間中心の世紀とするために全力を挙げていく考えです」と述べた[37]。そして、そのためにこそ国連の改革が必要であると論じ、日本の常任理事国入りの問題を人間の安全保障の推進と密接に関連づけたのである。

日本の安全保障政策の意図に関しては疑いの目が根強いものの、当時の日本政府による人間の安全保障の推進は、アジアにおいても比較的好意的に受けとめられた。それは、人間の安全保障が、伝統的な安全保障とは異なるソフトな安全保障にかかわるという性質に由来するものであった。また、アジアにおける市民社会の台頭とその国境を越えた連携が進んでいたことも、背景として重要であった。その意味で、以上のプロセスにおいて日本国際交流センターが果たした役割は大きい。同センターはそれまで三〇年にわたって、山本正のリーダーシップの下、NGO関係者、研究者、ジャーナリスト、政治家、官僚、経済人を対象に、地域的そして世界的に知的対話を推進してきた。とりわけ、先に言及した、小渕首相を迎えての「アジアの明日を創る知的対話」を一九九八年一二月に開催して以来、人間の安全保障の推進は同センターの主要な目的となり、日本国内やアジア地域に重要な影響を与えている[38]。

これまで見てきたように、冷戦後に日本が国際平和の維持や人道支援活動への参画を通して国際安全保障への関与を深めていったのは、能動的な平和主義という発想に支えられたものであった。そのことは、人間の安全保障に対するアプローチに関してもまったく同様であった。こうして、国際安全保障と人間の安全保障は、日本のミドルパワー外交の核心的領域と見なすことができるし、またそれは、国際社会において「普通の国」になろうとする日本の意欲を反映したものであるともいえるのである。

おわりに――東アジア共同体へ向けて

冷戦が終わり、「普通の国」を目指した日本の安全保障政策は、伝統的な大国路線に回帰するのではなく、事実上のミドルパワー外交を展開した。それでも、疑い深い人々は、国際安全保障、日米同盟、そして人間の安全保障の推進に努めてきた日本の政策は表面的なものに過ぎないと受けとめ、大国路線の復活こそが「普通の国」になろうとする日本の重要な衝動だと信じたがるであろう。しかし、こうした懐疑論は、冷戦後の日本に起きた実際の変化を理解する手助けにはまったくならないし、日本の安全保障政策の変化が地域秩序に与える影響について意味ある視点を提供してもくれない。

ミドルパワー外交の視点に立てば、むしろ日本とASEANおよび韓国との安全保障協力の重要性が浮かび上がってくる。こうした協力関係には、東アジアの安全保障や地域主義の展開にパラダイムシフトを起こしうる潜在力があるとさえいえる。これら三者が協力して、真の意味で対等なミドルパワー・ネットワークを構築すれば、それは長期的には東アジア共同体の重要なインフラになることだろう。

実は、日本とASEANは、これまで長い間そうした前提に立つ関係を発展させてきた[39]。しかし、日韓関係を同様の視点から意義づける試みは、ほとんど進展していない。それどころか、日本が朝鮮半島を取り囲む「四大国」の一角として認識されることで、そうした視点は拒絶されてきたといえる。ミドルパワーとしての「普通の国」という着眼点は、北東アジアの地政学に関する固定観念の強さの前には、簡単には理解されなさそうである。しかし、日本と韓国がアメリカ、中国、ロシアという「三大国」に囲まれていると見た方が、地政学的にはよほど現実的である。

日本に対する従来の固定観念は、東アジアにおける日本の安全保障政策に対する現実的な視点を提供しないし、地域秩序の形成過程においてむしろ混乱要因にすらなっている。たとえばそれは、日中両国を東アジアにおける地政学的なライバルとして捉える「神話」の温床でもある。韓国が日中両国間のバランサーとして自らを理解する傾向も、同様の誤った固定観念のなせる業である。

より現実的な地政学的視点からすれば、日韓間の対等なパートナーシップは、単に政治的スローガンではなく、実質的な日韓関係の基盤に他ならない。そうした地政学的な現実があるからこそ、日韓両国の市民社会の交流が二国間関係に重要な影響を与えているのである。実は小渕首相は、人間の安全保障を推進するにあたり、すでに定着した東南アジア諸国との対話のチャネルに加えて、韓国との関係の重要性をとりわけ強調していた。一九九八年の金大中大統領訪日の際に歴史的な日韓和解を成功に導いた小渕の決意も、その認識を反映していた。

さらに小渕首相は、一九九九年三月に韓国を答礼訪問した際、高麗大学で「新世紀の日韓関係——新たな歴史の創造」と題するスピーチを行った[40]。そこで小渕は、「日韓両国が、今後以下の三つの課題、すなわち『北東アジアの安全保障』、『アジアの再生・繁栄のための協力』、『人類社会全体の安寧と福祉』、英語で言えば『ヒューマンセキュリティー』に積極的に取り組む必要があると考えます」と述べた。そして、人間の安全保障を「世界の中の日韓協力の核心」と強調し、「日韓両国が国連をはじめとする国際の場において、共同作業に参加し、『ヒューマンセキュリティ』のための国際的な体制作りに貢献していくこと」を訴えたのである。その上で小渕は、人間の安全保障を推進するための日韓の知的リーダーシップの重要性をとりわけ強調した。そこで小渕が語りかけていたのは、韓国の市民社会に他ならなかった。

不幸なことに、その後の日韓関係は小渕が望んだようには進まなかった。歴史や領土問題から生じる感情的な溝を埋めるためには賢明な政治的リーダーシップが求められるが、しばしば両国の政治指導者は、溝を埋めるどころか深める役割を果たしてしまう。そこには、お互いに対する的外れの認識があるように思う。日本に対する韓国の曲解の核心には、本章が指摘した日本の「普通の国」化に関する誤った固定観念がある。韓国に対する日本側の典型的な誤解は、韓国の指導者が内政的目的のために歴史カードを使うというものだろう。同様の誤解が生み出すダイナミズムは、日本と中国の間にも存在し、それが日本を対象として韓国と中国を接近させる誘因になることもある。こうした感情や認識における溝を生む偏見がなくなれば、日本と韓国は自然なパートナーとして、東アジアの長期的安定と繁栄のための対等な協力関係を打ち立てることができるだろう。

韓国との対等な協力関係をベースにして東アジア共同体の構築を目指すことは、ミドルパワーとしての日本の安全保障政策の優先課題でなければならない。同様に、人間の安全保障は、日本、韓国、ASEAN諸国、オーストラリア、ニュージーランドなどの間のミドルパワー・ネットワークにとって、安全保障政策上の共通課題になるべきである。冷戦終焉後の日本の安全保障政策の変化は、日本が「普通のミドルパワー」としてこうした革新的外交に踏み出し得る方向を示しているはずなのである。

第4章

保守政治家たちの多様な「普通の国」論
――小沢一郎、中曽根康弘、石原慎太郎

パク・チョルヒー（朴喆熙）
白鳥潤一郎［訳］

はじめに

小沢一郎は、一九九一年の湾岸戦争の後、日本は「普通の国」になるべきだと提唱した[1]。この時期、小沢はトップリーダーとは言えなかったが、この考えは日本社会と政治に少なからぬ影響を与えた。それ以来、日本を「普通の国」に作り変えるという考えは、政治をめぐる言説のなかで支配的となった[2]。

基本的に「普通の国」論は、日本は現在「普通ではない」ということを前提にしている。しかし普通であることも、普通ではないということも、意味するところが不明瞭であり論争が続いている。日

本の隣国の間で支配的な見方は、「普通の国」に向かう動きは再軍備への関心を反映しているというものだ。再軍備を最優先課題と考えるラディカルな保守主義者の考えは、単にこうした隣国の見方を強めるだけである。帝国主義の歴史ゆえに、日本の再軍備に向けた試みはこの地域でかなりの懸念を引き起こす[3]。

冷戦終結後、保守派の間で日本の国家戦略を見直すべきだという共通理解があったにもかかわらず、「普通であること」それ自体についてしっかりとした合意は存在しない。本章では、小沢一郎、中曽根康弘、石原慎太郎の見解を注意深く見ていくことで、支配的な保守政治家の考える「普通の」日本の類似点と相違点を詳しく検討する。そして、「普通ではない」日本の過去に関する共通見解が、必ずしも日本の将来についての統一的な考えに繋がっているわけではないことを明らかにする。本章は、日本が「普通になること」に関して有益でより実りのある議論をするために、日本を普通の国に作り変えるという保守的な指導者たちの理想と計画の共通点、相違点を明確にする試みである。

日本の政治指導者と知識人は、外交・防衛政策のための戦略的ビジョンの策定に多大なエネルギーを費やしてきた。日本を「普通の国」にすることは、多数ある戦略的ビジョンの一つ——しかしおそらくはその最も中心的な要素——なのである。したがって「普通の国」をめぐる議論を理解することは、日本の戦略をめぐるアジェンダの展開を理解するためにも重要だろう。

1 「普通の国」論の歴史的位置づけ

戦後日本において国家戦略をめぐる論争は二つの軸に沿って展開されてきた[4]。第一の軸は、日本の国際的なコミットメントの相対的な重要性と関係する。一部の政治指導者や戦略家は、日米同盟を重視し、日本は国際的な役割を拡大しなければならないと議論してきた。それとは逆に、日本はその独特な政治・経済システムを改革することに集中するべきだと主張する人たちもいた。第二の軸は、日本が国益を増進するための手段として軍事的な手段を用いるかどうかをめぐって展開された。第二次世界大戦後の日本は、軍事力という従来用いられてきた基準にしたがって国益を追求することを躊躇ってきた。しかし、湾岸戦争の後、日本の指導者は軍事的観点から国益を考慮することにより積極的になったのである。

✣ 四つの思想潮流

以上に挙げた二つの論争の軸から、日本の国家戦略について四つの思想潮流を確認できる。まず、「一国平和主義」もしくは「平和国家論」である。この思想は、日本はその過去を全面的に悔い改め「平和条項」(憲法第九条)の上に未来を築かなければならないということを前提とする[5]。したがってこの思想の支持者は、日本は平和という目的を認識して軍事的手段の使用は避け、軍事的能力の拡張は控えなければならないと主張する[6]。この思想は日本社会党だけでなく、自由民主党内のハト派にも見られた。

「国際市民国家論」もしくは「グローバル・シビリアン・パワー論」も、日本の利益と軍事的な能力を結び付けることはしない。この考えの支持者は、軍事的手段により利益を追求することは、帝国主義的な過去ゆえにその目的が誤解され、単に近隣諸国を刺激するだけだと主張する。したがって彼らは非軍事的な国際協力という方向を推奨する。日本の利益は軍事的能力の拡張にはないのであり、海外への開発援助、人道的支援、そして自由貿易の促進といった経済的、社会的な手段で日本は国際貢献をするべきなのである[7]。つまり日本は、軍事国家ではなく商業的な市民国家になることを目標にするべきということだ[8]。吉田路線と呼ばれる保守本流は、多くの場合この点を追求する[9]。この考えは戦後を通じて自民党のハト派の間にも広く行きわたっていた。

自民党の保守派の間で一般的な「普通の国」論者は、一九九〇年代に現れた。日本の国際貢献は経済援助に限定されるべきではないと彼らは強く主張する。むしろ、グローバルな経済大国として、日本は国連平和維持活動（ＰＫＯ）のような軍事的貢献に外交政策の優先順位を置くべきなのである[10]。この「普通の国」論の見方からは、日本が国際的な威信を高めるためには、他の「普通の」国がしているような国際社会における活動に参加せねばならないという考えが導かれる。それゆえ、ＰＫＯなどの軍事的な貢献はタブー視されていないのである。

少数派ながら勇ましいタイプの議論としては「自主国家論」がある[11]。この考えに立つ人々は国家威信を基礎としたアイデンティティの再確立に焦点を当てる[12]。アメリカに依存する戦後の精神構造は克服しなければならず、確固たる独立への気概が必要だと彼らは主張する[13]。したがって、自主防衛を可能とするように軍事力を強化しなければならない。この見方に立てば、グローバルな政治秩序のなかで自律性を高める軍事力の拡張は日本の利益となる。

❖戦後日本のあり方をめぐる論争

国家戦略に関する政治的な議論は徐々に変化してきた[14]。「一九五五年体制」の下では、基本的な政治的対立軸は「一国平和主義」と「グローバル・シビリアン・パワー論」の間にあった[15]。政権与党として自民党は、安全保障問題でアメリカに頼りながら貿易を通じた経済力の強化を志向した[16]。対照的に最大野党である社会党は、平和国家としての発展という考えに非常に強くコミットした。社会党は憲法第九条を基礎とする民主的な政治秩序の追求に全力を傾けたのである。このような違いはあったものの、両政党は軍事や安全保障の問題よりも経済成長を優先することでは合意していた。「グローバル・シビリアン・パワー論」が支配的な政治的コンセンサスとなる一方で、「一国平和主義」に対する関心が無視されていたわけではなかったのである。

「失われた一〇年」という共通理解があるとはいえ、一九九〇年代はレジーム変革期として重要な時代だった[17]。湾岸戦争の経験によって、日本の国家としての地位をめぐる議論には新しい文脈が設けられた。湾岸戦争後、「小切手」外交は国際政治に対する不十分な貢献だったと日本は認識した[18]。こうして、グローバルな政治秩序に関与する新しい方法を検討する中で「普通の国」という議論が登場したのである。「普通の国」論に政治的関心が集まるようになると、「グローバル・シビリアン・パワー論」の支持者と平和主義者の間における議論は難しくなった。結局、「普通の国」論が多数派とみなされるようになり、「グローバル・シビリアン・パワー論」という伝統的な考え方は守勢に立たされたのである。

二一世紀に入り小泉純一郎の政治的リーダーシップの下、「普通の国」論と「自主国家」論の間での論争が始まるようになった。後者の立場は、長い間物議を醸してきたほとんどタブーとも言えるもので、ごく少数の人々によって慎重に議論されてきた。しかしながら、新しい世紀が始まると日本社会の様々なレベルで公然と議論されるようになった[19]。「自主国家」論は政治指導者や知識人の間にそれほど広く見られるわけではないが、より広い公共の場では正当性を認められ始めている[20]。そして、小泉政権の終わりまでには、平和主義者がますます政治的周縁に追いやられる一方で、国家に関するそれ以外の見方すべてが公に議論されるようになった。

2　三つの「普通の国」論

一九九〇年代になると、主要な政治勢力は「普通の国」論を受け入れていったが、いったいどうすれば日本が普通の国になるのかに関するコンセンサスはなかった。この曖昧さは現在まで残っている。日本は「普通」になるべきだという保守主義者間の合意にもかかわらず、「普通になる」ために何をすればいいのかについて彼らは合意していない。図4・1は、戦後日本の政治的対立軸に保守政治家の議論をやや簡単に図式化して配置したものである[21]。以下では、このなかでも特に小沢、中曽根、石原に注目する。普通の国日本をめぐるそれぞれの議論と展望を詳述していきたい。

✣小沢一郎

冷戦が終結し新たな国際秩序が産声を上げるなかで、小沢一郎は伝統的な内向きの政策に反対する議論を展開した。経済力を維持するためには国際環境の平和と安定にある程度責任を追うことが必要であり、それゆえ日本は真に「国際化された国家」にならなければならないと小沢は主張した。日本が自由な貿易と国際環境の平和と安定に依存しているという視点に立てば、国際貢献は国際社会のためでもあるが日本のためでもある[22]。日本が国際化するためには「普通の国」にならなければならないと考えたのである。

図4.1 日本の保守政治家の比較

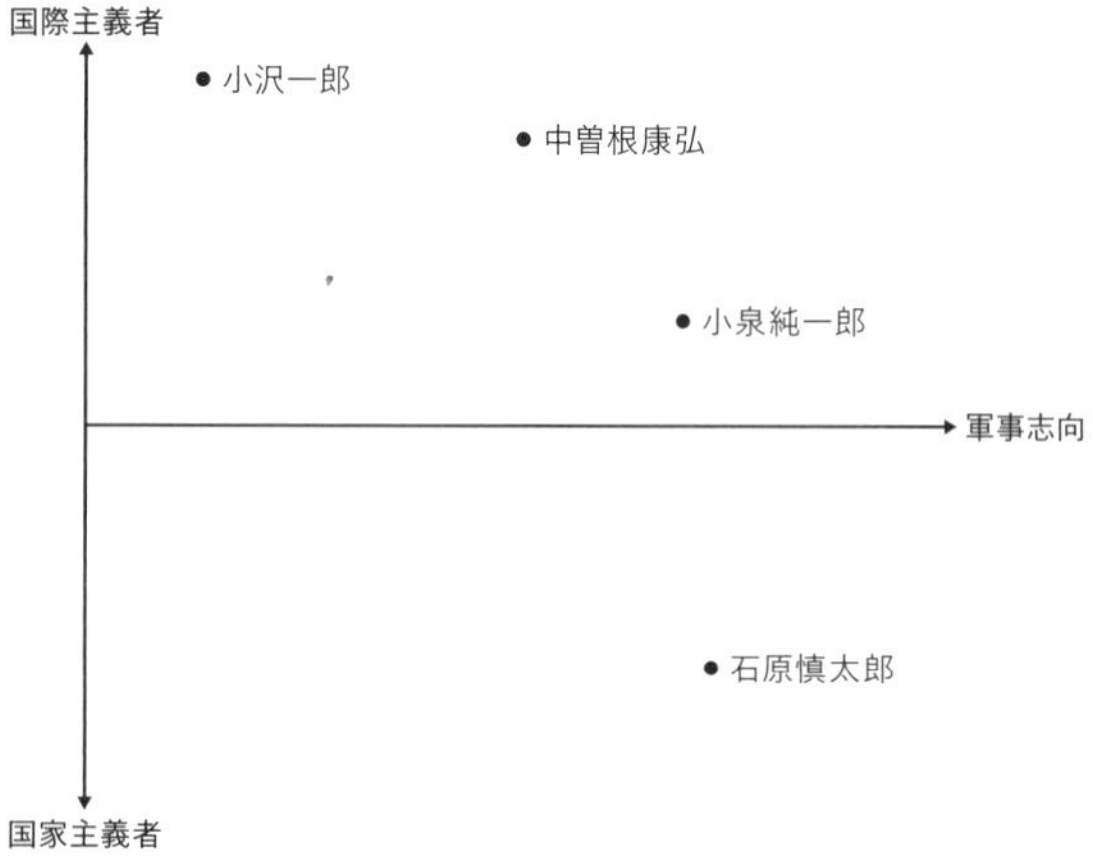

小沢は、日本が普通になるためには、国際社会に貢献するにあたってのイニシアチブが必要だと強調した。それゆえ、日本は他国や国際機関からの要求に応えるだけでなく、自らイニシアチブを取って国際社会との協力を強化せねばならないと主張する。日本は安全保障面での協力を優先し、繁栄し安定した社会を構築するよう他国を最大限支援し、そして環境保護などのグローバルな課題についても取り組まなければならないと小沢は言う。「小沢ドクトリン」は、これらの分野に貢献することで、経済成長と国内での消費ばかりを追求する国家から、国際的なコミュニティに深く埋め込まれた「普通の国」へと日本を作り変えようというものである。

冷戦期の日本は、アメリカによる日本防衛の財政的負担に依存しながら、世界の平和と繁栄を維持するための「コスト」を十分に引き受けてはこなかった。しかし冷戦が終結しソ連が崩壊したことで、アメリカがこうしたコストを肩代わりする理由は無くなった。それゆえ日本は、他の「普通の」国がそうするように、国際的な平和と安全保障のために自国の安全保障を引き受ける責任があるという考えである[23]。

自らが提唱した「普通の国」となるために、小沢は政治改革に向けたイニシアチブを唱えた。最も重要なポイントは、政策決定システムを変更することにあった。小沢によれば、内政と外交がバラバラなため指導者による外交政策決定が難しいことが日本政治の特徴である。彼はこれを「政治の貧困」と呼ぶ。もし日本が「普通の国」になるのであれば、こうした状況を是正するための政治改革が必要なわけである[24]。

指導者が責任を持って決定できる新しい政治スタイルをつくるために導入すべき原則は二つある。それは権力の集中と政治勢力間の競争である[25]。この原則の下で、首相官邸の強化という課題を小沢は提唱した[26]。また、より競争的な政治を実現するために、伝統的な中選挙区制に代えて、小選挙区制を導入する必要があるとした。小選挙区制の下で、政策の違いを基礎とする二つの政党の競争が必然的に促進されるだろうと小沢は考えたのである[27]。

外交政策について小沢は、冷戦下において防衛や安全保障よりも経済成長を優先した「吉田ドクトリン」は誤解されていると考えていた。吉田茂は、日本が自由主義陣営に実質的に寄与する必要があることを明確に意図していたと小沢は考える。さらに彼は、もし防衛を他者に過度に依存すれば国家として不完全な状態だと言われても仕方がないという吉田の主張を強調した[28]。

「普通になる」ための必要条件として日本が国際安全保障の領域において積極的役割を果たすという小沢の主張には、国連の集団安全保障枠組みへの積極的参加も含まれていた[29]。ポスト冷戦時代に、アメリカは集団安全保障機能を強化し「国連重視の平和戦略」を追求するだろうと小沢は推測した[30]。それゆえ日本の防衛力は、平和維持の局面に対応可能な国連待機部隊創設のために再編しなければならないと彼は言う。また、国連の枠組みの下で新しい国際秩序を作るためにアメリカとの同盟を強化し、日本の安全保障政策を防衛から国際平和維持へとシフトさせなければならないと論じた[31]。さらに、国連の集団安全保障枠組みに対する支援と一致するように国連待機軍を創設し、自衛隊にＰＫＯ参加を許可すべく憲法を改正することも小沢は主張する[32]。

❖石原慎太郎

イデオロギー的に最も右に位置し、小沢の考えと鋭い対照をなすのが石原慎太郎である。石原の「普通の国」に関する考えは、実質的には自律した国を作るという主張に分類することができる。石原は日本の戦後システムが普通ではないとし、それを見直すべきことには同意するが、彼の解決策は極端なものだった。

石原の立場は、戦後日本が国家として形作られた際のやり方に関する根深い憤りと批判に起因する。

石原の見方によれば、アメリカの占領とそれに続く戦後憲法の「平和条項」の採択によって日本は著しく弱められてしまった。マッカーサーが日本を破壊する陰謀を策定したと石原は考えている。条件降伏をしたドイツの占領体験とは対照的に――ドイツは独自の憲法を策定する権利を保持し、国軍を解散する必要はなく、教育システムの自律性を維持した――日本は無条件降伏したため、日本軍の解体と新しい教育プログラムの適用を求める外国人が書いた憲法を受け入れることを求められた[33]。石原がとりわけ強調したのは、新しい教育システムが日本人独自のアイデンティティを弱める効果を持ったということである。

石原によれば、降伏の結果として日本が総体的に引き受けることになったのは、日本という国家を著しく弱体化させようとするアメリカ人の一致した努力であった。日米同盟に対して曖昧な信頼感を抱かせることで、アメリカは効果的に日本占領を続ける方法を見つけたのである[34]。日本防衛に関するアメリカのコミットメントだと多くの人が信じているものは、アメリカが日本をコントロールするためのものだと石原は言う。

こう考える石原は、完全に独立した強力な防衛国家の再建を論じた[35]。日本が自らの防衛をアメリカに依存し続ける限り、そのような独自の戦略を持つことは不可能である[36]。それゆえ石原は、アメリカに「ノー」と言えずに日本の弱さを座視したままの小沢一郎のような指導者を批判するのである[37]。

石原は、相対利得をめぐるゼロサムゲームとして国際政治を見ている。断固たるリアリストである石原は、いかなる国も潜在的な敵であるから、国益を自ら守り続けなければならないという揺るぎない信念を持っている。自らが真に独立した強国であるならば、同盟国や仲間など必要ないのである[38]。石原の主張にしたがえば、アメリカが日本を助けるという保証はどこにもないので、日本は自らを守るための軍事的能力を保有しなければならない。彼の考えるベストな戦略は、抑止を通じて日本の防衛力を高めていくことである。石原が構想する強力な防衛国家となるためには、日本は憲法第九条を破棄するか修正しなければならないが、憲法改正について他国に相談する必要はないと彼は考えている。憲法改正は外交の問題ではなく国家主権の問題だからである[39]。

石原は日本の自律に関して、とりわけそれが軍事的な場合、アメリカと中国が反対の立場に立つだろうと承知している。しかしながら石原は、他国との関係を懸念することよりも、世界大国として日本の威信を回復することのほうがより重要だと強く主張する[40]。中国の反対に応ずる最善の方法は、資本力が脆弱という最大の弱みを突き、政府開発援助をより戦略的に政治的武器として用いることである[41]。長い目でみれば、この戦略は中国内部に緊張を作り出すことができるだろうと石原は言う[42]。

結局のところ、石原の立場は日本の能力に対する強い自信に由来している。非西洋国家である日本がこれだけ繁栄した近代国家を建設したことを広く知らしめるべきだと石原は論じる[43]。また、日本の成功がアジアの他地域における植民地支配終焉の決定的要因だったという彼の信念は明確である[44]。ナショナリストとして、自律した日本は自らの偉大さを認識し、その威信を反映すると同時に強化する戦略的政策を作り上げ、さらには核兵器開発という戦略上の選択肢も排除してはならないと石原は主張している。

❖中曽根康弘

小沢と石原の中間に位置するのが中曽根康弘である。なかでも注目すべきは、日米関係について異なる見方を提供していることだろう。中曽根は、一九三〇年代半ばの軍部の自信過剰と国際情勢判断の誤りが究極的に戦争の開始という過ちに繋がったと考えている[45]。

戦後の日米関係に対する中曽根の評価は際立って肯定的である。日本の敗北は、日本政治を変革する前例のない機会であることを意味したと中曽根は言う。マッカーサーによる民主主義的な改革プログラムは、自由と人権を尊重することを日本に根付かせた。そのような改革ゆえに、共有された価値と利益に基づく関係や友好的な同盟をアメリカと日本は築くことが出来たのである。また、日本を市場経済にコミットさせるというアメリカの改革戦略は、日本の注目すべき経済的繁栄に貢献した。それは、一つにはアメリカという巨大な市場を利用できたことによるものである。したがって中曽根は、石原とは明らかに違い、アメリカとの関係継続を推進する[46]。

中曽根は、アジア地域との関係についても石原と異なる見方をしている。米英との戦争は大国間における普通の戦争だったが、アジア諸国との戦争は日本による侵略だったと中曽根は論じる[47]。解放というレトリックは用いられたが、アジアにおける日本の主要な関心は対米軍事作戦に必要な資源を確保することにあった。当時の正当化のロジックとは裏腹に、戦争は植民地解放のためではなかった。もし植民地からの解放が日本のその地域におけるプレゼンスの結果だとしても、それは結果論であり、せいぜいアメリカとの戦争に付随する意図せざる帰結なのである。要するに、日本はアジアを侵略したのであり、それは深刻に反省すべき行動だと中曽根は考えている[48]。

また中曽根は、防衛戦略としての抑止についてより慎重な見方をしている[49]。自主防衛の必要性に同意しつつも、それはアメリカとの関係を捨て去ることを要求するものではない。そして、石原とは異なり、安全保障のための一定レベルの軍備増強は有益だが、核兵器開発の表明はアメリカとの有益な安全保障関係を傷つけるだけだと中曽根は考える[50]。海外における軍事的な努力については、自らの利益と安全保障が深刻に脅かされた場合にのみ日本はアメリカと共に戦うべきだとする。その他のいかなる状況においても、国外では可能なかぎり戦闘は避けるべきなのである[51]。

軍部が台頭し、国力に関する真剣な自己評価を欠いたことによってアメリカとの戦争に至った一九四〇年代の歴史をふまえて、日本はアメリカとの安定的な安全保障関係の維持を追求すると共に、アジアの近隣諸国とも強力な多国間関係を築かねばならないと中曽根は主張する[52]。そして彼は、日本の外交政策は以下の四原則に基づいて展開されるべきだという。それは、①自分の力以上のことをやるな、②ギャンブルで外交をするな、③内政と外交を混同して利用し合うな、④世界の正統的潮流に乗れ、というものである[53]。

北朝鮮と中国との関係においては、確かに日本は挑戦を受けていると中曽根は考える。しかしながら、いかなる国との関係にも非常に批判的な石原とは違い、中曽根はその関係を広い歴史的文脈のなかで捉えている。非民主的な政治文化にもかかわらず、これらの国も多角的なアジア共同体に含まれるべきである。北朝鮮のような「ならずもの」国家の民主化は差し迫ったものではないが、その体制は急速に弱まっている。より広いアジア太平洋共同体に北朝鮮を含めることは、北朝鮮が「普通の国」になることを促進すると中曽根は指摘する[54]。中国と台湾については、地域を不安定化させる拙速で大胆な変更を追求するのではなく、両国が平和的統一へ向けた交渉を続けることを提案する[55]。

日本とアジア太平洋に関する中曽根の考えは壮大かつ複雑である。彼は、この地域において経済が優先するとの見方、あるいは紛争と競争が不可避だというリアリストの見立てのどちらも取らない。アジア諸国は安全保障共同体の形成に努めなければならず、「普通」で多元的な日本はそのための必要条件であると中曽根は主張する[56]。

3 類似点

それぞれの考えには明白な違いがあるものの、日本が普通になることについて、小沢、中曽根、石原の考えには注目すべき一致点がある。外交政策や戦略的な領域では彼らの見方は鋭く対立しているが、国内の政治問題についての見方は驚くほど一致している。すなわち、憲法改正の必要性、政治的リーダーシップの強化、危機管理システムの必要性、そして国際レベルでの日本の貢献の増大という四つの領域において、彼らの見解は一致する。

❖憲法改正

小沢、中曽根、石原は、日本が「普通になる」ためには憲法改正が必要だと考えている。しかし憲法改正には同意しつつも、なぜそれが必要かという認識は違っている。

まず、憲法改正に関する小沢の議論はプラグマティックなものである。国内的にも国際的にも、自衛隊の実際の活動と憲法の条項は一致していないと小沢は考えている。したがって、憲法、とりわけ第九条は日本の軍事的な活動の実態を反映したものに改正されなければならない。小沢はまた、第九条が改正されて初めて、真の意味で日本は自衛隊をコントロールすることができるとも議論した[57]。ここで重要なのは、小沢が自衛隊の役割を限定するための議論をしているわけではないということである。そうではなく、日本がより現実的な外交・防衛政策を遂行するために、彼は憲法改正を提唱するのである。

中曽根の議論は、機能的な対応に焦点を当てるというよりは、むしろ憲法が押し付けられたという歴史的な文脈に由来する憲法改正論である。欽定の明治憲法に代わる戦後「占領憲法」にはマッカーサーの超憲法的な力が働いていた[58]。それは日本人のイニシアチブによるものでも、日本人によって書かれたものでもないと中曽根は指摘する。彼はまた、憲法は日本の政治と社会の実態を反映していないという小沢の主張に同意する。憲法改正の必要性に関する中曽根の考えは、かなり包括的である。彼は、日本人が自らの憲法を考えだす必要があるとし[59]、戦後憲法の起草過程で過小評価された日本の共同体や文化的アイデンティティが新しい憲法の基礎になるべきだとする。また、日本はその安全保障を長期にわたってアメリカに依存してきたとも指摘している。それゆえ改正された憲法は集団的自衛権を含まなければならない。さらに、彼は政治的正統性の源泉として首相公選制についても議論している[60]。したがって中曽根の憲法改正構想はわずかな条項のマイナーな改正だけでなく、新たな哲学的基礎に基づく徹底した改正なのである。

石原は、中曽根の憲法改正に関する議論を一つの極論にまで持っていった。中曽根と同じように、石原はアメリカによって日本が押しつけられた憲法の正統性には疑問を抱いている。しかし、機能的な対応がある程度日本の威信を再生する刺激になると中曽根が考えるのに対して、石原は現行の戦後憲法の正統性を頭から拒否する。石原は、国会が現行の憲法に正統性がないことを宣言し、ただちに自前の――それゆえより正統性のある――憲法を新たに制定するべきだと主張するのである[61]。

✣政治的リーダーシップの強化

彼らがどの程度保守的かについては違いがあるが、小沢、中曽根、石原はいずれも日本の政治的リーダーシップが強化されねばならないということには同意している。彼らは日本政治の官僚化にとりわけ批判的であり、首相官邸と内閣に対しより強力な権限を与えるべきだとする。

小沢は、国際問題でより大きな役割を果たすことを日本は目指してきたが、国内の「何も決められない」政治構造が妨げになってきたと主張する。それは以下の五つの理由による。第一に、日本政府は国際的な場で日本の国益を守るというよりは、実質的に民間の「企業弁護士」として経済的利益を守る役割を果たしてきた。第二に、国会において「多数決の原則」が機械的に運用される一方、責任ある政治指導者の主体的な考えはしばしば軽視されてきた。第三に、全会一致の政策決定方式により、国会は重要な決定を行なうのが困難となった。第四に、首相官邸は指導力を発揮するには制度的に脆弱すぎた。そして第五に、強固なタテ割り行政が惰性を増幅した。

このような構造的欠陥を克服するために、首相官邸により強力な責任を付与せねばならないと小沢は提唱する[62]。その構想には、国内政策と外交政策を総合的に調整する権限を持つ首席補佐官としての「国務大臣」が含まれている。また、官僚は国会で政治家からの質問を受けるべきではなく、多くの政治家が各省庁に参画することで政策決定はより効果的なものになると小沢は主張する[63]。

中曽根は、はっきりとした国家戦略が日本にはなかったと強調している。国家戦略に一貫性を持たせるためには首相官邸と内閣は強化されなければならないと、中曽根は——小沢と同様に——言う。中曽根にとって首相の力を強化する最も効果的な方法は、議会によってではなく国民の直接投票で首相を選ぶことである[64]。さらに内閣調査局を設置し、ブレーンや審議会をよりうまく用いるべきだとも主張する。なかでもおそらく最も重要なのは、中曽根が日本国民の意識を変えることの重要性を指摘していることだろう。国民が政治に対して自由放任主義的なアプローチをとったために、日本は長い間「漂流した国家」だった。それに加え、多くの日本人が疑惑の目を持って政府を見ていたことが、政治に対してより広範で深い関心を持つことを妨げ、さらに国家戦略に関する強固なコンセンサスを作り出すことを阻んできたのである。

❖危機管理システム

この三人の保守政治家は、改憲と政府改革に加えて、対外的脅威と自然災害に対処するための危機管理システムを創設することについても議論している。

いかなる国においても、その最も重要な仕事は危機管理だと小沢は言う[65]。首相が執務不能になった場合の対応策の不備は日本の政治システムの決定的な弱みであるとして、小沢は危機管理のための法的枠組みを制度化することを強く主張する。

中曽根は、危機管理に関する組織がないことは、日本がこれまで深刻な危機的状況に直面することを考えてこなかった結果だと考えていた[66]。一九九五年の阪神・淡路大震災の後、日本の政策決定者は危機管理担当部署の必要性について検討を始めた。議論が進展し、そのような部署の必要性に対する理解が広がった今、それを現実のものにする必要があると中曽根は指摘する。彼は議論をさらに進め、首相を長とする「緊急対策本部」を作ることを提唱した[67]。

石原にとっては、日本の領海に北朝鮮の工作船が秘密裏に侵入したことが、危機管理システムを必要とする根本的な理由だった。危機管理のための確たる組織がなかったため、日本政府は新たに発生した危機的状況に即座に対処しえなかったと彼は指摘する[68]。石原は、危機管理システムの欠如を非難するとともに、その必要性を強く認識し、東京都知事としていくつかの危機管理シミュレーションを実施した。

❖国際貢献

日本が国際貢献を十分に行なう点についても小沢、中曽根、石原の見解は一致している。彼らはいずれも、自衛隊の海外ミッションへの参加を増やすことを含んだ議論を展開している。

小沢は、日本はその経済的繁栄に見合った国際貢献をしなければならないと主張する。世界の比較的平和な環境があってこそ戦後日本の繁栄が可能だったことを考慮すれば、同様の政治的安定と経済成長の機会を他の国に保証するべく、国際平和と安全保障構築に参加することは責務なのである[69]。「一国平和主義」政策を採用するのではなく、自衛隊内に国連待機部隊を創設し国連を支援することで、日本は国際平和の促進に向け指導的な役割を果たすべきだと小沢は提案した[70]。

憲法を解釈する者の多くが憲法第九条は集団的自衛権を認めていないと主張しているが、中曽根はこれに反論する。この二つは両立するもので、集団的自衛権は積極的に推進されるべきだと彼は考え、そのために国家安全保障基本法の制定を提唱する。多国間の平和維持やPKOを支援するために自衛隊を海外派遣することは、国家の存亡に直接は関係しない外交問題なのであり、憲法に平和条項があっても日本は世界により大きな貢献をすることができると中曽根は主張している[71]。

4　相違点

これまで見てきたとおり、小沢、中曽根、石原の見解にはいくつか注目すべき共通点があるが、その一方で多くの問題については見解が相違する。特に著しい違いが見られるのは、日本の外交政策に関する見通しや方向性、日本が安全保障を追求するにあたって適した枠組み、そして日本が植民地支配の過去といかに折り合いを付けるべきかの三点である。

✣外交政策

小沢は、三つの柱からなる外交政策のアプローチを提言している。第一に、日本はアメリカとの同盟を安定的かつ生産的に維持することを目標とすべきである。第二に、国連が重要な役割を果たすような国際システムを支援すべきである。そして第三に、日本はアジア太平洋地域の国々との友好的関係を追求すべきである[72]。とりわけ、冷戦終結後の世界秩序再編に際して国連を支援することを小沢は重視する[73]。彼にとって国連は健全な国際社会を代表するものである。それゆえ小沢は、日本は様々な国連の活動や機関を積極的に支援し、関与していくべきだとする。彼はまた、日米関係にも極めて敏感である。ワシントンがその同盟国からの支援を強く要求し始めていることは、アメリカの国力の弱体化の表れだと小沢は理解している。しかし、日本は戦後の繁栄と安全保障についてアメリカに恩恵を受けてきた以上、その国際的な取り組みに協力しなければならないのである[74]。

リベラルな国際主義者としての小沢の世界政治の見方とは対照的に、石原のそれはよりネオリアリスト的である[75]。石原は、国際紛争を管理したり緩和したりする際の国際組織の能力について懐疑的である。国際平和——ひいては日本の安全保障——を追求するにあたって、日本は国連中心の国際社会に頼るのではなく、自衛能力を発展させ、「自力で生きて」いかねばならないのである。「自助」

の世界システムのなかで、自らの安全保障をアメリカに委ねることにも石原は反対する。危機の際、アメリカが日本を助けてくれる保証は何もない。とりわけ、それがアメリカの国益に反する場合はなおさらである。そして石原の冷笑主義は大部分が中国に向けられている。中国と地域的な優越を争うという意図を隠さず、中国の崩壊は日本の国家安全保障のためになるとまで石原は言っている。

小沢と同様、中曽根はアメリカとの関係を継続、強化していくことを方針として掲げる。しかし小沢とは違い、彼は国連をあまり信頼していない。アメリカは弱体化しておらず、国際システムの覇権国だと中曽根は考えている。それゆえ、日本外交の基本原則はワシントンとの協力的な関係を強化することでなければならない。国際組織は国際秩序構築に際して補助的役割を果たすに過ぎないと彼は見る。

中曽根の対米支援に対する考えは、外交政策に関する石原との立場の相違を際立たせるものである。アメリカとのあらゆる同盟に根深い不信感を抱く石原とは対照的に、日本にとって最優先の外交政策課題はアメリカとの二国間関係の強化だと中曽根は主張する。また、アジアの近隣諸国への石原の対立的姿勢に根本的に異を唱える彼は、日本の隣国だけでなく東アジアの各国を含む集団安全保障機構を提唱する[76]。戦争と植民地主義の悲劇的経験はあったが、それでも日本は韓国、中国を含む「東アジア共同体」の構築に向け努力すべきである。そしてそこに他のアジア諸国――北朝鮮を含む――も加え、孤立させるべきではないと中曽根は主張する。しかし彼にとって、東アジア共同体の構築とアメリカとの関係の維持は区別されるべきものである。いくつかの非民主主義的なアジア諸国については、その姿勢に長期的変化が見られれば、東アジア共同体のメンバーになる可能性がある。

❖安全保障政策

小沢の安全保障政策は、彼の外交政策の枠組みと密接にリンクしている。それは、アジアとの地域的安全保障を発展させるために、アメリカとの協調的かつ緊密な関係を維持することに重点を置くものだ。彼は、国際的な平和と繁栄のために国連を支援することについては重要性を認めつつも、日本の安全保障がいかにアメリカとの緊密な関係によるものだったかを認識している。したがって、強力な国連体制の構築は、アメリカとの強力かつ信頼できる関係の構築と結びついているのである[77]。

日本の安全保障政策に関する中曽根の見方は、五つの原則に基づいている。それは、①憲法を守り国土防衛に徹する、②防衛と外交との調和を保ちつつその一体化をはかり、かつ、もろもろの国策との間に均衡を保つ、③文民統制を全うする、④非核三原則を維持する、⑤自国の防衛を、自主防衛を中軸に日米安全保障体制によって補完する、というものである[78]。

石原の安全保障政策は、当然ながら自立した防衛国家への強い支持を反映している。アメリカを含めたすべての国家は潜在的に敵国であり、日本はワシントンへの依存から解放されなければならない。またアメリカの核の傘は、日本に安全という幻想以外のものは何も与えていない[79]。このように考える石原にとっては、日本の独立した防衛能力の強化が安全保障政策の本質でなければならないのである。

✣歴史問題

婉曲的にではあるが、日本とアジア諸国との間に不幸な歴史があったことを小沢は否定しない。むしろそれを認めた上で、アジア諸国とより友好的かつ協力的な関係を築き上げることが重要であり、草の根レベルでの協力がその関係にとって決定的に重要だと論じる[80]。彼には、日本の過去の過ちを謝罪しようという心構えがある。国家のために命を犠牲にした日本人に敬意を表するために靖国神社を参拝すること自体は問題ではないが、A級戦犯の合祀は間違いだと小沢は考えている。A級戦犯は戦争の犠牲者ではなく主唱者であるからだ[81]。

小沢と同じく中曽根も、日本はアジアに対する侵略戦争を認め、謝罪しなければならないとしている[82]。アジア諸国との多角的関係を構築することで、敵対した歴史を克服するよう努めなければならないと中曽根は言う。韓国は国際条約に基づき日本に併合されたが、それは軍事的な強制の下で署名されたものであり、植民地時代に日本が韓国の人々の名誉を傷つけたことを彼は否定しない。しかしアメリカとの戦争については、弱小国に対する日本の侵略とは違い、政治化した軍部による戦略的過失がもたらした結果であり、謝罪の必要はないと中曽根は考える。

石原にとって、日本の植民地支配という過去は、同時期に他国も帝国主義を追求していたという点からして正当化される。ある意味、日本の植民地主義は西洋の帝国主義からアジア諸国を保護、解放するものだったと石原は言う。アジアの近隣諸国に対する「謝罪外交」は終わらせるべきだと彼は強く主張する。歴史をどのように構築するかは国内で議論すべき問題であり、他国から干渉されるべきものではない。何をどのように記憶するかは日本が自律的に決定すべきことなのである。日本の指導者が靖国神社に参拝することは日本という国家のあり方を確認することだと石原は言う。戦争の犠牲となった先人に敬意を表することは国家の指導者として基本的な義務であり、国際的な干渉に影響されるべきことではない[83]。小沢や中曽根とは異なり、石原の描く日本の歴史にはいかなる自責の念も見つけ難い。

おわりに

一九九〇年代以降の日本政治と社会の変化を振り返ると、小沢、中曽根、石原が主張した「普通の国」へ向けた計画は様々な領域ですでに進行中だという見方もできる。特筆すべき進展が見られたのは、憲法改正、行政改革、危機管理の領域である。九〇年代までの日本政治において憲法改正はタブーだったが、今日ではある種の改正が必要だという広範なコンセンサスが存在している。自衛隊の海外派遣についても、かつてはまったく考えられなかったこの活動が、一九九二年の海外ミッションへの関与以来ますます増加している。イラクにおけるアメリカのミッションを支援するために、人道復興支援という名目ながら、戦闘行為に巻き込まれる可能性があるにもかかわらず自衛隊を派遣するまでになった。九〇年代半ば以降、首相官邸の人員は五〇〇人から大幅に増員され、内閣の情報能力の拡大・強化、国会答弁における政府委員制度の廃止、さらに政治任用の大臣の増加などの変化が見られた。アメリカ型の国家安全保障会議（日本版NSC）の計画を含む、新しい危機管理システムの準備も整っている。三人の保守政治家が同意している領域において、以上のような重要な進展があったことは言うまでもない。

一方で、三人の見解が一致しなかった問題では障害が残っている。すべての要因が同時に影響するわけではないが、ほとんど場当たり的に現れる国際的、国内的、地域的、さらには個人的な要因の絡み合いによって、日米関係は混乱し一貫性を欠いている。経済領域におけるプラグマティズムと歴史問題をめぐる感情的側面が対立するアジア政策でも、大きな混乱が見られる。そして何より、自衛隊が重要な役割を果たす安全保障戦略をどの程度まで追求すべきかという点については依然意見が割れている。それゆえ「普通の国」に向けた日本の前進については評価が難しい。先に確認したとおり、保守政治家の意見がまとまっている問題については明らかに変化が見られるが、同意が得られていないか意見が割れている問題についてはコンセンサスの欠如が続いており、事態の進行が阻まれている。

「普通の国」日本に関する保守派の考えの隔たりがあらわになれば、いつでもリベラル派や進歩派は論争に介入することができるであろう。

日本が「普通の国」になるには何が必要かについては見解が多岐にわたるが、そうした議論にはいくつか典型的な特徴がある。第一は、制度的枠組みと主要な政治的関係の両面からして、普通になることは日本の西洋化の促進をつねに意味することである。多くの場合、イギリスが模倣すべきモデルだと考えられている[84]。単なるアジアの一国にとどまりたくないという日本の思いは疑いようもない。日本の指導者は、日本に相応しい地位をアジアのみに見いだすことは不可能だとも考えているのである[85]。

第二は、日本の政治指導者たちが、日本が普通になることへの必要条件として、制度の改変を強調していることである。憲法改正、政治過程への新しい制度的メカニズムの導入、そして行政システムの新たな考案は、日本が「普通になる」ために不可欠だと考えられている。とはいえ、「普通であること」は、日本が何をするかよりも、新たな制度下の構造とダイナミクスのなかで日本がいかに立ち回るかによって判断されるべきだろう。だとすれば、普通になることをめぐるこれまでの議論に対し、興味深く、極めて重大な問題が投げかけられることになる。つまり、普通になることについて多くの議論が戦わされてきたにもかかわらず、日本の指導者たちは日本が「普通の国」になった後には何が起こりそうかについて多くを語っていないのである。彼らは制度を変える必要性については率直に語りながら、「普通」になった後、日本はいかなる姿をしているか——より正確には日本は何をするのか——については、曖昧なままなのである[86]。

第5章 「普通の国」日本をめぐる中国の言説

ワン・ジエンウェイ（王建偉）
手賀裕輔［訳］

はじめに

二〇〇二年末、中国では、学界や外交政策コミュニティのみならず一般大衆をも巻き込んで、日本をめぐる問題や中国の対日政策に関して活発な論争が繰り広げられた。そして、中国政府の伝統的な対日政策を支えるいくつかの基本的前提に疑問が呈されたことで、いわゆる対日新思考と呼ばれる言説が生まれることになった[1]。二〇〇三年だけを見ても、数百本もの関連論文が出版されたことからもわかるように、この対日新思考という立場は多くの注目を集めた[2]。「新思考」の意味や内容に関するコンセンサスは存在していない。しかし、重要な外交政策が公にかつ批判的に議論、検討されたという意味で、この対日政策に関する議論は中華人民共和国の歴史のなかでも非常に珍しい現象だったといえる。そこでは、日本との関係を中国はどのように処理すべきかという点こそが議論の焦点であった。そのため、議論を通じて、「普通の」もしくは「普通でない」国家としての日本をめぐる中国の認識が浮き彫りにされることになったのである。

こうした対日新思考が生まれた背景には多くの理由が存在する。第一に、中国の研究者のなかに、近年の日中間に見られる相互の反感、敵意、疑念の高まりに対して危機感を抱く者が現れたためである。こうした問題が早急に対処されなければ、日中関係は中国人が婉曲的に「危険水域」と呼ぶような関係へと悪化する恐れがあった[3]。第二に、当時、とりわけブッシュ政権下の米中関係が慢性的に不安定だったため、中国の外交政策専門家の一部は、中国の対外政策において圧倒的に重要なアメリカの代わりとなりうる存在、もしくはアメリカに対する中国の立場を強化するような戦略的代替案を模索していた。一九八〇年代初めにレーガン政権の親台湾政策によって米中関係が悪化した際と同様、中国は自国に対するアメリカの圧力を緩和するために日本に目を向けたのである。第三に、日本の国内政治の保守化と右傾化によって、中国のエリートは伝統的な対日政策が時代遅れのものになってしまったと考えるようになった。そこで、中国政府は日本政治の新たな現実を認識し、対日政策を必要に応じて調整すべきだとの主張がなされるようになったのである。最後に、中国指導部が第三世代から第四世代へと移行するに伴い、外交政策全体を再検討する機会が生まれた。そのため、中国のエリートは中国の外交政策、とりわけ対日政策における新思考への期待を高めたのであった[4]。

日本をめぐる中国でのこうした議論は二〇〇三年に頂点に達したが、二〇〇四年から翌年にかけて日中関係が冷却化したことで徐々に下火となり、新思考学派の勢いも弱まった。しかし、中国の日本専門家らによる言説はこの論争を機に画期的に変化した。新思考学派はこの時期に打撃を受けはしたが敗北することはなく、完全に消滅することもなかったのである。むしろ中国の日本専門家、研究者、元外交官の間で、対日新思考は様々な方法を通じて受け継がれたのであった[5]。そして近年の二国間関係の改善によって、新思考学派が再び脚光を浴びるような望ましい政治的状況が生まれつつある。以上の経緯をふまえて本章では、対日新思考の議論ならびに普通の国日本をめぐる三つの問題に対する中国の認識を明らかにする。その問題とは、日本は普通の国になるべきか、どのようにして日本は普通の国になるのか、そして、中国は普通の国としての日本にどのように対処すべきかという問題である。

1　日本は普通の国になるべきか

これまで長きにわたり中国人は、正規の軍隊や自立的な安全保障・防衛政策を持たず、海外での軍事紛争に関与する権利を持たない日本を「普通」と見なしてきた。これらの日本の特徴に少しでも変化が見られると、それは「普通ではない」と見なされ、当然のことながら中国やアジアにとって好ましくないものと考えられてきた。

中国の知識人は、日本の「普通」さをめぐるこうした伝統的見方に疑問を持ち始めている。戦後日本の外交政策は「普通の国」の地位を追求する過程だったと彼らは少しずつ捉えるようになっており、この目的の正統性を一様に否定するようなことはなくなっている[6]。中国の研究者の一部は、日本の世界第二位の経済大国としての地位と国際関係における政治的地位の間のギャップ、ならびに国連を通じた世界的問題に対する日本の貢献度と国際的な意思決定の場における限定的影響力の間のギャップを認識するようになっている[7]。彼らの多くが、長期的に見てこうしたギャップは解消されるだろうと考えている。中国や他のアジア諸国が好むと好まざるとにかかわらず、日本が普通の国、すなわち政治、軍事大国となるのは時間の問題であるとの見方である。さらに彼らは、第二次世界大戦での敗戦からおよそ六五年が経過し、日本はほとんど「代償を払った」のであるから、日本が国際社会で普通の国に見合う地位を得ることを認める時が来たとも論じる。「新思考学派」の先駆者である馬立誠によれば、「歴史を振り返れば、敗戦国が普通の国としての地位を回復することを永久に妨げておくのは不可能である。日本が政治、軍事大国となる将来を見据えて、我々は心理的に準備しておくべきなのである」[8]。

他方、世界政治で大国の地位を占める普通の国としての日本を受容するにあたって、それを冷戦後の中国外交政策が追求すべき核心的な目的と関連づけようとする研究者もいる。ロシアやフランスとともに、中国は世界におけるアメリカの一極支配を相殺、修正するべく、世界政治の多極化を支持してきた。そのため、現在日本が普通になりつつあることもこうした多極化の一環と見なし、歓迎すべきだという[9]。もし中国が極となりうるのであれば、日本もまたこの多極構造のなかで極となるのを認められるべきだというのが彼らの主張である。

それでは、普通の国としての日本とは一体何を意味するのであろうか。このことは、第二次世界大戦での敗戦後に日本が「特殊な」国となったことに関係している。普通の国になるということは、他国にはあるが日本にはこれまで認められてこなかった諸権利の回復を意味する。そうした権利には、軍隊の保有、戦争への関与、集団的自衛権の行使、そして自立した外交・防衛政策の実施などが含まれる[10]。中国人研究者のなかには、日本が普通の国になることは日本国民の願望であり、単に少数の右翼保守主義者による世論操作の結果ではないとの意見もある。例えば、普通の国になることを政策目標に掲げた自民党が二〇〇五年の選挙で地滑り的勝利を果たしたことは、普通の国という考えが日本社会全般に共有されていることを示したといえる。この政治的コンセンサスは、野党である社会党や日本共産党が支持する政策にさえ反映されていることを考えれば、仮に野党が政権を掌握したとしても、大きな政策的変化が生じることはないだろう[11]。つまり、日本を普通の国にすることについては、日本国内に草の根的な支持があり、特に若い世代の間でそれは顕著なのである[12]。

それでは、日本が普通の国になった場合、どのような影響が生じるのであろうか。アジア諸国が懸念するように、日本はかつての軍国主義の道を再びたどることになるのであろうか。この点に関して新思考学派は、中国は日本が普通の国として必要とする軍備拡張と伝統的な軍国主義への回帰を明確に区別すべきだとし、日本が再びそのような道を歩む可能性はほとんどないと主張する[13]。新思考学派によれば、日本は過去半世紀もの間平和的発展の道を歩んできている。日本国民はこうした発展のあり方から利益を享受してきており、その結果平和主義イデオロギーは日本国民の精神に深く根付いている。そして、この平和主義は中国を含めたすべてのアジア諸国にとって価値ある共有財産であるという[14]。それに加えて、これまで日本政治において右翼的、保守主義的運動が日本の自由民主主義的な政治システムを根底的に変化させたことはなかった[15]。日本の政治システムの下では、極端な政治的立場がイデオロギー面での主流派になることは極めて難しかったためである。そのため、「新思考」学派は、中国は日本政治における右翼的な保守主義運動の影響力をことさら誇張すべきではないと戒めている[16]。より極端な見解を持つ研究者のなかには、日本軍国主義の復活に対して中国人が抱く過度の恐怖は、中国の日本理解に含まれる自民族中心主義から生じたものと主張する者さえいるのである[17]。

中国の日本専門家のなかで、日本が普通の国となり、国際社会においてそれに見合う立場を手に入れることに反対する者はほとんどいない。しかし、普通の国としての日本の将来に対し不安を抱く者はいる。より懐疑的で伝統主義的立場の研究者には、日本は強力な経済、軍事大国であり、多くの点で既に普通の国であると主張する者もいる。例えば、ある研究は、日本の防衛予算はフランスやイギリス、ドイツなど他の「普通の」大国の予算よりも多く、アメリカに次いで世界第二位だと指摘する[18]。彼らによれば、日本が「普通でない」理由は、軍事力の欠如にあるのではない。むしろ日本の軍事予算は自衛のために必要な水準を越えており、憲法にて定義されている「専守防衛」の原則とはまったく相容れない規模のものであることこそが問題なのである。

また懐疑派は、日本がこれまで帝国主義の負の遺産に正面から向き合おうとせず、犯した罪に対する責任をとってこなかったことに疑念を抱いている。この事実は、日本はドイツと異なり、歴史的な負の遺産から解放された普通の国となるには政治的意志もなく、未成熟であることを明白に示している。このような国が「普通になる」ことは地域の安定に寄与しないというのが懐疑派の主張なのである[19]。

以上のような見解に基づけば、日本が普通の国になった後、近隣諸国に対しどのような行動に出るかは非常に不透明である。過去の過ちを完全に認め、悔い改めることをしない限り、ある国家が将来再び同じことを繰り返さないという保証はないのである。日本が歴史上何度も侵略戦争を起こしてきたことから、アジア諸国は、日本が軍事力を過剰に拡張しようとすることに対し非常に強い警戒感を示してきた[20]。懐疑派は、軍国主義的な右翼勢力が再び国家権力を奪い、他国へ軍事的侵略を行なうのを防ぐ十分な抑制と均衡のメカニズムを現在の日本の政治システムが備えているかについて強い疑問を抱くのである。「新思考」学派とは異なり、日本の平和憲法と戦後平和主義の価値体系は、日本政治における右翼の影響力の高まりによってその大半が形骸化し、弱体化していると懐疑派は主張する。現在の日本社会には、日本政治に対する軍国主義的な右翼勢力の影響力拡大を防ぐことはできない。そのため、懐疑派にとっては、日本の軍事大国への変容はまったく「普通」のことではないということになる[21]。

近年、日本の外交政策が次第に自己主張を強めていることについて、中国の日本専門家は疑念を深めている。日本と隣国との領土紛争、例えば、中国との尖閣諸島(釣魚台)問題、ロシアとの北方領土問題、韓国との竹島(独島)問題に対する強硬な日本の政策は警戒感をもって受け止められている。専門家のなかには、このような日本の戦略を「三方向に対する攻撃」と形容する者もいるほどである。また、日本がこれら三国に対し同時に領土紛争を激化させたのは、戦後初めてのことだと指摘する声もある[22]。そして、日本が現在のような「普通でない」状態にある時でさえこうした強硬な行動をとるのであれば、より普通の国際的地位を手に入れた後には、日本は一体いかなる政策をとることになるのかとの懸念が生まれている[23]。ここでも中国人研究者は、自己主張を強める日本の外交政策の背景には、日本政治における右翼や保守主義勢力の影響力の増大があると分析する。なかには、今日の日本の国内政治環境は、日本が中国や他のアジア諸国を侵略した第二次世界大戦前夜のそれと酷似していると示唆する研究者さえいる[24]。

日本が普通の国になるべきか否かに関して、また別の議論も見られる。中国の研究者のなかには、日本を取り巻く独特の地政学的状況を踏まえれば、「普通の」大国になりたいとの願望が受け入れられたとしても、それは決して実現しないと考える者もいる。狭小な国土、高度に密集した人口、天然資源の欠如などは、防衛や安全の面で日本を非常に脆弱にしているのである。これらの問題は、核兵器を開発したとしても克服できない弱点である。そのため、日本はアメリカの軍事的保護に依存せざるをえない[25]。ある中国人研究者は、日本が戦前期に軍事大国化を試みて失敗したことが示すとおり、地理的制約からして日本が第一級の軍事大国になるための根本的な能力と資源を欠いているのは明らかだとはっきり主張する。今日、もし日本が東アジアの国際関係において自国の適切な立場を認識することができず、覇権国というかつての夢を再び追い求めようとした場合、それは確実に失敗することになるであろう[26]。

以上のように、中国人の中でも見解はわかれており、日本が「普通」になった場合に生じる結果についても一致した評価は見られなかった。ただ、多くの中国人にとって、日本が「普通」になることは決して普通なことではない。これまでの歴史と日本人の民族的特徴に対する中国人の認識を考えれば、日本が軍事力の面や地域、世界の安全保障の面において「普通でない」国であり続けてくれる方が中国は安心なのかもしれない。それが日本の近隣諸国にとって利益となるばかりか、戦後の平和な経済的繁栄が示すように、日本自身にとっても利益となるであろう。言い方を変えれば、「普通でない」日本がアジア各国にとっては「普通」であり、「普通の」日本が中国や他のアジア諸国にとっては予測不可能なリスクを意味するかもしれないのである。

2　日本はいかにして普通の国になりうるのか

本節では、日本に対して中国人研究者が抱いている懸念を分析することによって、果たして中国は、日本がどのような歴史的、政治的条件を満たせば普通の国として受け入れることができるのかを考えてみたい。大多数の中国人は、この二〇年間に日本が普通の国へ向けて着実に進んでいるという現実を認識している。しかし、「新思考」的な考えを持つ者でさえ、無条件に日本を普通の大国として受け入れるべきだと考えることはほとんどない。そもそも、果たして日本は歴史問題に終止符を打つことができるのであろうか[27]。この問題をめぐって中国の学界、政策コミュニティには異なる二つの見解が見られる。

「新思考」学派は、歴史問題が日本と中国、他のアジア諸国との関係における重要な問題であることを認めつつも、日本が帝国主義時代の過去を徹底的に反省することを、日本との普通の協調関係を維持するための前提条件とすべきではないと主張する。最も柔軟な立場を表明している馬立誠は、日本は歴史問題に関して十分に謝罪を行っており、もはやこの問題は終わりにすべきと主張している[28]。また時殷弘は、非常に論争的な論考において、歴史問題が日中関係に打撃を与えることを防ぐために、外交問題から歴史問題を完全に除外すべきとさえ主張した[29]。このような見方は、程度の差はあれ多くの中国人研究者から支持されている。なかには、「友好を第一に、歴史はその次に」とのアプローチを正当化するために鄧小平の言葉を引用する者もある。鄧小平は、日中関係において優先すべきは戦略的利益であり、歴史的対立や政治システム、イデオロギー上の相違は脇に置くべきであると述べたのであった。彼はまた、日中関係において友好は他のいかなる問題にも増して重要であると指摘している[30]。こうした観点からすれば、普通の国として日本を受け入れて良好な二国間関係を発展させるための前提条件として、歴史問題をめぐる二国間の緊張解消を要求するのは控えた方がよいということになる。例えば、歴史問題を理由として二国間の首脳会談を延期するというのは賢明な政策とはいえない。そうした政策は日本の右翼を刺激し、活性化するため、むしろ逆効果となってきたのが実際だからである。このようなアプローチの根底には、歴史問題は日中関係全体が改善されない限りは解決されないとの論理がある[31]。

とはいえ、以上のような立場を、日本が帝国主義的過去を十分に反省してこなかったことに対して譲歩したり、容認したりするものと見なすべきではない。むしろこの立場は、中国単独では日本国民の考え方を変化させるためにできることはほとんどないことを踏まえた結果なのである。ある著名な日本専門家は、歴史認識のあり方を決定できるのは日本国民と政府のみであると指摘している。ごく少数の日本人のみが戦争犯罪を否定したいと望んでいるが、最終的にこの問題に終止符を打つかどうかは日本人自身が決めることである。言い換えれば、この問題についての日本人の考え方は、外から強制されるよりもむしろ内から変化させるべきものである。外国の政府や国民ではなく、日本人自身がこの役目を果たすべきなのである[32]。他国からの絶え間ない批判や抗議では、問題を解決することはできず、むしろ逆効果を生む結果となるからである。

他方で、日本人の戦争認識が外部からの圧力によって変化しうるか、もしくは変化させるべきかの問題よりも、むしろ日本人の歴史解釈に大きな変化が見られる可能性がほとんどないという点こそ重要だと考える研究者もいる。より悲観的な研究者は、日本の宗教的、文化的伝統によって形作られた歴史物語からすれば、日本がドイツのような方法で――例えば、ドイツの大統領がユダヤ人犠牲者の墓前でひざまづいたように――戦争犯罪を謝罪することはないと主張する。だとすれば、この不愉快な事実を変化させ、日本に「頭を下げさせる」ことを強制するために中国ができることはほとんどない。そのため、現在の中国政府の歴史問題への対処方法ではほとんど成果は生まれず、かえって両国のナショナリズムを激化させるだけである。中国の長期的かつ全体的利益の観点から見れば、歴史問題を取り下げ、「苦い果実を飲み込む」方が賢明かもしれないというのがこうした研究者の立場である[33]。

しかし、このように歴史問題を放棄する必要性を強力に主張する見解がある一方で、より伝統的な立場の論者は、依然、普通の国としての日本を承認するためには歴史問題の解決が必要であると見なしている。彼らによれば、日本の侵略と占領についての中国人の物語や記憶は、人々が望んだとしても容易に捨て去ることはできない。歴史とは人々の心のなかに存在するものであり、政府は人々にそれを忘れるよう強制する力は持っていないためである[34]。ある研究者がいみじくも述べたように、「歴史とは大きな鍵のついた鉄の扉のようなものである。その鉄の扉を避けて行くことはできず、しかも正しい鍵でしか開けることはできない。日本の中国に対する侵略戦争の歴史についての正しい理解こそがその鍵なのである」。この研究者によれば、歴史問題は極めて重要な、正しいか間違いかしか存在しない問題である。日本の戦争犯罪に関して発言する権利を放棄するよう中国人に強いることなど誰にもできないのである[35]。

他の研究者もまた、歴史解釈は日本国民のみに委ねられているとの日本の主張を批判する。日本の歴史には他国も関係していることを踏まえれば、歴史問題は国境を越えた問題であり、日本の侵略を受けた人々には発言権があるというのである[36]。中国の指導者は、今日まで明らかにこの「歴史を第一に、普通の国をその次に」というアプローチを好んできた。胡錦濤国家主席は小泉純一郎首相に対し、日中の政治関係における核心的問題は日本の指導者の靖国神社参拝であることを個人的に伝えた。そして、靖国参拝が中国人にとって受け入れられないだけでなく、歴史問題に対する挑発的な意思表示であると主張したのであった。この発言には、中国指導部のアプローチが最も如実に現れている[37]。当時の中国指導部は、日本が国際問題においてより重要な役割を果たすことを望んでいるのであれば、侵略戦争の歴史を反省しなければならないと明確に伝えたのである。そうしなければ、アジア諸国が日本を普通の国として受け入れることは、不可能ではないにしても難しいであろう[38]。

以上のとおり、日本が戦争の歴史を認めることを、普通の国になるために必要な前提条件とすべきか否かをめぐって中国人研究者の間では見解がわかれている。しかし、小泉首相の度重なる靖国参拝を嘆き、このような戦争の歴史を賛美する行動はアジア諸国には受け入れられず、いくつかの候補国のなかでも特に日本の常任理事国入りを視野に入れた国連安保理改革の観点からも認められないと考える点では見解が一致している[39]。このように小泉の靖国参拝は非難されるのが一般的だったが、その動機については様々な分析があった。まず、靖国参拝は国内政治的な必要性を満たすために行われたとの解釈がある。他方で、この問題に関する小泉首相の非妥協的な姿勢に関し、彼の個人的信条や性格を非難する意見もある。さらには、この靖国参拝は日本の大国化への決意の表れであり、「国内問題」に対する国際的圧力には屈しないとの意思表示だと見なす者もいる。

以上のような見方とは全く対照的に、「新思考」学派の一部は、靖国参拝にあまりにも多くの意味を与えることに慎重な姿勢を見せている。単純に戦争犯罪や軍国主義の歴史から目を逸らす行動として靖国参拝を見なすべきではないと彼らは主張する[40]。靖国参拝は小泉首相がとった唯一の行動ではなく、この出来事のみに基づいて彼を判断するのは間違っている[41]。小泉の靖国参拝や、戦争の歴史に関して日本の政治家らが行った様々な失言は残念ではあるが、他方で、日本政府が中国や他のアジア諸国に対して戦争の歴史を謝罪するために大きな努力をしてきた事実を否定することはできないのである[42]。

中国人研究者の一部にとって、歴史問題の解決と並んで、日本がアジア太平洋において普通の国になるために満たすべきもう一つの条件は、日本が外交政策の全体的な方針と帰属意識を変化させることである。歴史を見てみると、日本はアジアから逃れて欧米の一員になりたいとつねに望んできた。自分たちは西洋諸国と同等であるとの優越感を持ちながら、日本人は他のアジア諸国を見下してきたのである。この優越感によって他のアジア諸国との溝が深まった結果、アジアにおける真の意味での「普通の国」として日本を見なす国はほとんど存在しない。そのため、日本がアジアで普通の国になるためには、政治的にも心理的にもアジアへ「回帰」すべきなのである。

しかし、日本は周辺諸国に対抗するため、非アジア国との提携を歴史的に繰り返してきた[43]。弱小国に対処するべく強大国と同盟関係を構築することをつねに望んできたのである[44]。特に、ポスト冷戦期に日本がアメリカとの同盟関係を強化しようと試みたことで、中国は懸念を強めた。こうした行動は、日本が自立した外交政策能力を有していないことを示すとともに、東アジアや世界で影響力を強め、権力を行使するにあたってアメリカに依存していることを示すものであった。このように考える中国人研究者からすると、東アジアで真剣に普通の国になろうとするのであれば、日本政府は今とは異なる戦略を追求するべきだということになる[45]。中国人研究者の多くは、地域的、世界的大国としての普通の国へと日本を突き動かす最も重要な原動力はアメリカだと認識している[46]。この点から、中国人研究者は小泉首相の外交政策が強い親米感情に基づいていることを好ましく思っていない。彼らは、日米関係が良好であれば他の関係は自動的に落ち着くべきところに落ち着くと日本の一部戦略家たちが考えるのは深刻な誤りだと捉えている[47]。中国の観点からすれば、このような前提は深刻かつ危険な「戦略的判断の誤り」である[48]。さらに、中国人アナリストらは、日本の親米的な政策や姿勢がつねにアメリカから報われるわけではないことを指摘する。例えば、日本は国連常任理事国入りの支援をアメリカに依頼したものの、および腰の支援しか受けられなかったばかりか、時には積極的な反対にあったのである。アメリカは結局自国の国益を最優先するのである[49]。

よりはっきりいえば、中国は国連常任理事国入りを目指すにあたっての日本の「遠交近攻」戦略に強い戸惑いを覚えている。日本のキャンペーン戦術は中国を含めた近隣諸国を迂回し東アジアを他地域によって包囲するものであり、中国人を驚かせたのである[50]。アジア諸国には評判の良くない靖国神社への参拝を小泉首相が繰り返したことはアジア諸国を怒らせたが、その一方でアメリカの支持を背景に常任理事国入りを拙速に目指す日本の姿勢は、大国の地位を得るにあたって賢明な方法とはいえない[51]。このような行動パターンからは、日本が依然としてアジアの近隣諸国に真剣に向き合っていないことを見て取ることができる。日本は二つの目的を同時に達成することはできない。つまり、日本が常任理事国になりたいのであれば、まずアジアの近隣諸国との合意に達した上で、彼らの支持を取り付けなければならないのである[52]。

日本政府の常任理事国入りの運動について中国の日本専門家は、本当の意味で日本が普通の国になるためには、金銭で票を「買収」すればよいというものではなかったと指摘する。むしろ日本はより自立した外交を展開せねばならなかったと彼らは考える。日本の対外政策や安全保障政策は「盲目的なアメリカ追従」だとの見方も一部にはあった。一九九〇年代半ば以降、日本の外交政策における「自律性の欠如」は改善されるどころかむしろ強化されている点に多くの中国人は落胆している。イラク戦争を含む多くの国際問題において、日本は「大国外交」というよりむしろ「小国外交」を展開したのであった。そのため、もし常任理事国の地位を獲得した場合、「正義を貫く」気概と正邪を識別する能力が日本に果たしてあるのだろうかと彼らは疑問に感じるのである[53]。

いうまでもなく、日本の自律性が増すにつれて中国にとっての危険性も増すことになる。日本がアメリカから距離を置くと、より自立した外交政策を展開するようになり、より自律的な軍事力を必要とするようになるであろう。こうした「普通の」日本を中国は受け入れる用意があるだろうか。このジレンマは日本専門家らの間でもはっきり解消していない問題である。一部では、日本がより自立した外交政策を追求しながらも軍事力強化は抑制するのが理想的だとの考えがある。しかし、別の中国人研究者らが指摘するように、中国もまた二つの望みを同時に達成することはできない。日本がアメリカとの安全保障同盟を強化しようとするのに反対しながら、より自立的かつ積極的な外交政策を行なう普通の国へ向かおうとするのにも反対することは両立しないのである[54]。

普通の国としての日本に関する中国人の分析の行間を読めば、そこには暗黙の了解が存在するのがわかる。日本の普通の国への変容は、中国の利益を犠牲にして達成されるべきではないという点である。中国人研究者には、普通の国として台頭する際、日本が中国の重要な利益を意図的に脅かすことはないにしても、それを軽視しながらゼロ・サム・ゲームが展開されると認識する者もいる。日本は国際的地位を上昇させるべく外交姿勢を変化させ、従来低姿勢をとってきたような外交課題をめぐって中国と対立することも辞さなくなると考えられているのである[55]。

日本が「普通になる」兆候の一つは、徐々に進められてきた台湾との関係の再定義に表れており、中国政府はこの動きを警戒している。例えば以下のようなものがある。日本政府当局者は公式的に台湾問題の「国際化」を支持した。台湾の世界保健機関(WHO)への加盟も支持した。また、台湾との安全保障関係を強化するアメリカの政策に追随し、日米の「共通戦略目標」に台湾問題を含めることに合意した。専門家の一部によれば、これらの動きはすべて、日本が中国による最終的な台湾再統一を引き延ばすことを決断したことを意味しているという。確かに日本には、台湾が中国の一部となることに対してアメリカよりも大きなためらいがある[56]。国会で近年可決された、いわゆる周辺事態法を、台湾海峡で紛争が起きた際に日米共同で軍事介入する準備を整えるためのものと中国人研究者は捉えた。なかには、日本が最終的に「一つの中国」政策という原則を放棄するのではないかと考える者さえいる[57]。また、日本が「普通になる」兆候は、「海洋権益」に対して日本が敏感に反応していることにも現れている。日中による紛争の危険性の高まりは、尖閣諸島（釣魚台）や東シナ海の領有権問題に対する立場を日本が明らかに強硬化したことを反映している[58]。

3 「普通の国」としての日本にどのように対応すべきか

これまで見てきたとおり、普通の国を目指す日本の動きは日中関係に大きな影響を与えるであろう。しかし、いかなる条件の下で日本は普通の国になれるのか（なるべきか）という問題に加えて、普通の大国の地位を望む日本に中国がどのように対応すべきかという問題もまた重要である。国際的地位を変化させる日本との関係を中国がいかに管理するかという問題は、中国の外交的技巧や手腕が試される究極のテストになるであろう。なかでも最も困難な問題は、普通の国としての日本のあり方や日中関係のあり方をどのように定義づけるかという問題である[59]。

一つの方法として、普通の国の地位を望む日本の願望を、中国自身の台頭の文脈に沿って理解することが考えられる。多くの研究者が、中国と日本がともに台頭しつつある巨人であるという事実に注意を払っている[60]。日本は自国を経済大国から政治、軍事大国へと変容させようとしており、中国は政治大国から経済、軍事大国へと変化しようとしている[61]。ある意味、両国ともに「普通の」国になりたいと考えているのである。日本は、自国の経済力と同等の政治的影響力を持ち、自国を防衛でき、海外へ戦力を投射できる軍隊を備えた普通の国になることを目指している。他方で中国は、国際社会に完全にとけ込み、尊敬に値する責任ある経済、軍事大国となることで、政治的影響力を拡大することを目指している[62]。そのため、双方の目的と願望を考えれば、両国の関係を敵対的で競争的な関係と見なすのではなく、相手国の行動の判断基準をそれぞれが調整することによって相互の共感を養い、協力する方が望ましいであろう[63]。大多数の中国人研究者は、日中間の経済面、技術面でのギャップを認識しているが、全体的な国力の観点から見れば既に両国はほぼ同等の地位にあると考える者もなかにはいる[64]。これは、歴史上初めて日中関係がいわゆる強国と強国の関係へと変化したことを意味している。もし、中国と日本が共通の歴史的使命を帯びているという大きな視点に立てば、また中国が多極化を真剣に望ましいと考えるのであれば、中国は普通の大国としての日本の台頭を歓迎すべきなのである。そして日本人もまた同様に、台頭する中国と共存することを学ぶべきなのである[65]。

いうまでもなく、多極化への過程では思いもかけない問題が生じることであろう[66]。例えば、ある研究者が指摘するとおり、日本が世界的な経済大国として台頭した一九八〇年代に日米間で見られたような相互の反感が生じる可能性がある。こうした前例を考えれば日中間の摩擦は驚くべきことではなく、パニックまでには至らないであろう[67]。もちろん、だからといって日中関係には慎重な管理が必要ないというわけではない。その摩擦をいかにして全面的紛争へと激化させないかということが、日中双方の戦略計画にとって重要な課題となるだろう[68]。両国ともに、日中関係が直面する新たな現実を調整していく必要があるのである。双方とも従来の前提や方法を捨て去り、単に関係を管理するだけでなく、より友好的な関係を促進するために協力するよう努力すべきである。すでに見たとおり、戦争の歴史に関する「正しい」理解を日本が示すことを、日中間で普通の政治的関係を構築するための前提条件とすべきか否かという議論が中国にはある。これに関して、中国政府は日本政府が姿勢を変え、友好的になるのを受動的に待つべきではないと主張する中国人研究者もいる。むしろ、中国は日本を含めた周辺の安全保障環境をより望ましいものとすべく主導的に行動すべきだと彼らはいうのである[69]。

しかし、二〇〇二年に日本をめぐる議論が活発化して以来日中の政治的関係が冷却化してしまった事実は、不幸なことに日中両国が二国間関係をうまく管理できなかったことを示唆している。言い換えれば、双方が「普通の国」になりたいと望んだために、両国関係は「普通でない」ものとなってしまったのである。現在、それを「再び普通にする」必要がある[70]。この停滞した政治関係を「冷たい戦争」には一歩至らない「冷たい平和」と呼ぶ中国人研究者もおり、この問題について様々な分析と解決法を提示している。主流派の見解は、中国政府に誤りはなく、小泉政権の政策と行動こそが日中関係の行きづまりの原因であるというものである[71]。「新思考」学派の研究者でさえ、その多くが二国間の「冷たい」関係の原因は日本にあると非難する。より具体的にいえば、小泉政権の外交政策、特に軍事防衛面に見られる全体的な強引さ、日米同盟と台湾問題における役割の増大、尖閣諸島（釣魚台）や東シナ海の紛争におけるより挑発的な政策、そして侵略の歴史を認めようとしない態度などが批判対象となった。こうした日中間の重要な懸案を五つの「T」と呼ぶ者もある。つまり、領土（territory）、台湾（Taiwan）、教科書（textbook）、戦域ミサイル防衛（theatre missile defense）、貿易（trade）である[72]。なかでも日本の歴史問題と台湾に関する立場は、中国人が最も関心を抱く問題である。従来の低姿勢から一転、日本はこれらの分野で中国に「ノー」を突きつける断固とした態度をとるようになったと認識されたのである[73]。

ただし、誰にどの程度責任があるかについては識者のなかでも意見がわかれている。極端な見方をする者は、最近の日中関係が悪化した原因は完全に日本の失敗にあるとする。この観点に立てば、歴史問題は、中国が謝罪をたえず要求してきたからではなく、日本の政治家の意図的な挑発によって生じたのであり、中国はそれに反応せざるをえなかったとされる。もしそうだとすれば、中国ではなく日本にこそ関係改善のための「新思考」が必要ということになる[74]。しかし、これとは別の見方をとる研究者もいる。彼らは、小泉政権に大きな責任があることは認めつつも、中国の政策と行動にも改善すべき点があると指摘する。例えば、著名なアメリカ研究者の資中筠は、中国の矛盾した立場や場当たり的な政策と行動によって、日本が中国国民を満足させるような方法で歴史問題に取り組むことが難しくなったと説明している[75]。中国にも関係悪化の部分的責任があるとすれば、中国側にも「新思考」は必要だというのが彼の見解である。

さらに、アメリカ専門家である時殷弘は、最も劇的な形で日中関係修復のための包括的提言を行った。彼は、二〇〇三年に発表され多くの関係者の注目を集めた論文で、中国は「日本との緊密な関係」を強化する「外交革命」を追求すべきとの主張を展開したのである。より具体的にいえば、中国は歴史問題を棚上げし、日本による輸入と対中投資を増やすための措置を講じ、日本の軍備拡張に対してはより寛容な姿勢をとり、普通の大国として日本を扱い、その常任理事国入りを支援すべきだと彼は論じた。長期的に見て、中国の主要な戦略的関心の対象は日本ではなくアメリカであるというのがその理由だった。こうした提言は、日本との大幅な関係改善によってアメリカに対する中国の立場を大きく改善できるという判断から生まれたのである[76]。

時殷弘の論文は、中国の国際関係論の専門家の間に、対日戦略に関する興味深い議論を巻き起こした。伝統主義者たちは、彼の提言は日本に対する「無条件降伏」に等しく、中国国民の大多数の支持を得ることはできないと反論し、また彼の提言の実効性に関しても批判した。時殷弘は、もう一人の代表的な「新思考学派」と目された馬立誠とともに、明確な診断なしに処方箋を出す「ヤブ医者」

と揶揄されたほどである[77]。これら伝統主義者は、日本が大国の地位を伴う普通の国として認められ、受け入れられるための明確な条件を中国が提示することこそ適切な解決法だと主張し、何ら見返りなくそれを承認するのは適切ではないとした。そうした条件としてはまず、日本は歴史問題について、一九九八年に韓国に対して提示したのと同じような公式の謝罪声明を中国に対しても発表すべきである。この条件を満たすことで歴史問題は完全に解決し、将来中国が謝罪を要求する必要もなくなる。以上に加え、首相の靖国神社参拝は禁止されるべきであり、教科書では日本の戦争犯罪が軽視されるべきではない。第二に、日本は中国による台湾統一に介入しないと約束すべきである。そのために、日本は台湾の独立派との関係を断絶すべきである。第三に、日本は尖閣諸島（釣魚台）を一方的に支配しようとする姿勢を捨て、中国の主権を尊重し、交渉を通じた紛争の解決を図るべきである。右に挙げた条件に日本が同意するならば、中国は日本の政治大国としての地位を承認し、常任理事国入りを支持することができる。そうでなければ、中国は躊躇せずに拒否権を行使すべきである。以上が伝統主義者の主張である[78]。

より穏健な研究者たちは、以上のような粗野で力まかせの対応は支持しないが、それでも時殷弘による善意に基づく戦略には一定の留保を示した。穏健派は、日本が中国に対して善意によって応えてくれるかどうか不確実だという点に強い懸念を抱いている。そして大半の研究者がこの点に確信を持っていない[79]。というのも、近年中国は日本に対する姿勢と戦略を大きく変化させ、「新思考」の要素を導入してきたにもかかわらず、それに応じて日本が態度を変化させるということはあまりなかったからである。むしろ小泉政権は中国に対して自己主張を強め、対立的政策をとるようになった[80]。こうした展開を見た専門家たちの多くは、日本の互恵的な「新思考」がなければ、中国による一方的な「新思考」が多くの成果を生むことはなく[81]、日中「接近」の期待は限定的なものに留まると確信するようになった。穏健派は、日本に友好的な姿勢をとっておけば、中国がアメリカに対処する際日本の協力を得られるという時殷弘の期待は希望的観測であるとして退けたのである。

穏健派の観点からすると、時殷弘の議論の最大の弱点は、日本の大戦略を考慮に入れていない点にある。専門家の一部によれば、日本の基本的戦略は非常に明確である。それは中国の台頭を妨害するためにアメリカと同盟を結ぶというものである。このように日本の立場を理解すれば、なぜ小泉政権が中国に対しあのように非妥協的な姿勢をとって靖国参拝を続け、中国人の感情をまったく無視したのか、その理由を説明できる。日本の将来にとって最善のシナリオは、アジアのイギリスになることなのである。日本がアジアのドイツやフランスになる可能性は低い。こう考えるとすれば、日中が独仏と同じような真の戦略的協調関係を実現するのはほぼ不可能である[82]。そのため、中国は日中関係をアメリカに対する保険として利用したり、日米間に楔を打ち込もうと考えたりすべきではないと穏健派は主張する。日米同盟は、米中関係や日中関係よりもはるかに強固だからである[83]。将来起こるかもしれない米中間の紛争では、日本は中立国ではなくアメリカの同盟国として行動すると考えるべきなのである[84]。

さらに、日中間の微温的な関係の解消へ向けた両国の方策があまり有効には見えないため、日中関係の「再正常化」を実現するべく代案を提示する中国人研究者もいる。そのうちの一つとして、日中関係を多国間交渉の一部として位置づけるという可能性が考えられる。そうすることで、日中間の生産的なコミュニケーションや取引を促進できるかもしれない。具体的には、朝鮮半島の核危機をめぐる六カ国協議、アジア太平洋での多国間の安全保障枠組み、または金融、経済に関する多国間の地域機構などが考えられる。そして日本が広範な東アジアの地域枠組みに対して協調的姿勢を示している点を考慮した上で、研究者らは、日中関係を多国間交渉の一部と捉えることこそ歴史問題をめぐる日中間の相違を解消し、安全保障のジレンマの圧力を緩和する最善の、あるいは唯一の方法かもしれないと論じるのである。より大きな東アジアの地域枠組みのなかで、日中両国は、自分たちの行動を注視する地域内の様々な小国とともに、地域大国としての責任をより強く自覚することになるであろう[85]。皮肉なことに、中国が日本に「接近する」ためにはまず日本から「離れ」なくてはならない。中国は他の東アジア、東南アジア諸国との経済的、政治的統合を進めることで初めて、日本に中国との関係改善を決断させるだけの地域的影響力を手に入れることができる[86]。日本が地域統合のプロセスに参加するには、まず中国との関係を改善せねばならなくなるからである。

おわりに

中国における「普通の国」日本をめぐる言説は、二〇〇五年の反日デモで見られた単純なスローガンと比べ、はるかに複雑でニュアンスに富んだものである。総じていえば、程度の差こそあれ中国人研究者の大半は、既に日本は「普通」になりつつあり、中国はそれに対応せねばならないという現実を受け入れている。とはいえ、新たな現実へどのように対応すべきかは研究者の間でも意見はわかれる。いくらか過度に単純化してしまえば、この議論のなかから大きな学派が二つ生まれたといえるだろう。「新思考」学派は、中国の日本理解と対日戦略を大きく変更すべきだと考えている。日本が普通になることは避けられない以上、中国はその潮流に抵抗するよりもむしろそれに従うべきであるというのが彼らの主張である[87]。さらに新思考学派は、歴史問題によって日中間の緊張が高まれば、中国の根本的国益にとってプラスよりもマイナスの方が大きくなるため、歴史問題は棚上げした方がよいとの立場をとる。

これとは対照的に、「伝統主義」学派は中国の対日政策の基本原則と前提を変更すべきではないと主張する。彼らにいわせれば、「新思考」が必要なのは中国ではなく日本である。歴史問題をめぐる論争が適切に解決されない限り、日中関係は確固とした倫理的基盤を欠くことになる。中国は無条件に普通の日本を受け入れるべきではなく、日本に対して中国の死活的な国益に配慮するよう条件をつけるべきだというのが伝統主義学派の考えである。彼らの主張は日中両国を紛争へ追いやるだけだと主張する論者もいるが、伝統主義者はこうした懸念は何ら根拠がないと反論する。少なくとも中国が日本を必要としているのと同じくらい、日本は中国を必要としている。だとすれば、紛争は日中両国の利益にはならないため起きないだろうと伝統主義学派は説く。

ところで、普通の国日本に関する中国のエリートの言説と、一般大衆の言説の間には明らかなギャップがある。一般大衆の支持を獲得するという面では、小泉政権期には伝統主義者が優位に立ち、「新思考」学派は自らの主張を国民のコンセンサスへと高めることはできなかった。こうした潮流を憂慮した日本専門家の多くが、政府や学界に対しより積極的でバランスのとれた日本認識を一般国民のなかに醸成していくことを提言したのであった[88]。しかし、小泉政権の強硬な対中政策によって、「新思考」学派の主張を一般に普及させる試みはいっそう難しいものとなった。二〇〇五年の中国での反日デモやその結果日中間に生じた悪循環のなか、「新思考」学派は現実を理解していないと批判され、守勢に立たされることになった[89]。この時期の日本側の言動によって、普通の国日本を中国国民が認識するにあたっての両学派の影響力のバランスは決定的に崩れたのである。

小泉首相が二〇〇六年に退任すると、日本に関する中国の言説と実際の日中関係との間にあるダイナミックな相互作用は再び劇的転換を遂げる。日本での政権交代は、対日新思考学派の支持者に新たな希望をもたらすことになったのである。事実、日中関係の急速な方向転換は、両国の政府が「新思考」を相手国への政策に取り入れたために生じたのであった。まず中国指導部は、関係正常化の前提条件として歴史問題について日本が姿勢を改めることを要求するのをやめた。従来中国は、靖国神社へ参拝しないとの確約を日本の首相から得ることを首脳会談開催の前提条件としていたが、その確約を安倍晋三首相から得ていなかったにもかかわらず、胡錦濤主席は首相を中国へ招待するという勇気ある政治的決断を下したのである。それに対し安倍首相は、アジアの近隣諸国との関係改善を外交上の最優先課題とし、中国と韓国を訪問した。これにより小泉前首相の偏った親米政策から距離をとったのである。また、賢明にも安倍首相は、両国のより広範な利益のため靖国参拝の棚上げを決断した。このような歴史的好機を捉え、両国の指導者は「戦略的互恵関係」の構築を通じて日中関係をより高い水準へ発展させることに合意した[90]。さらに、歴史問題をめぐる異なる解釈に対処するべく、両国の研究者による歴史共同研究を行なうことでも合意したのであった。

こうした日中関係の雪どけにより、中国の対日政策における「新思考」の復活を求める声が勢いを増した[91]。まもなく中国人研究者の多くは、小泉に劣らず安倍もまた日本を普通の国にするのに積極的であることを理解するようになった。しかし、象徴的意味を有する靖国神社参拝に関しては安倍が穏当な善意を示したことで、日中関係は大きく前進した。そのため、防衛庁の省への昇格やオーストラリアとの安全保障協力など、「普通になる」ことへ向けた一連の動きに対し中国は抑制的に反応している。さらに、戦前の「従軍慰安婦」というかなり微妙な問題に関しても、中国の指導者は日本に向けて激しい感情を表すことを控えている。こうした事態の展開を見れば、たとえ象徴的なものに過ぎないとしても、日本の積極的な協調姿勢が「普通の国」日本に対する中国の世論や認識を変化させるきっかけとなりうることがわかるだろう。

二〇〇七年と二〇〇八年に、中国の最高指導者である胡錦濤と温家宝が相次いで訪日したことで、中国は「普通の国」としての日本をより積極的に受け入れるようになった。特に、温家宝首相による国会での歴史的演説によって、日本に対する基本姿勢の重要な変化が公にされた。彼は、日本の政治家が中国と他のアジア諸国への侵略戦争に対して後悔と謝罪の意を表したことを賞賛し、中国の経済的近代化に対する日本の支援と貢献を認め、また戦後日本の平和的発展の道をはっきり支持したのである。こうした発言を中国の指導者がこれまで公式に行ったことはなかった[92]。以上のような中国の新たな姿勢は、日本の世論や政治家たちが長い間待ち望んでいたものであり、温家宝は思いやりと誠意をもってこうした発言をしたのであった。中国の進歩的な日本研究者らによって提唱された対日「新思考」は、今や中国政府の公式的立場となったのである。

温家宝の演説は中国でも広く報道されたが、このことは、中国指導部が一般国民に新たな言説を受け入れ、日本に対する敵意を和らげてほしいと望んでいることを示していた。その後、中国国民の対日認識にはわずかながら変化が見られた。二〇〇八年に起きた悲劇的な四川大地震は、中国の「新思考」がエリートから一般大衆へ広がる重要な機会となった。日本の救助隊による献身と中国人の遺体に対して払われた敬意は、多くの中国人市民の心を動かし、これによって日本と日本人に対する否定的イメージが変化し始めたのであった[93]。こうした事態を見て、「新思考」学派の提唱者である馬立誠は、「新思考」が現実化しつつあると安堵の発言を行っている[94]。

いうまでもなく、普通の国としての日本をめぐって中国国内では活発な議論が続いており、「新思考」の及ぼす悪影響について懸念する者がいる点も以前と変わらない[95]。中国の人々は、自然災害に際して日本から支援の手が差し伸べられたことには感謝しつつも、救助活動のために中国へ自衛隊の航空機が派遣されたことが示すような、日本が「普通の」国になる兆しには依然懸念を感じているのが実情である[96]。

二〇〇九年夏に日本で起きた自民党から民主党への政権交代は、中国の対日新思考にとってもう一つの試練となるであろう。日本の新たな首相である鳩山由紀夫と民主党幹事長の小沢一郎は、昔から「普通の」日本を支持していたからである。小沢は、論争的な著作『日本改造計画』において、日本を「普通の国」へ変えるとの目標を最初に打ち出した本人である。この目標のため、日本は政治体制を改革し、さらに憲法を改正する必要があると小沢は主張した。それにより、国際安全保障問題でより積極的な役割を果たすのに必要な軍隊を正式に保有できるからである。鳩山と小沢の普通の国としての日本に関するヴィジョンは、これまでの政権による親米政策の転換など、中国の政策的利益や選好と合致する点もあるかもしれない。しかし他方で、自衛隊の海外派遣や日本の常任理事国入りの試みは、中国が普通の国としての日本を受け入れるかどうか判断する重要な試金石となるであろう。中国人研究者の一部が鋭く指摘するとおり、中国の支持と理解がなければ日本が普通の国になることはまったく不可能とまではいかないにしても、非常に難しくなるであろう。しかし、そもそも中国自身は完全に「普通」である日本を受け入れる用意ができているのであろうか[97]。

第6章

「普通」であることの限界？

——ポスト冷戦期の日本と朝鮮半島

ジョン・スウェンソン＝ライト[1]
林晟一［訳］

はじめに

今日、東アジアの国際関係は流動的である。中国の大国化、インドのめざましい経済成長、今なお残る領土問題、希少な原油・天然ガスをめぐる獲得競争、東アジアの主要国間で新たに交渉が進む二国間・多国間貿易協定や東アジア共同体を打ち立てようとする広範な動き、北東アジアの地政学において再度中心的プレーヤーになろうとするプーチンのロシア、そして軍拡競争の兆候（核保有国となったインド・パキスタンがまずこれを焚き付けた。さらに二〇〇六年一〇月の第一回核実験後に「核クラブ」入りし、二〇〇九年五月に第二回核実験を行なった北朝鮮によっていよいよ深刻化した）。これらは東アジア各国に重大な問題を投げかける一方、機会を提供する面もある。とりわけ日本と韓国に対してこのことはよくあてはまるだろう。というのも、今日両国は政治力・経済力を収縮させつつあるものの、近代的で活力溢れる民主主義国である。そして両国は従来の戦略的同盟関係の維持・拡大に努める一方、それほど近しい関係を築いてこなかった大国にも接近しているからである。

日本にとって二一世紀初頭のこうした方向転換は、国内での「普通の国」論争を反映したものであった。そこでは政治家、世論とも、憲法改正[2]、日本の防衛力の役割や状況の再定義、そして一九三〇年代の日本の行為や第二次大戦の爪痕をめぐる困難な問題といった現実的課題に取り組もうとしていた。同様に韓国では、二〇〇三年から二〇〇八年にかけてノ・ムヒョン(盧武鉉)政権が、論争を招きやすい歴史問題、とりわけ植民地期の韓国人の対日協力問題を手がけた。同政権は、より開かれ、説明責任を果たす政府を打ち立てる手段として、あるいは(一部評論家にしたがえば)保守派から進歩派優勢のパワーバランスへ改める手段として歴史問題に取り組んだ。盧武鉉政権の韓国は、国家として「普通」の地位を求めることより、地域大国間の諸利益を調整し調和させるハブ――あるいは中心軸たる均衡勢力――として行動することに関し議論を多く費やした。長らく日本の政策エリートが、世界第二位にもなる経済力に相応しい政治的影響力を持てるメカニズムの構築に腐心してきたのに対し、韓国の政治指導者らには、相対的に限定的な経済力にそぐわぬほど膨張した戦略的事案を抱えるという難しさがあった。日本の場合、メカニズムを構築できる可能性に乏しいのが問題だったが、韓国の場合は国力を飛び越えるほどに対外的野心の大きいことが問題だったといえよう。

本章では、こうした時期に発生した北朝鮮の核問題に焦点を当てるが、その際先に挙げたような課題に取り組む日韓両政府の能力を検討し、ポスト冷戦期の日本と朝鮮半島の関係を位置づけることを目的としたい。ここでは、両国の政策決定プロセスを包括的に評価することはしない。むしろ北朝鮮核問題を事例として扱いながら、両国の政治指導者の動機やその政策決定のあり方を分析する。以下ではまず、北朝鮮の核兵器計画に対する小泉政権期(二〇〇一年四月―二〇〇六年九月)の日本の反応に注目する。次に、北朝鮮問題の対処にあたり、またアジアにおけるアメリカの重要な民主主義同盟国として互恵関係を育むにあたり、日韓の積極的協調がなぜ制限されたかを分析する。具体的には文化、政治、個人の性格、制度、そして歴史といった要因に目を向ける。

小泉政権の政策を分析する際は、北朝鮮への友好策から強硬姿勢へ変化したといえる日本のアプローチを、より一貫した関与策をとってきたといえる韓国のアプローチに対比して捉える。政策のあり方をこのように考察することは、実際に日本が「普通の国」になりつつあるかどうか――デイヴィッド・ウェルチの定式化[3]に従えば、主に対外政策面で日本の「行動」がより一般的となり、例外的ではなくなってきたかどうか――の問題を検討するにあたって有効であろう。

本章では、アメリカ主導や対米依存の面が少なく、自立的な外交・安全保障政策がすべり出したという観点からの検討を深めることで、日本の地域的あるいはグローバルな行動が徐々に他国のそれと似てきつつあることが明らかとなる。また、一貫した国家戦略を追求しつつ、広く定義、定式化された国益を基に日本が行動してきたことも明らかになるだろう[4]。つまり、二一世紀の日本と二つのコリア関係を検討する本章は「普通の国」としての日本の「行動」の側面を照射するが、これは他章の議論を裏支えするものとなるはずである。しかしウェルチによる第二の定式化、すなわち「地位」の点から定義された「普通」――国家がどのように「行動」するかよりも、どのような国家「である」かという点からする「普通」――については、本章の分析からは明確な答えが導きだせない。ここで留意すべきは、ある国のアイデンティティないし自己認識は、国内的要素(制度、時間的経過に伴う社会や政治の進展、国民が共有する物語や神話)と国外的要素(もっとも顕著なのは対外関係史)の双方によって形成される点である。

日本と二つのコリアの関係は、歴史的・文化的要因、さらには朝鮮半島の民族的分断とその余波といった地域特有の性質など、さまざまな要因によって不安定な緊張が続いてきた。例えば日韓の相互認識は二国間関係のあり方を限定し、歪めてきた。反論はあろうが、その関係は奇妙なほど感情的で神経質であった。日韓の共有する歴史や文化、似かよった言語の面からして本来もっと密接な関係にあるべき両国民だが、実際には合理的利益に反するような関係が続いたのである。こうした関係が現代の国際関係や近代の国際政治史からして「普通ではない」のか否か、あるいは当事者がお互いを異質な存在と見なしているのか否かに回答するのは難しい。事実、この問いに納得できる答えを出そうとすれば、世界における隣国同士の関係、またかつての宗主国と従属国の関係を、心身消耗するまでとはいわずとも徹底的に網羅した比較研究が必要だろう（なお、日韓関係をイギリス・アイルランド関係に並行して考える向きもある）。もちろんこれは本章の射程を超える作業であるが、一つ確かなのは、先にも触れたとおり、ある国家がその地位からして「普通」かどうかを考える際に留意すべきは、その国家の地位はいつでも他者との関係によって規定されるもので、他者による認識を度外視しては捉えられない点である。この場合の他者とは他国のみならず機関、個人を含む。なるほど、方法論的にこうした観点に立つと明確な結論は出しにくく、しばしばがっかりさせる結論しか生まれない。しかしこうしたアプローチには、日本だけでなく隣国や、日本と長きにわたってごく近しい関係を築いてきた国々を視野に入れた興味深い研究になりえるという利点もある。

二〇世紀半ば以後の日本と二つのコリアの関係は、多くの点からして著しく特異であった。日朝の場合、正式な外交関係の不在という形でこの特異さがじかに現れたが、これは冷戦下の対立関係の膠着と、一九五三年の休戦ラインの設定——あくまで休戦であり朝鮮戦争が終わったのではない——に象徴される一触即発状態の持続によるものだった。他方、日韓の場合はねじれた関係がより複雑で、にわかには説明しがたい。確かに一九六五年の日韓基本条約調印により公式に和解はしたが、両国の仲は根本的には引き裂かれたままだったといえるだろう。両国のエリートや市民のみならず、両国の最重要なシニア・パートナーで後見役であるアメリカにとっての合理的利益に反する関係が続いた点からも、そういえよう。こうした変則的事態はさまざまな形で説明されてきた。例えば、一九〇五年〔第二次日韓協約（乙巳《ウルサ》保護条約）〕から四五年にかけて日本が朝鮮半島の植民地化を進めたという負の遺産を強調する者もいるし[5]、民主主義国たる戦後日本と、少なくとも九三年〔文民政権成立〕までは本質的に権威主義的だった韓国という、政治やイデオロギーの差異を指摘する者もある。かたやアメリカの決定的役割を強調する向きは[6]、東アジアへの不安定な関与を通じてアメリカは二つの同盟国をときに提携させ、ときに反目させるという強力な交流電磁石のように振る舞ってきたとする。いずれにせよ、アメリカの行動は、潜在的に日韓の政治指導者の自主性や自己利益を制限し、束縛してきたとされる。

二一世紀初めまでに、日韓関係の進展を抑制するこうした要因を疑問視する動きが出てくるのは、（少なくとも表面的には）もっともであった。くしくも当時日韓両国を率いたのは小泉純一郎と盧武鉉という、若くて急進的、かつ改革志向の民主的指導者である。両者には、特に外交面で、自身と自国のために効果的で特色ある役割を担おうとする意思が早くから見られた。ともに民主主義国となった両国が世代交代を実現させたことで、かつての緊張と反目の関係が改善されるのではという期待も当初はあった。しかし後から考えると、その大きな期待は実現しなかったように思われる。それはなぜだったのかを以下で説明し、日本と最重要な二つの隣国の関係進展を阻む「普通ではない」側面を明らかにしていきたい。

1 日本と二つのコリアの戦後

戦後を振り返ると、日本と朝鮮半島とりわけ北朝鮮との関係はたいへん限定的で脆弱であった。冷戦期の日朝関係は日米安保を通じて屈折し、日本の政策決定者は日本海（朝鮮半島からいえば東海《トンヘ》）の向こう側の紛争に関心は持ったものの半ば距離を置いた傍観者として振る舞った。朝鮮戦争期（一九五〇年〜五三年）の日本の掃海艇派遣は国連軍にとって重大な支援だったが、当時の日本への最大のインパクトは主に経済的なものだった[7]。戦後初期の首相吉田茂にとって朝鮮戦争は「天佑」[8]であった。時宜を得たこの戦争は日本経済に貴重な刺激となったからである。米軍の戦争遂行に伴い日本は軍事調達面を担当するが、その規模は膨張していった。いわばこの戦争は、日本が占領期の経済的低迷から脱却するだけの大規模な需要を喚起したのである。

ただし、朝鮮半島の問題に日本が直接関与しなかったからといって互いの接触が皆無だったわけではなく、北朝鮮とは少なくとも非公式ないし準公式的な関与のパターンがあった点は重要である。日韓の完全な国交正常化が一九六五年と比較的遅かったのは、解決が難しく永続的とも思われた領土問題や漁業紛争、そして一九〇五年から四五年にかけての植民地支配の補償という慎重を要する問題などが原因だった。加えて吉田茂とイ・スンマン（李承晩）の個人的確執が根深かったのも一因である。

他方、日朝関係では、日本の政治指導者は対中交渉の経験を鏡に写すかのように、政治仲介者を通じた控えめで準公式的な接触、特にビジネス上の接触に依存した。こうしたやり方は日本の「複線的」(dual-track)アプローチ[9]の一環である。八〇年代後半まで続いたこのアプローチは韓国・北朝鮮との関係を同水準に維持するもので、日本の政治指導者は半島での紛争――国際的な東西冷戦という大きな文脈からするとイデオロギーをめぐる代理戦争だったが、同一民族間の悲惨な内戦[10]と捉える者もあった――をめぐってどちら側にも全面的に肩入れしたり批判することはなかった。

朝鮮半島に対する日本当局のどっちつかずの態度は、一つには在日コリアン(一九九〇年代には六〇万人を数えた)の存在が原因であった。彼らは日本の植民地支配の生き証人、あるいはその支配の直接的帰結であった。戦後初期、この大規模な外国人コミュニティは日本人の潜在的危機意識の主な源泉だった。当時、大いなる疑惑と不安を連想させる「外国人」という言葉は「朝鮮人」とほぼ同義であり、日本国内で目立って規模が大きい在日コミュニティに向けられたものである[11]。こと吉田茂は、ソ連や中国に支援された軍事力が日本に直接侵攻してくる危険より、在日コリアンが抵抗と不服従の第五列になることのほうが、内政的安定に対する断然大きな脅威だと懸念した。さらに、在日コリアンは親北朝鮮の在日本朝鮮人総聯合会(朝鮮総聯)あるいは親韓国の在日本大韓民国居留民団(民団)といった反目しあう組織に参じたが、五〇年代には前者が圧倒的に優勢で、およそ九〇%の在日コリアンが北朝鮮への帰属意識を持っていたとされる。

日本政府は、在日コリアンという潜在的な敵対コミュニティからの圧力を極力減らしうる社会的安全弁を設ける必要があった。そこで政府はジュネーブの赤十字社と連携し、一九五八年に北朝鮮と協定を結ぶ。これにより在日コリアンらの北朝鮮への自発的帰国が認められ、五九年以降およそ九万三〇〇〇人が帰国した。しかしこの事業は長続きせず、六〇年代には途絶えた。かの国の厳しい政治・経済状況を伝える消息が日本に届くようになったからである[12]。そして日本社会の人口動態、在日コリアンと日本人の結婚、さらには八〇年代から九〇年代にかけて加速した韓国のめざましい経済発展や政治的自由化といった動向に左右されながら、在日コリアンの親北朝鮮派・親韓国派の政治的、人的バランスは徐々に変化していった。韓国の躍進は著しく、やがて民団への加入者数も朝鮮総聯のおよそ四倍となる[13]。

こうした変化が眼につくようになると、日本の主要な政治家は二つのコリアへの姿勢を改めるようになった。戦後長らく、少なくとも一九八〇年代後半まで、日本の政治指導者らは韓国の権威主義的政治体制と親密になりすぎるのを嫌った。岸信介やその弟佐藤栄作といった首相らは韓国当局と密接に提携したが、自民党議員——もっとも顕著なのは吉田茂元首相の路線を継ぐ池田勇人・大平正芳ラインの政治家——からの反発に直面した。宏池会に拠る大平周辺は、韓国との関係をもっぱら経済面に限って考えようとした。こうした限定的関与志向には、植民地朝鮮での道を踏み外した行為に対する罪悪感や反省とまではいかずとも、二つのコリアの間に立とうとする苦悩を反映するものがあった[14]。

ただし、一九九〇年代初頭まで最大野党だった日本社会党の議員のほうが日本の対韓接近への不快感をはっきり表明していたのは確かであろう。社会主義者あるいは一般に左翼は韓国軍事政権の権威主義を憂慮し、提携に反対した。彼らはまた、広義の冷戦下での紛争拡大を回避したいとの切実なる思い、そして朝鮮半島分断の責任の一端は日本にあるとの心情を表した。北朝鮮は、戦後長らく朝鮮民族の正当な代表だと訴え、そうした心情に取り入ってきた。自国こそ活力ある経済的近代化の望ましいモデルだと北朝鮮が主張したことで、それが容易になった面もある。このモデルは、七〇年代まで南のライバルに比して高い経済成長率を誇ったことにより説得力を増した。このモデルはまた、歴史を入念に操作することでも強化された。北朝鮮国外からは異論が多かったが、キム・イルソン(金日成)の半生が過大に崇められほぼ神話化し、日本の植民地時代のただ一人の勝者として位置づけられたのである。(ソ連や中国からの手厚い政治的・物的援助を考慮すれば)右のように、信念に忠実に自立する北朝鮮というイメージが誇張されたものだったのは確かだが、まったく根拠がなかったともいえない。南には駐留米軍があるが北には外国軍が駐留していないからである。今日まで北の指導層は、こうした好都合な事実を根拠に、自国こそ朝鮮民族の真なる声を代弁するものだと訴え続けてきた[15]。

北朝鮮の経済的な成功物語は、時代が下るにつれ、中央の硬直的で非効率な計画と経済的失敗の物語へ置きかわっていった。一九九〇年代の飢饉や洪水、韓国のめざましい経済発展がそれに追い打ちをかけ、日本での北朝鮮の評価は相対的に低下してゆく。加えて重要なのは韓国の民主化である。八八年にはチョン・ドゥファン（全斗煥）陸軍大将の軍事政権からノ・テウ（盧泰愚）へ、九三年には盧泰愚からキム・ヨンサム（金泳三）へ、そして九七年には金泳三からキム・デジュン（金大中）へ権力が移るというもっとも決定的とされるプロセスを経て、韓国の代議制民主主義は強固かついよいよ安定的となった。

二つのコリアといかに接するのが最善かに関して政治的合意のなかった日本で、政治指導者らが限定的な実利主義の戦略を採ったのは自然である。安全保障上の争点と経済を大別する政経分離のパターンは、戦後日本の対外政策の際立った特徴である。これに棹さし、特に一九六〇年代から七〇年代にかけて日本政府と北朝鮮は、規模は小さいながらも通商的な連携を整え、朝鮮総聯が北への送金に関与することでこれを支えた。この連携により北朝鮮当局は国内の支持基盤を強化することができ、九〇年代までに日本は中国に次ぐ貿易相手国となるほどであった。かたや日本にとっては、経済面での北朝鮮の重要性は断然低く、九〇年代初めの時点で北朝鮮は日本の貿易相手国中九八位だった。これは北朝鮮の経済規模の小ささを反映すると同時に、日本の金融・ビジネス界で北朝鮮は信用しえない経済的パートナーだとの認識が根強く残り、それを払拭しきれなかったことをも反映している。例えば七九年、対北貿易に従事する日本の二〇社ほどの企業が集まり設立した協亜物産への北朝鮮側の不払いが起き、同社は通産省に北への輸出信用をすべて停止するよう要求した。今日までなお、北朝鮮企業は、七〇年代から八〇年代にかけての一連の経済取引に伴う六億六七〇〇万ドルほどの負債を日本企業に対し抱えているといわれる[16]。

また経済的信用の欠如に加え、一九八〇年代には北朝鮮のテロ活動——韓国の閣僚を暗殺しようとして一部成功した八三年のラングーン爆破テロ事件、八七年の大韓航空機（KAL858便）爆破事件の衝撃がもっとも大きかった——への積極的関与が判明し、国際社会と北の関係が緊張を増したことで日朝関係はほとんど進展しなくなった。しかし九〇年代に入ると、冷戦終焉に伴い、限定的関係が変化し始める。その背景としては、「北方外交」(*Nordpolitik*)を新たに掲げた盧泰愚政権に典型的なとおり、韓国の政治家が北への接近を図る最初の兆候を見せたことも大きい。日本の政策決定者らは、残りわずかとなった戦後課題の一つ、日朝国交正常化を果たさねば日本は孤立すると懸念した[17]。当時、自民党の海部俊樹首相は不安定な政権運営を余儀なくされていた。先行き不透明な経済や八〇年代後半より明るみになった一連の深刻な汚職事件を受け、内政面で批判が強まっていたのである。そこで、日朝関係改善に向け新たに超党派でアプローチしようとする取り組みのなか、自民党の金丸信と社会党の田辺誠といったベテラン政治家を団長とする共同代表団が九〇年九月に訪朝し、日朝関係打開を促す八か条からなる三党共同宣言を高らかに表明した。ここでは、日本政府は一〇〇億ドルの多額をもって、かつての植民地支配に加え戦後北朝鮮が受けた損害をも償う用意があると示唆された[18]。ただしこの宣言には問題が二つあった。一つは金丸訪朝が私的イニシアチブによるもので、内閣や外務省による公的後ろ盾や権威づけを欠いていた点である。いま一つはこの宣言が韓国政府の反発に直面した点である。韓国政府は六五年の日韓交渉時よりも格段に寛大と見られた日朝間の補償交渉に驚愕したのであった[19]。

非公式ではありながら意義ある第一歩に背中を押された日本政府は、以上のような問題を抱えつつも北朝鮮に再度関与しようとした。一九九一年一月には重要な公的接触が始まり、のち二年近くにわたり八回ほど協議の席が持たれた。そこでは補償・賠償問題や、七〇年代から八〇年代にかけ北朝鮮に誘拐・拉致されたと日本当局が主張する日本人の処遇という難題など、さまざまな争点が浮上した。一連の交渉は、北朝鮮に拉致され、大韓航空機爆破事件の実行犯の教育にかかわったとされる田口八重子（リ・ウネ〔李恩恵〕）に関する応酬を経て、第八回目に行きづまりを見せる[20]。

早急な関係打開には失敗したものの、一連の交渉はやはり重要であった。日本が北朝鮮とわたり合う際の実利をふまえた交渉術の成長が見てとれるからである。一九九〇年代初めに、日本側は、北の指導層が一時的にではあれ協調路線をとるのではないかとの明るい兆しをつかんでいた。すでに八五年にNPT（核不拡散条約）に調印していた北朝鮮は、九一年一二月には韓国との間に朝鮮半島の非核化宣言に調印する[21]。そこでは朝鮮半島の非核化への努力、軍事目的によるプルトニウムや高濃縮ウランの再処理の放棄、そしてこの宣言やそれ以前に結ばれた協定が遵守されていることを確認するための国際原子力機関（IAEA）の査察受け入れなどがうたわれた。

とはいえこの明るい兆しは、わずか一年後には深い懸念に取ってかわられる。一九九二年末、IAEAは北朝鮮当局が二つの核廃棄物貯蔵施設の存在を隠匿しようとしている点に憂慮を表明し、また、北朝鮮が寧辺《ニョンビョン》の五メガワット原子炉から、八九年から九一年にかけてプルトニウムを取り出し兵器転用を図っていた疑いも公にした[22]。これらの問題を受け、北朝鮮は九三年三月にNPTから脱退し、朝鮮半島の第一次核危機が発生する。アメリカと北朝鮮は危険極まる瀬戸際政策をとることとなり、事実クリントン政権は北へ軍事力を行使する一歩手前にあった。こうした状況は最終的に外交的決着を見たが、それは土壇場でのジミー・カーター元大統領の介入によるところが小さくなかった。九四年六月に平壌へ赴いたカーターは、北朝鮮が引き続きIAEAの査察を受け入れるという合意を得て、交渉を通じた決着への道を開いたのである[23]。

第一次核危機は、北東アジアの広い範囲に凄惨な結末をもたらしうる「熱い戦争」の口火を切りかねなかったが、その間もっとも顕著だったのは、日本の限定的な関与と影響力だったといえよう。クリントン政権は多国間での解決策を模索し、日本などの同盟国をその意思決定プロセスに組み入れようとしたが[24]、日本当局はといえば、実質的選択や政策をほとんど行なえなかった。朝鮮半島との地理的な近さや北朝鮮の軍事的脅威の重大性からして、第一次核危機が日本の国益の根幹を揺るがす安全保障上の危機だったのは確かなのだが、日本政府は主体的にそれに対応するよりかは、後方支援的役割を果たすに留まったのである。

こうした脆弱さの原因の一端は、間違いなく日本の国内政治の迷走にあった。第一次核危機の間、すなわち一九九三年三月から翌年六月にかけて日本では四人もの首相が入れ替わった。これは、九三年の衆院選で敗北した自民党が五五年の結党以来、初めて政権与党から脱落することで、政治的不安定と不確実性が高まったことを反映している。また日本の政策決定者は、国民が核危機に対し相応の深刻さをもって臨もうとしない、あるいは臨むことができないという困難も抱えていた。総じて、北朝鮮絡みの危機に際し日本政府は政策上の手段や資源をほとんど持っていなかったのである。九三年八月に宮澤喜一政権の後を襲った細川護熙《もりひろ》連立政権は、北への経済制裁実施を検討するが、中途半端な検討に留まり本腰を入れたものではなかった。日本の世論が制裁実施におよび腰だったことが大きく、同年一〇月の時点で経済制裁に賛成した国民は五四%に留まり、同年末には四九%まで減少した[25]。

朝鮮半島での安全保障上の不測事態に際し、日本が概して準備不足だったのは明らかと思われる。一九六九年の佐藤栄作首相に典型だが、それまでの政治指導者の声明では韓国が侵攻された場合に日本はアメリカを支援するといわれてきた。細川政権も、アメリカの後方支援と将来的な対北封鎖への日本の参加がありえることを盛り込んだ時限立法を国会に提出すべく、極めて慎重に法案作成を指示した。とはいえ、日本の世論はアメリカとの提携の意義についてごく懐疑的だった。ある調査では、およそ七〇％の日本人が、韓国が北朝鮮に侵攻されたとしても韓国を防衛すべく在日米軍基地を使用することには反対だったのである[26]。

朝鮮半島危機における日本政府の建設的対応は、まさに危機がピークを過ぎた頃に目立つようになる。国際的危機に際してしばしばそうであったが、戦後日本外交の比較優位は援助や経済支援供与の面にあった。第一次核危機を解決すべく一九九四年に結ばれ、多面的かつ詳細な取り決めがなされた米朝枠組み合意の下でも日本は重大な役割を担い、北朝鮮のエネルギー供給のため、軽水炉二基の建設費用約一〇億ドルの供与に同意した。九五年三月には、日米韓は共同して朝鮮半島エネルギー開発機構（KEDO）を設立する（のちにEUが理事会に参加）[27]。また北朝鮮の飢饉にあたり日本は九五年から食料援助を開始し、同国民の基本ニーズが確保されるに努めた。同年より二〇〇五年にかけ、日本から北朝鮮に二億五〇〇〇万ドル相当の人道的援助が実施されている[28]。

北朝鮮の安全保障上の挑戦に対して日本国民がより強硬な態度を見せ始めるのは、一九九〇年代末に入ってからであった。これは、九八年八月に北朝鮮から準中距離弾道ミサイル、テポドンが日本へ向けて発射されたのを受けてのことである。テポドン発射は日本の戦略的脆弱性を露呈させ、世論をにわかに戦後的な心の繭《まゆ》——地域的あるいはグローバルな危機があっても関心なさげに傍観していられるという見当はずれの思いこみ——から返らせる効果を持った。

小渕恵三政権の反応は早く、KEDO下のプログラムや、北朝鮮への食料・人道援助といった支援を一時停止した[29]。より抜本的には、北朝鮮の安全保障上の挑戦に対する態勢を強化すべく、一連の政策的イニシアチブの手はずが整えられた。例えば一九九八年一二月、政府は北朝鮮の軍備の監視を目的として、二〇〇三年までに情報収集衛星を複数導入することに合意している。また、日本にとってテポドン発射は、ミサイル防衛に関するアメリカとの大規模な研究・開発プログラムへの参画を促す契機ともなった。さらに、九九年四月には韓国、アメリカとともに三国調整グループ(TCOG)の設立に動く。これは、三国間に基本的に共通する安全保障上の脅威、特に北東アジアでの脅威に対処すべく外交・防衛当局の主要人員を集約するなどの重要な連携を基にした機関である。一連の法的側面の整備によりこうした少数国家間の(minilateral)協調は強化されたが、その重要な一歩は、九七年の新ガイドライン(日米防衛協力のための指針)の承認と成立をもって踏み出されることになる。同指針は、日本の「周辺事態」——日米安保の戦略的柔軟性を最大限確保すべく意図的にあいまいな用語となっており、これにより北朝鮮の挑戦に日米が現実的に対応する余地が生まれた——に際した日米の後方支援上の提携強化を目指した。この指針の成立を経ると、日本政府は九九年に周辺事態法を新たに制定し、自衛隊が米軍と共同して行なえる活動内容を明確化した[30]。続けて二〇〇〇年にも新たに法律を制定し、海上自衛隊は公海上で外国籍船舶の検査を実施できるようになった。これもまた北朝鮮による敵対行為への対応策の一環である[31]。

このように、北朝鮮の挑戦を前に日本が受け身の対応に終始してきたと考えるのは誤りだろう。一九九〇年代末までに、一時的にせよ日本の政治エリート自らが北朝鮮との対話再開の可能性を模索する動きもあったのである。九九年には、超党派の訪朝団とともに村山富市元首相が平壌を訪問し、北朝鮮当局との議論のなかで、北に国交正常化交渉を再開する気があれば日本はコメの追加援助を行なう用意がある旨示唆している[32]。日本政府が北朝鮮との対話を強く求めるのには、それなりに理由があった。北の弾道ミサイルのみならず化学・生物兵器もまた日本には現実的な脅威だったからである。また、当然ながら日本政府当局は、クリントン政権の対北アプローチ下では、拉致被害者の安否の問題など日本にとっての重大案件がないがしろにされかねないとも判断していたのである。

二〇〇〇年末までに、北朝鮮がより二国間協議に前向きになるよう、アメリカはそれまでのテロ支援国家という北の評価を改める準備があるようだった。またアメリカは、日本にとって重大な拉致問題解決を図らぬまま、北朝鮮への広範な経済的・政治的制裁を解除する可能性があるとの観測もあった[33]。二〇〇〇年六月の南北首脳会談——この重要な外交局面において、韓国政府から日本政府への事前通告はなかった——を経ると、日本政府はますます対北交渉の余地は狭まる一方だと懸念するようになる。このように、朝鮮半島への影響力が低減しつつあると日本が判断するには十分な状況が揃っていたのである[34]。とはいえ、日本に幸いだったのは、右の経過とは裏腹に、一世紀にわたる仇敵日本に接近することは価値があるかもしれないと北朝鮮が考えるようになっていた点である。二〇〇〇年八月、日本の軍事力整備に懸念を抱いた北朝鮮は、一九六五年の日韓国交正常化交渉時と同じ経済協力方式を日朝交渉に適用してもよいと提案するようになる。もちろんそこでは、それまでの「賠償」問題が外交的にも政治的にもより穏当な「補償」をめぐる協議に置きかえられるはずであった[35]。

北朝鮮が柔軟姿勢を見せ始めれば、日本側の新たな外交構想への道も開ける。折しもそれは、二〇〇一年四月、小泉純一郎首相の下で新しいタイプの政治的リーダーシップが出現したことと軌を一にしていた。自信溢れる政治指導者である小泉は、グローバルな安全保障上の脅威とりわけ北東アジアでの脅威に対処するにあたり、より能動的で強力な外交を切望しているようであった。

2 外交的欠陥——北朝鮮への実利的関与の限界

戦後の日本政府は、アジアで発生した問題に際して仲介的役割をしばしば担った。アメリカやアジア——日本はアジアと深い文化的・歴史的紐帯があり、この地域での戦略的利益は極めて重要である——とヤヌス〔ローマ神話で二つの顔を持つ神〕のような関係にあると自認してきた日本政府は、失敗を交えつつも地域の仲介役たらんとしてきたのである。このことは、一九六〇年代前半の池田勇人、佐藤栄作両政権が手がけたインドネシア・マレーシア間の紛争仲裁に顕著であった[36]。七〇年代後半の福田赳夫政権も、より積極的な東南アジア外交を展開しようとした。さらに冷戦終焉後の日本では、カンボジア支援、アメリカ介入後のアフガンで広く求められた国際的援助の用意、そして二〇〇四年の東南アジアの津波災害に対する国際的援助の拡大に一役買ったことに、同様の努力が窺える[37]。

❖小泉政権の対外政策

二〇〇一年に小泉純一郎が首相に就任したとき、この若い、テレビ映えする新しいリーダーは右で述べたような仲介役を担うべきだと考えているようであった。リチャード・サミュエルズによれば、日本は長らく「二重保険」(dual-hedge) 戦略を追求してきた[38]。つまり、アメリカとの関係と国連中心外交を均衡させてきたのである。ここでいう後者は、グローバルかつ地域的な安全保障上の挑戦に対して、国際的に認められた集団的取り組みを重視する外交である。初期の小泉外交もまたこの伝統的戦略を踏襲する姿勢を見せた。これは、イラク戦争に際して、あるいは(不成功に終わったが)二〇〇四年九月から国連安保理の常任理事国入りを目指すなかで日本政府が明らかにしたブッシュ政権への支持によく表れていよう。今日まで日本の国家戦略関連の文書に反映されるこうした二重の外交姿勢からは、日本政府が、伝統的に強固な親米姿勢をより能動的かつ強力な国際主義で均衡させたがっていることが窺える。この二重保険アプローチを基にすれば、北朝鮮に対し二度にわたり重大な行動に出た小泉政権の動機も説明できるだろう。つまり、日本の首相としては初めてとなった二〇〇二年九月の劇的な訪朝、そして二〇〇四年五月の二度目の訪朝である。

北朝鮮絡みの問題をめぐって日本は仲介者たりえるという姿勢は斬新で、従来の考え方に反するところがあった。例えば、ヴィクター・チャの画期的著作『米日韓 反目を超えた提携』に典型的なように、日本ではなくアメリカを外交上東アジアの主要な調停役——アジアでの最重要同盟国たる日本と韓国に共通目的を設定したり、両国が強く敵対しがちな問題を調停するのはアメリカである——とした上での分析がある。ここでは、東アジア地域へのアメリカの関与が、同盟関係の形を左右する主要メカニズムだとされる。ごく大まかにチャの議論をまとめれば、アメリカの不関与への恐れこそが、しばしば日韓のリーダーシップにおける相互の敵対心や本能的猜疑心を克服させ、効果的で実利に基づいた関係を築かせるということになる。反対に、この地域へのアメリカのプレゼンスや関与が安定的に見える場合、アメリカの最重要同盟国たる日韓間には反目が醸成されやすい[39]。

しかし日韓間の疑似同盟による提携というこのモデルが、二〇〇一年から二〇〇七年の状況を十分に説明できるかは議論の余地がある。少なくとも二〇〇六年まで、ブッシュ政権は朝鮮半島の出来事から明らかに距離を置いているようだった。北朝鮮問題に関しても、効果的で筋道立った解決策を見つけることには関心がなさそうであった。こうしたなか、日韓当局はといえば、両国間の主要争点を克服すべく効果的に協調するのは困難だと考えていたのである。例えば、竹島／独島の主権をめぐって長引く論争、未解決の歴史教科書問題、進まない自由貿易交渉、そしてより最近では、戦時中に国家公認の売春を日本軍に強いられたとされる朝鮮半島と中国の「慰安婦」についての慎重を要する問題が争点としてあった。当時のこの状況は、先のチャの仮説には反するであろう。チャの議論に従えば、アメリカが外交的に足踏みするなか、（擬似的なものにせよ）以前よりずっと効果的で意味ある同盟関係が日韓間に現れることが期待された。しかし、実際にはそうした提携関係の跡を見つけるのは難しい。むしろ、とりわけ小泉純一郎首相と盧武鉉大統領の確執、歴史をめぐる反日の持続、そして相互誤認が当時の状況を彩っていたのである。

ただし、日韓関係がいかに困難な状況にあったとしても、小泉政権が北朝鮮の挑戦に対処するための実質的努力を深めたのは確かである。こうした力点の置き方の変化は、首相のパーソナリティや気質から説明しえる部分もあり、制度上の重要な変化から説明しえる部分もある。長らく与党だった自民党の影響力と権力が一九九三年選挙での敗北以来凋落したこと、また政策論争を活性化すべくデザインされた選挙システムが新たに導入され、より競合的な二大政党システムが出現したことなどの一連の変化が、政治的リーダーシップの新たなスタイルへ道を開いたのである。

旧弊を破壊する政治家であると自己規定する小泉首相は、内政面での構造改革、規制緩和推進、建設業界や郵便事業の既得権益解体といった急進的政策を新たに主導することで、意識的に自民党の守旧派議員に対峙する姿勢をとった。こうした急進主義は、首相の手がける外交案件にも反映される。ちょうど韓国で386世代と呼ばれる進歩的な若手政治家らが新たに出現し、盧武鉉を当選させる原動力となったように[40]、日本でも、アメリカへの留学経験があり、より国際的で、与野党間の旧習にとらわれない若手政治家らが、首相就任前の外交経験がごく限定的だった小泉の対外的関心をかきたてたのである。彼の関心は、外交戦略上の調整が足りないまま、やや場当たり的に実行に移されがちだった。それでも彼自身かなりの時間や労力、ときに多大な政治的資源を特定の外交目標達成のために投入したのは確かである。

また、制度的に見ると、以前に比べ弾力性があり、適応しやすい環境下で小泉首相は行動することができた。韓国では、盧武鉉大統領が内政上の責任を総理や国会与党へ委譲すると同時に、外交上の政策決定のより大きな権限を、大統領府である青瓦台《チョンワデ》ならびに国家安全保障会議へ付与した。外交上の権限拡大は、しばしば外交通商部(現外交部)の権限を犠牲にした上でなされることになる[41]。小泉の方も、特定の外交政策にイニシアチブを発揮するにあたり、内閣直属あるいは非公式のアドバイザーや自民党外の制度を頼りにした[42]。それまで政策決定の主要な場だった自民党政務調査会(政調会)は小泉の下で影響力を減退させ、次の安倍晋三政権下でもそれは続いた。政調会にかえて小泉は自らの周辺に配置した主要なアドバイザーの助言に多くを依存したが、例えば福田康夫官房長官や、最も重要なアドバイザー飯島勲首相秘書官らが日本の対北朝鮮政策に多大な影響力を保持したのである。

日本の政策エリートにとって、朝鮮半島に関する懸案は二つある。一つは朝鮮半島での戦争の危険性だが、核をめぐる北朝鮮との膠着状態がそれを高めた。いま一つは米朝和解——これまで見る限り道のりが遠いのは確かであろうが――の可能性である。二つのどちらかにおいて、主要プレーヤー、特に最重要同盟国アメリカから十分説明を受けないまま、日本は関係国の環から外されるのではないか。日本の政策決定者らはこれを恐れたのである。彼らは非公式の場で、こうした心配は過去の経験からしてもっともだと主張する。一九九三年から九四年の第一次核危機において、クリントン政権は北の核兵器への野心を挫くべく壊滅的戦争を冒す覚悟だと観測された際、日本の指導層はそれに巻き込まれるのを懸念した。日本の影響力を行使できず、準備もまったく整わないまま壊滅的戦争に呑み込まれるという懸念である。対照的に、二〇〇〇年の終わりにマデレーン・オルブライト国務長官が訪朝した際、日本当局はむしろ見捨てられるのを懸念した。すなわち、アメリカ政府が過剰な熱意と楽観に溢れているとすれば、核をめぐる北朝鮮との取引を急ぐだろう。しかも北の弾道ミサイルに対する日本の危機感や、七〇～八〇年代にかけて北朝鮮工作員に拉致された日本人被害者の問題が未解決であることを十分考慮せずにそうするだろうとの懸念である。

一九九〇年代に、日米の政策決定者らはこうした不安を最小化すべく前向きな施策をとり始めた。右でいう巻き込まれの不安に対しては、九七年の新ガイドラインの成立がそれにあたる。見捨てられの不安に対しては、二〇〇一年に発足した第一次ブッシュ政権のリチャード・アーミテージ国務副長官やマイケル・グリーン国家安全保障会議アジア担当部長ら「知日派」による、日米同盟の地位や効率を高め、グローバルかつ地域的な射程を広げようとする取り組みの継続がそれである。

こうした変化は確かに前向きで、価値あるものだった。しかしそれは、北朝鮮に対する小泉政権の懸念を払拭するには十分でなかった。そして二〇〇一年から翌年にかけ、重大な圧力と誘因が小泉首相を取り巻くことになる。それにより小泉は、北朝鮮問題の外交的イニシアチブをつかもうとするようになった。

✣第一回日朝首脳会談（二〇〇二年九月）

自民党党首ならびに内閣総理大臣に初選出された二〇〇一年四月、小泉は七〇〜八〇％台の高い支持率を得ていた。精彩を欠いた森喜朗前首相とは対照的に、小泉首相はそのスタイルや実質的な行動の面で新たなリーダーシップを発揮するのではと予感させた。彼は直接有権者に訴えかけたし、また派閥の大小に応じて内閣の上級ポストを割り当てるという伝統的慣行の踏襲をあからさまに拒絶し、党内の守旧派議員に挑戦した。同年六月の参院選では、改選前六一議席だった自民党がそれを六四に増やすという確かな成果によって、新首相はその人気を見せつけた[43]。とはいえ、この高い人気は少なくとも短期的には持続し難いことがじき明らかとなる。

二〇〇一年下半期から翌年上半期にかけ景気低迷に直面した小泉首相は、国内の厳しい状況から市民の注意を反らす手段として、こと対外政策の成功を魅力的と思うようになる。しかし、率直な言動を厭わない分だけ外交的資質には欠如していた田中真紀子外相との確執は、小泉政権の力量への評価を傷つけた。改革を断行する首相としての評判がにわかに陰り、たかだか数週間のうちに支持率が八〇％台から五〇％台へ急落し、二〇〇二年二月には田中を更迭せざるをなくなる。また、対ロシア政策に影響力があった鈴木宗男自民党衆院議員がらみの汚職事件も打撃が大きく、さらに同年三月には自民党のリーダー格で、小泉の経済改革の中身に確かな共感を寄せていた加藤紘一自民党衆院議員の脱税問題も明るみになり、首相の頭痛の種は増える一方であった[44]。

他方、二一世紀初めの北朝鮮は重大な変化を迎えているようであった。勇気や想像力、自ら政治的リスクを引き受ける覚悟もある日本の新リーダーはそれを見て、新たな政策上のチャンスが到来したことを感知した。二〇〇〇年の南北首脳会談——今日では韓国からの多額の金銭的誘因によって実現したことが明るみになっている——は南北関係の画期となる雪どけを暗示していた。北の経済的苦境は自然災害や中央の計画失敗により深刻化し、二〇〇二年には経済の部分的自由化が促進された。国際舞台にあっては、ヨーロッパへの北朝鮮外交使節の派遣が新たに始まり、同国のリーダーシップが柔軟性を高めつつあることが示された。

二〇〇二年までに、日本の政治・外交エリートは第一次ブッシュ政権のアメリカが北朝鮮に強硬路線をとるのを懸念し始めていた。二〇〇二年一月の一般教書演説でジョージ・W・ブッシュ大統領が用いた「悪の枢軸」という言葉がその路線を象徴しており、間もなく米朝交渉の窓は閉じられることになる。外交事案について「クリントン以外なら何でも」(Anything But Clinton)というＡＢＣアプローチをとったブッシュ大統領とその周辺は、前政権の進めた政策的イニシアチブに執拗に抗した。従って、北朝鮮によるさまざまな安全保障上の挑戦、例えば弾道ミサイル、核開発計画の初期の動き、そして核以外の大量破壊兵器(WMD)の保持などについて、アメリカは建設的方法を策定する意思がないようであった。交渉と関与というクリントン政権期のやり方は、政治的・経済的孤立化政策に置きかえられたといえよう。これは、北への対応として、体制移行の促進や軍事的先制攻撃を望ましい戦術として視野に入れたものである。一九九〇年代後半のインド・パキスタンに代表される新たな核保有国の出現という文脈下で、こうしたアメリカの姿勢を見た日本の外務省上層部が懸念を強めたのは無理もない。そして、北朝鮮による地域的安全保障への挑戦の深刻化に対処するには、より現実的で自立的なイニシアチブを新たに模索せねばならないと彼らは感じていた[45]。

ここで、首相とその周辺の密なサークルが、日朝国交正常化を推進すべく新たなメカニズムを機能させた点は重要である。野中広務や山崎拓といった自民党の主要政治家らは、北朝鮮当局から秘密裏の交渉申し出を受けとっていたが、そのことは北が対話に重大な関心を持っていることを示唆していた[46]。外務省では、田中均アジア大洋州局長らが交渉を進める上で主導的役割を果たしていたが、彼らは日本外交の力点を徐々にアジアへ移し、アメリカへの過度な依存を減らすことを志向していた[47]。田中は個人的紐帯をもとに首相へ容易にアクセスできる利点を活かし[48]、ごく内密に対北政策を調整した。首相周辺は交渉の初期段階における保秘を不可欠としたが、これは、橋本龍太郎元首相など自民党強硬派らの反対が予想されるのをふまえてのことである[49]。

以上のような誘因や党内圧力を背景にすれば、小泉がなぜ二〇〇二年九月に日朝会談を行なうというリスクを負ったのか理解しやすい。訪朝した小泉は九月一七日、キム・ジョンイル（金正日）と共同で平壌宣言を発表する[50]。首相の賭けは表向きかなりの成果を収めたと思われた。北は、日本に大規模な経済支援を要求するかわりに、植民地支配の正式な賠償を請求するという従来の姿勢を放棄することで同意した。また、北は一九九九年に米朝間で合意されたミサイル発射モラトリアムを二〇〇三年以後も延長することや、国際的な合意事項を遵守することにも同意した。直接的な言及はないにせよ、これは九〇年代の第一次核危機を収拾させた九四年の米朝枠組み合意を遵守するという姿勢である。そして何より劇的だったのは、小泉との交渉の最中、北が七〇〜八〇年代にかけて一三人の日本人を拉致したことを金正日が認め、謝罪した——宣言内には明示的な表現はなく暗に示されているだけだが——点である[51]。

一連の交渉から得た利益はまもなく眼につく形で配当された。すなわち、小泉が強く期待していた世論調査の急好転と[52]、三カ月以内の国交正常化交渉の開始である。しかし、首相への批判もじきに噴出した。それによれば、小泉は無理しすぎて失敗し、根本的な安全保障の問題に十分な注意を払わなかった。主に四つの点において小泉と交渉チームはその判断を誤ったのであり、責めを負うべきだとされる。

第一に、日本の外交当局は一国主義的に行動し、九月の日朝会談に関するアメリカへの通告は直前となった。これにアメリカ政府はいらだち、憤った。

第二に、九月の会談以前に、一九九〇年代から北朝鮮に秘密裏の高濃縮ウラン（HEU）計画があったことをアメリカから通告されていたにもかかわらず、日本側は会談でこの問題を直接取り上げなかった。結果、平壌宣言は九四年の枠組み合意に間接的に言及するだけで、それ同様に重要な九一年の南北非核化共同宣言には一切言及していない。後者に再び言及していれば、進行中と思しきHEU計画について公明正大な立場をとるよう北にますます強く迫りえたはずであった。

第三に、平壌での日本側の議論はミサイル実験・配備に焦点を当てただけで、その輸出には当てていなかった。これは国家としての日本の地位の限界を示し、品位に欠くものといえる。自国の安全に関する狭い脅威ばかりにとらわれ、より広い地域やグローバルな規模での課題には眼をつぶっているからである。この点から、日米安保下の協調には懸念すべきギャップが窺えるとする向きもあった。

最後に、訪朝後の拉致問題に関する国内世論の反動を小泉は事前に予期できなかった。金正日が拉致を認めた結果五人の拉致被害者が日本に帰国したが、北朝鮮でできた彼らの家族は残ったままで、その他八〇人あまりの拉致被害者——その象徴ともいえるのが一九七七年に日本で拉致された横田めぐみである——も安否不明のままであった。事実、こうした未解決問題に対する世論の予期せざる反動により、上昇した支持率はすぐに反転する。そして組織力ある政治団体のPR活動が展開され、注目を集めるようになった[53]。

右の四点のうち、公式的にはアメリカとの事前協議の点が小泉にとっての懸案となった。平壌宣言の翌一〇月に訪朝したジェームズ・ケリー東アジア・太平洋担当国務次官補は、HEU計画の進行の根拠を示し、北朝鮮と対峙した。アメリカの老練なジャーナリスト、セリグ・ハリソンのように、これは米朝交渉の進展を自ら阻もうと米当局が企図したものであると同時に、日朝和解への期待をも阻むためのものだったと観察する者もある。アメリカはHEU計画に関する情報を歪曲し――イギリスのメディアが好んで使った言葉によれば「色気を出すよう表現を改め」(sexing up)――、事態進展への期待を断念させようとしたという[54]。

総合的に見て、ホワイトハウスがケリー訪朝を通じて北朝鮮との対話を後退させたがっていたかどうかは完全には明らかではない。確かに、北朝鮮は不実であるとの根拠をブッシュ政権内のタカ派がかき集めていたことを示唆する有力な状況証拠はある。また、これはほぼ疑いなかろうが、政治家、情報活動方面の高官、そして国務省や国家安全保障会議(NSC)の官僚を含む当時のアメリカ政府高官の多くは、北朝鮮による秘密裏のHEU計画進行を裏づける証拠は信用に値するものだと感じていた[55]。とはいえ、HEU計画を明るみにしたケリー訪朝の一〇月サプライズは、日朝関係の改善をも阻むために計画されたものだったとするハリソンの二つ目の解釈は支持しがたい。筆者が日米韓の当局者らと話した感触では、より錯綜した構図が浮かび上がってくるからである。つまり、当時の日本の対北交渉についてアメリカは見かけ以上に寛大だったのではないかというものである。日本と真の意味での協調関係を構築しようとしてきたブッシュ政権の知日派にとり、妨害戦術を用いて小泉政権を疎外するというリスクを冒すことは、そもそも二国間の安全保障パートナーシップを向上させる努力に反したと思われる。確かにアメリカが小泉訪朝に関する正式な通告を日本から受けたタイミングはわりと遅く、二〇〇二年八月末のアーミテージ国務副長官の訪日中である。しかし、それ以前の夏にケリーとワシントンで会談した田中均は、訪朝についてアメリカ側へ伝えようとしていた。当時のNSCアジア担当部長ジャック・プリチャードによれば、会談中アメリカ側は田中の意図をうまく読みとれず、北との交渉開始にあたってアメリカの支持を求めんとする微妙な努力を感知し損ねたという[56]。いずれにせよ、通告の遅れに関するアメリカ側のいらだちは国務省や国防総省の実務者レベルに限定され、より高次のレベルでは日米両政府間に密接な提携があったものと思われる。訪朝前の電話会談にてブッシュは個人的に小泉を支持し[57]、九月一七日の日朝会談の席で小泉はブッシュの私的なメッセージを金正日に伝えたとされている[58]。

対北朝鮮交渉での日本の立場を悪くするべくアメリカはHEUの問題を持ち出したとする先の解釈は、小泉訪朝以前に日米韓の間でこの問題に関する情報が広く共有されていたことからも、やはり現実味に乏しい[59]。日朝会談で日本側がHEUの問題について直接的に言及しなかったのは事実だが、これは当局間の入念な分業態勢を反映したものだと分析することも可能である。アメリカ当局は進んで同盟国と情報共有したが、これはアメリカが北にこの問題を提示する一義的責任を負うという前提でのことだった[60]。韓国のある高官によると、日米韓各政府はＨＥＵの問題に関する情報を密に共有しており、どの政府も小泉訪朝以前からこの問題をよく認識していた。とすると、一〇月にアメリカの使節団が北に派遣されたのは、それ以上の交渉を遮断するためのものだったとする解釈は疑わしくなる。ケリーによる交渉内容は厳しく――「あまりに」という者もあるかもしれない――制限されてはいたが、北朝鮮側との対話打ち切りを意図するものではなかったと考えられる[61]。

おそらくもっとも重要なのは、二〇〇二年九月の日朝会談で協議された日本による五〇億から一〇〇億ドルにもなる経済援助パッケージが魅力的なカードであり、日朝和解への長期的期待を挫くことでこのカードを放棄してしまうのは惜しいと日米が考えていた点であろう。

しかし、こうした決定的段階においてアメリカに何か秘かな思惑があったのではという疑念はなお残る。右のほかにはどのような説明が考えられるだろうか。ここに一つ興味深いことがある。それは、日米間よりも韓米間のほうで緊張が深まっていたという点である。韓国当局は、ＨＥＵ計画が一〇月のケリー訪朝で暴露されたことはアメリカの内政的要因によるものだったと確信して、ブッシュ政権へのいらだちを募らせた。ケリー訪朝以前から盧武鉉政権はＨＥＵの情報をアメリカから得ていたが、未確認要素が残る段階で詳細な中味を公表しないようアメリカにはっきり要請していた。それゆえ、一一月の中間選挙に先立つ一〇月の訪朝でホワイトハウスがこの問題を公にすると、韓国政府高官のいらだちが強まったのである。北とわたり合うなかでタフに見えるよう努めるブッシュ政権は、広義の外交目標よりも狭隘な内政的利益を優先したかのようであった。ある韓国高官はそう語る[62]。

❖予期せざる国内的・国際的影響

アメリカ側の確かな動機が何だったにせよ、ケリー訪朝後、事態は大きく動揺した。ケリー訪朝団が判断するかぎりでは北朝鮮側はHEU計画を認めたとされるが[63]、北朝鮮側はそのことを否定した。その後この計画の存在が明るみになると、二〇〇二年一一月にKEDOは北朝鮮への重油提供を停止する。翌月、北はIAEA査察官を追放して報復に出た。結局NPTから脱退した北は、寧辺の原子炉から取り出した使用済み燃料棒の再処理を行なうに至った。第二次核危機の開始である。

日本は北への寛大な提案を後退させ語気を強めるようになり、日米安保の提携を再確認し、二〇〇三年五月には拡散に対する安全保障構想（PSI）に署名した。これは北による大量破壊兵器輸出を封じ込めるための多国間の取り組みである[64]。

ある面で、小泉政権のこうした姿勢の変化は国内の厳しい批判を回避するためのものであった。北朝鮮のマネーロンダリング、在日朝鮮人による北への不正送金、北から入ってくる覚醒剤や工作員などに関する刺激的な報道もあって国交正常化は先行き不透明となり、どう考えても限界があると感じられるようになっていた[65]。

また、対北朝鮮交渉における懐柔的アプローチへの批判が保守派議員[66]から起き始め、二〇〇三年九月には、政府の対北政策を統括する田中均外務省外務審議官宅へ右翼団体が発火物を仕掛ける事件が発生した。政府は一連の動きから生じた予期せざる波及効果を、あくまで北との関係が険悪化しないよう配慮しながら収拾するに努めた。

注意を要するこの綱わたりを、政府はまずまずの要領で行ないえた。小泉首相は北朝鮮に対する全面的経済制裁の可能性について公言したものの、政権をそのような制裁戦略に持ち込むことは注意深く回避した。時間稼ぎをしつつ、政府は北朝鮮籍船舶の日本への寄港を禁止する法案を成立させたが、これは北への強硬姿勢を象徴的に示すためのものであった。こうした政治の光景をよそに、政府は二国間交渉を途絶えさせぬよう、水面下での会談[67]や、二〇〇四年には北朝鮮とのホットラインを設けるといった措置を重ねていたのである。また小泉は、北朝鮮問題の代表的なタカ派議員安倍晋三を党幹事長に起用し、国内保守派による小泉批判の防波堤とする抜け目なさを見せた[68]。第二次核危機への対処にあたり、小泉政権は表向き強い口調をとりつつも、その実外交的打開策やチャンスを探っていたのである。こうした姿勢は、二〇〇三年からの「圧力と対話」という混合戦略にもっとも明確に表れていた。このアプローチは政府が焦点とする三段階のプロセスに基づく。その第一は拉致問題と核問題の解決である。第二は日朝国交正常化と、北の弾道ミサイルに対処する一方での経済支援実施である。第三は北への全面的関与である。これは、北を国際社会の正式なメンバーとし、より安全かつ安定的な北東アジアを目指す政治的、経済的、軍事的関与である[69]。

❖第二回日朝首脳会談(二〇〇四年五月)

小泉首相が北朝鮮との二回目の劇的会談を開くことに絶えず前向きだった点は、何より重要である。このことは、二〇〇四年五月、二年前と同様に予想外だった第二次小泉訪朝で明らかとなった。この度の訪朝は首相の政治的打算によって突き動かされた面が大きく、とりわけ同年七月の衆院選を前に、対外政策上のクーデタをいま一つ起こすことで与党自民党の点数稼ぎを狙ったものと評される[70]。しかし、こうした説明はせいぜい部分的なものでしかなかろう。より明白な直接的要因としては、外務省高官らが、北朝鮮問題をめぐるブッシュ政権の硬直的態度へ不満を抱いていたことが挙げられる。二〇〇四年初めまでに、アメリカは過度に自己満足的な「封じ込め」戦略をとっていると外務省は見なすようになり、懸念を覚えた[71]。北に宿る核の精霊を安全な形で瓶に留めおくため、ブッシュ政権は、核拡散の発覚の際には北への破滅的報復を行なうと脅し、PSIの枠組みを用いるのに積極的と見られた。

他方、核拡散の懸念についてアメリカと見解を一にしながらも、日本政府にとっては核保有国としての北朝鮮のほうが断然大きな脅威だと懸念された。北には、高性能爆弾と「汚い」核分裂性物質のいずれかの核物質を日本領土に運搬する弾道ミサイルが配備されている。北の核兵器自体の懸念か核拡散の懸念かという日米間の見解の相違、すなわち戦略的非対称性を考慮すれば、当時小泉政権はなぜアメリカよりも強い切迫感をもって北との膠着状態を収拾する必要があったのかを説明できる。

また小泉首相にとり、第二次訪朝は右とは別の危険に満ちた政治的ギャンブルでもあったが、その結果は部分点獲得に留まった。二〇〇二年に解放された拉致被害者五人は北朝鮮に家族を残したままであったが、小泉はそのうち三人を除く全員を日本へ呼び寄せることに成功した。そして、金正日は拉致問題解決への道を前向きに探ることを示唆しつつ、核凍結が核兵器計画放棄の第一歩になることを認めた。対して日本は、二〇〇二年の平壌宣言に則した取り組みを北が見せれば、緊急の食料・薬品支援やさらなる経済支援を提供していくことを申し出た[72]。

しかし、日本外交が北朝鮮との協調プロセスを進められる範囲には文字どおり実質的限界があった。そこで、ブッシュ大統領と親密だった小泉首相は、二〇〇四年に米ジョージア州で開催されたG8サミットの私的会談で、サミット後に北京で開かれる第三回六者協議にて北へ本格的交渉を提案するようブッシュ大統領を促したと見られる[73]。これは、アメリカを徐々に関与させるべく日本が仲介役としての建設的役割を担うチャンスだったが、小泉はこのチャンスをつかんだといえよう。現時点では小泉の働きかけがどれほど有効だったかは必ずしも明らかでなく、その影響力の度合いを全面的に検討するには今後の外交文書開示を待たねばなるまい。いずれにせよ、当時小泉には別の障壁が立ちはだかっていた。なかでも、二〇〇四年秋に控えるアメリカ大統領選は、北との関係打開の見込みを遠ざけることになった。加えて翌年秋には、アメリカの情報機関により北朝鮮がリビアへウラン化合物（六弗化ウラン）を提供していることが新たに発覚し、北と国際社会の緊張を深めた二〇〇二年のケリー訪朝時と同じような事態となったのである。

さらに、国内世論もまた北朝鮮問題に対する小泉の柔軟な行動を制限した。二〇〇四年から翌年にかけ、保守派政治家や書斎派軍事戦略家の多くにとって、北朝鮮の脅威は日本が安全保障面で強硬姿勢をとるための口実となりつつあった。その強硬姿勢には、防衛上必要な核武装化の可能性も含まれていた。これは、特に在外米軍の再配置（Global Posture Review）に伴う在韓米軍のビルドダウン（通常兵力削減とひきかえに新型核兵器の配置を行なうこと）という文脈をふまえての主張である。この核武装論は主流にはならなかったが[74]、これにより小泉の政策上の選択肢は狭まった。同じく重要なのは、新聞や出版、放送を問わず日本のメディアがますます拉致問題、特に横田めぐみの安否の問題に専心するようになったことであり、その結果世論の反北朝鮮ムードが煽られた[75]。さらに二〇〇四年一二月、北朝鮮が横田の偽物とされる遺骨を日本にわたしたことが油を注ぐ。外務省高官らは横田が一九九四年に自殺したという北側の主張を受け、彼女はほぼ確実に死亡しているものと考えていた。しかし、日本の民間調査機関によるＤＮＡ鑑定の結果、遺骨が本物ではないと公表されたことで、日朝両政府間の関係はますます悪化することになる[76]。

小泉政権は両手を二つの紐で縛られていることに気づく。一つは、右のとおりＤＮＡ鑑定の結果が広く国民に知れわたるのを見ているしかないこと。もう一つは、日本の地方政治の現実である。新潟で拉致され行方不明となった横田に関する捜査の責任は新潟県警にあるため、国民感情を刺激し、注目を集めるこの事件の情報管理・公表のあり方を中央政府は掌握できなかった[77]。しかし北朝鮮にとり、こうした日本の微妙な国内事情は呑み込めなかったと思われる。北朝鮮当局は日本の対応に憤慨し、この問題については協調できないとの姿勢を小泉政権が示していると誤認した。拉致問題のこうした予期せざる影響を受けて二国間関係は深刻なほど悪化し、二〇〇四年までの関係進展の成果がほとんど覆されることになったのは驚くにあたらないだろう。閣僚級会談の中止や日朝間の直通ホットラインの停止などはその一部である[78]。

こうした国内問題を受け、小泉政権が対北朝鮮交渉を有利に運ぶべく関係各国と提携を深めることを期待する向きもあっただろう。しかし、日本にとって今日まで悩ましいのは、直接日本と北が相互利益を追求していくにあたって、心強いパートナーがすぐには見あたらない点である。中国は北朝鮮の指導体制にいよいよ痺れを切らしつつあったが、当時、戦没者を祀る靖国神社へ小泉が私的参拝を行なっていた日中でナショナリズムが高揚し、両国の関係は険悪化していた。そのため、日本に代わって中国が北朝鮮に働きかけを行なってくれることはほぼ期待できなかった。

あるいは、北との関係を再構築する上での心強いパートナーとして、日本政府は韓国を頼るべきだと期待する者もあったかもしれない。特に、日韓両国に対し北が通常兵力や核兵器によって挑戦している点や、日韓当局が、気乗り薄のブッシュ政権を建設的に北へ関与させるよう努めてきた点をふまえればそれも納得がいく。しかし、こうした合理的利益にかなった側面は両国を提携させるまでの牽引力を当時ほとんど持たなかったようである。地政学的事情や、アメリカに期待されるバランサーや仲介者としての役割よりは、むしろ歴史問題や領土問題、小泉首相と盧武鉉大統領の個人的確執、あるいは両国内政治の予期しがたい変動のほうが、効果的な日韓提携の不在を説明しやすいといえるだろう。

3　歴史、国民のアイデンティティ、地方の利益と日韓関係

過去に対する見解の不一致こそ、戦後日韓間の緊張の源泉であった。日本が朝鮮半島を植民地化した経験は歴史的重荷のごとく作用した。戦後の韓国では日本の指導者の評価が低く、日本はせいぜい過去の暴走と逸脱を部分的に反省しているだけだと見なされがちである。政治的立場が進歩的であれ保守的であれ、韓国人は歴史の物語を共有している。そこでは、二つの日付――三月一日、一九一九年の挫折した独立運動を記念する日。八月一五日、終戦と日本の支配からの解放を記念する日――が強力な感情的共鳴を呼び起こす。ある意味、韓国人のアイデンティティを定義づけるのは日本への抵抗である。一九〇九年に初代統監伊藤博文を暗殺した政治運動家アン・ジュングン（安重根）が、韓国

ナショナリズムのもっとも偉大な英雄の一人であることはなんら不思議ではない[79]。

日本の政治家がかつての朝鮮半島での行為に対する後悔と反省をくり返し表明する一方、韓国人の多くは発言の誠意を疑っている。限定的にではあれ日本が戦前の責任を認めたとされる最初の例は、一九五三年の日韓国交正常化交渉の席においてであるが、そこでは久保田貫一郎日本側首席代表による「日本の朝鮮統治は恩恵も与えた」との趣旨の発言も伴った。久保田発言は、韓国に残る日本の私有財産をめぐる交渉にあたり影響力を高めようとするもので、韓国人の多くは過去への責任を回避する努力と見なした[80]。その後五八年には、岸信介首相の個人特使矢次一夫が韓国政府との交渉の席で「伊藤博文が犯した過ちを是正する」よう努めるとの岸の意思を伝えたが、のち岸によって発言を否定されるに終わっている。また、六五年には椎名悦三郎外相がソウルの金浦《キムポ》空港に到着した際、「両国の長い歴史の中に不幸な時期があったこと」を「深く反省する」と、過去についての謝罪ととれる発言を行なった。これは当時韓国世論に好意的に受けとられたが、正式に日韓国交正常化が実現した際の佐藤栄作首相の談話では、これに相当する表現は見られなかった[81]。

韓国側からすれば、日本側の反省の表明は回りくどく限定的な表現に留まっている。あるいは日本の保守的世論の深刻な揺り戻しを反映していると捉えられた[82]。かたや、日本の歴代首相は、直接その地位を揺るがされるほどではないにせよ、保守派の反対勢力に包囲されていた。そのなかにあっても、歴代の首相は、植民地期ならびに戦時中の責任問題について国民の声を代弁する役割を何とか果たせると考えていた節もある。一九八〇年代に、中曽根康弘首相は韓国との提携を深めようと尽力し、八三年には、象徴的な意味で重要な最初の外遊先としてソウルを選んだ。訪韓中、中曽根は全斗煥政権に対し四〇億ドル相当の経済支援を申し出たり韓国語で話し歌ったりと、友好と和解の気運を醸成するに努めた。全斗煥大統領が八六年に訪日し昭和天皇に面会すると、平和志向の外交による和解への道はますます開けるようになった。天皇が日本の植民地支配は「誠に遺憾」と表明したことで、新たな土台が築かれたのである。しかし、こうした前向きな外交姿勢は中曽根内閣の足下、藤尾正行文相によって揺るがされた。文相就任後まもなく、月刊誌に藤尾のインタビュー記事が掲載され、一九一〇年の韓国併合にかかわる法的・政治的責任の一端は韓国にもあると発言したことが問題になったのである[83]。

日本の政治指導者は、直接的かつ公式的に戦前の責任問題に取り組む際、自らが日本国民全体の心を代弁しているのだと韓国人に納得させるのは至極困難とわかっていた。例えば、一九九五年、村山富市首相は八月一五日という象徴的な意味で重要な日を選び、太平洋戦争中の日本の侵略は「国策を誤り」起きたものと述べ、日本の植民地支配に対して「痛切な反省の意」を表明した。おそらく今日までもっとも野心がなく、踏み込んだ形での後悔の表明である。しかし、村山談話のインパクトは、ほぼ同時期、国会がこれ同様に踏み込んだ決議を成立させなかったことで弱まった。国会は文言を希釈した決議を最終的に可決するが、そこには日本の植民地支配と戦時中の経験を部分的に正当化していると受けとられかねない文言も見られた[84]。

こうした紆余曲折を経つつ、二〇〇一年に小泉が首相となるまでには、前向きな日韓関係構築への思いを反映した首相声明が相当量重ねられていた。よく取りあげられるのは、一九九八年一〇月の金大中大統領訪日の際に小渕恵三首相が表明し、画期となった謝罪である。小渕は過去に対する痛切な反省と心からのお詫びを表明したに留まらず、日本政府から三〇億ドル相当の援助を提供することとし、実質面からも二国間関係が強化された[85]。

在任期間の初めのうち、小泉首相は韓国へのこうした前向きな姿勢を強化しようとした。ソウルに西大門《ソデムン》刑務所という見学施設があるが、ここはかつて朝鮮総督府が運営し、投獄された反植民地主義者は苛酷な扱いを受けた。二〇〇一年にここを訪れた小泉は、心情のこもった談話を発表する。

日本の植民地支配によって韓国国民に対して多大の損害と苦痛を与えたことに対して、心からの反省とおわびの気持ちを持って、いろいろな展示や施設、拷問の跡を見た。首相としてより、一人の政治家、人間として、このような苦痛と犠牲を強いられた方々の無念の気持ちを忘れてはいけないと思った[86]。

翌年の日韓共催ワールドカップを経ると、両国は実利重視の互恵関係を築いてゆく軌道をつかんだように見えた。

とはいえ、こうした良い兆しがあった一方、地平線上には暗雲が立ちこめていた。とりわけ深刻だったのは日本の歴史教科書改訂問題である。一九九〇年代半ば以後、自民党の保守派議員や「新しい歴史教科書をつくる会」のような運動団体に集った修正主義派の歴史家や評論家が、極めて論争的な歴史観を広めようとしていた。これは、日本の戦争犯罪や責任に関する従来の理解に挑戦し、「従軍慰安婦」を犠牲者と見なすことに疑問を投げかけ、過度に自虐的で自己批判的な歴史観に反対するものであった。実証面からして議論を呼んだ歴史観の新たな登場は、日韓両国の運動団体を刺激し、修正主義的な中学校用歴史教科書を各地方自治体が採択するのを防ぐべくロビー活動が展開された。この教科書の採択率が全国で〇・〇四％に留まった点からすれば、その活動は奏功したといえよう。

だが、韓国の批判的識者の多くはこう感じた。依然少数派に留まっているものの、日本では不寛容なナショナリストの言論が、広い視野を持ったバランスある歴史の議論を排除しながら勢いづいている[87]。そこで、歴史問題に対処すべく、小泉・盧武鉉両政権は二〇〇一年に日韓歴史共同研究委員会を立ち上げることで合意した。この委員会は定期的に会合を開き多数の論文を仕上げたが、全体的に見れば、この活動を通して日韓の歴史家が共通の歴史観を育むことはできず、明らかに不首尾であった。二〇〇五年六月に公開された第一回報告書は、特に韓国併合をめぐる両国間の見解に依然隔たりがあると認めている点で注目される[88]。

歴史問題は、歴史家やそれを支持する政治家による学問的論争に留まるものではなかった。まさに政府首脳レベル、国家指導者自身もこの渦中に飛び込んだ。すなわち、小泉首相の場合は毎年靖国神社へ参拝するという決意、盧武鉉大統領の場合は戦後日韓関係に新たな光を当てる公文書開示への取り組みを通じてである。二〇〇四年秋、韓国政府が一九六五年の国交正常化交渉の詳細を記した文書を公開したことで論争が巻き起こった。植民地期の韓国人犠牲者への補償のはずだった日本からの多額の資金五億ドルあまりが、韓国保守派エリートのチャネルを経由し、パク・チョンヒ（朴正熙）大統領の開発政策の補強に用いられたと判明したからである[89]。この資料を開示することで、当局は日韓関係を後退させようと意図していたとの見方がある。日韓のかつての談合を暴露することで、北朝鮮との国交正常化交渉において日本の立場が弱まることを期待していたとされる。他方で、この資料開示は、朴元大統領の娘で当時野党ハンナラ党の最有力大統領候補だったパク・クネ（朴槿恵）（現大統領）を貶めようとする政治的策謀だったとする者もある。さらに、盧武鉉は、植民地期の韓国人による対日協力という微妙な問題について、広く市民レベルの議論を渇望していると見られた。このことは、次の場面でいよいよ明らかとなる。二〇〇四年に韓国国会は「日帝強占下反民族行為真相糾明に関する特別法」を成立させ、翌年八月一五日には盧武鉉自ら、かつて親日派だったとされる者の財産を没収する法案を通過させるよう国会に求める演説を行なったのである。

こうした資料開示の動きの背後に隠された動機や陰謀を見いだすのは容易だろうが、盧武鉉大統領が直接日本との関係を不安定化させようとしていたとは考えにくい。たたき上げの弁護士である彼は、韓国エリート社会の主流とは無縁のままキャリアのほとんどを積んできた。れっきとしたアウトサイダーである盧武鉉の政治的アイデンティティは[90]、保守的規範に挑戦し、より開かれた政治風土を育みたいという思いから形成されていた。国内外の政治的ライバルに対して点数を稼ぎたかったとの説明より、むしろこうした思いこそが右の動きの背景にあった主要な動機だと思われる[91]。

とはいえ、大統領の思いとは裏腹に、外交には直接関係ない火種とて、予想だにしない形で日韓関係の動揺へ飛び火するという危険性はつねにあった。このことは、日韓国交正常化四〇周年で、公式に日韓友好年と定められた二〇〇五年に現実となった。友好年に、両国政府間でもっとも激しく敵対的な論争が巻き起こり、どん底の関係に至ってしまったのは皮肉である。

二〇〇五年の緊張の幕は、主に二つの事件をもって開いた。一つ目は、二月の高野紀元《としゆき》駐韓大使による公の発言である。そこで高野は、竹島は日本の領土であるという従来の日本の公式見解をくり返したが、韓国側はこれを拒絶、独島の法的領有権と第二次大戦後からこの島を実効支配してきた事実をもって反論した。二つ目は、三月一六日に、島根県が二月二二日を「竹島の日」として公式に制定したことである。これら二つの動きは、すぐに韓国での抗議の嵐を引き起こした。韓国の独島領有権は正当だという揺るぎない信念の下、左右上下問わず韓国世論は一致し、即座に日本を非難した。抗議者のなかには、日本大使館付近で日本の国旗を燃やすという反日を象徴する行動に出る者もいたし、日本への激しい敵対心を訴えるべく指を切り落とすデモ参加者もあった。こうした動きに同調した韓国政府は、パン・ギムン（潘基文）外交通商部長官〔現国連事務総長〕の訪日を取りやめ、三月一七日には盧武鉉大統領が植民地期と戦時中の行為への謝罪と補償を公式に日本へ要求した。激情にかられた盧武鉉は、日本による竹島領有権の主張は「民族解放の来歴を否定する、朝鮮半島の二度目の喪失」だと言及した[92]。

こうした動きが目立つなか、第三者にとっておそらくもっとも印象的だったのは、争いに関する理解が両国で隔たっていた点である。特に、両国政府は互いに、相手の行動の動機として考えられるもののうち最悪のものを想定していたと思われる。韓国政府からすれば、日本政府が韓国を侮辱しようとする目的と島根県の動向は統合されたものであった。日本政府はこの事件をもっぱら地方の行なったことであると説明するが、盧武鉉政権は表向きの弁解にすぎないと信じたままであった。他方、日本のある外務省高官からすれば、盧武鉉が小泉政権批判を公言してはばからないのは機会主義的な大衆煽動——その高官の言に従えば「北朝鮮同様のマナーの悪さ」[93]——であり、低下しつつある大統領支持率を引き上げたいがためのものにすぎなかった。

どちらの言い分とも正当ではないであろう。まず、修正主義的な歴史観や国家ぐるみの領土的野心が島根県の動きに与えた影響は、せいぜい部分的なものにすぎなかったと思われる。むしろ、島根県は二つの要因に突き動かされていた。一つは、同県の高齢の漁師にとっての経済的利益である。彼らは係争地域付近の海域で若い韓国人漁師たちと日頃から漁獲合戦をくり広げており、これに対する中央の支援を求めていた。もう一つは、自民党内での地方・中央間の政治的摩擦である。島根県での動きが表面化する前、島根県議会のなかで有力な、細田博之官房長官のいとこでもあった自民党県議が参院選の党内候補者リストから外れるという一幕があった。とすれば、島根県における危うい領土問題の蒸し返しは、党中央と内閣――結局島根県による物議を醸す動きを阻止できなかった――の鼻をあかす手段でもあったのである[94]。

他方で、盧武鉉大統領の行動や言動は、韓国の文化的文脈に即して考えるべきであろう。先に挙げた二〇〇五年三月一七日の日本への舌鋒鋭い批判は、日本人の耳には挑発的かつ攻撃的に聞こえたかもしれない。しかし、韓国の政治的言説の規範からすれば、その言動はわりと抑制されたものだったといえよう[95]。実際、三月二三日、韓国国民への語りかけというスタイルの談話で、盧武鉉はとりわけ柔らかく非攻撃的な言葉を選んだ。政府は「感情的に強硬路線をとるようなことはしません」とし、韓国国民には「冷静さを失わず、落ち着いて対応する」ことを求めた。事実、日本に「新たな謝罪を要求したわけでもありません」と述べたことは、三月一七日の声明の撤回ともとられた。盧武鉉は島根県の動向の背後には小泉政権の見えざる手が動いていると考え続けたが、この問題を含む一連の問題について日本の世論は多様であることを認識していたらしい点は評価されるべきだろう。盧武鉉は「日本の一部の急進的国家主義者の侵略的意図は決して容認してはなりませんが、だからといって日本国民全体に不信感を抱いたり敵対してはいけません」と注意を促している[96]。

このとおり、当時、相互誤認や地方政治の問題が絡んだことによって日韓関係は深刻なまでに動揺したといえるだろう。こうした危機は、日本でしばしば「パイプ」と呼ばれる、両国市民間の密接な人的つながりを基にした有効なネットワークがなかったことで悪化した。この点については、韓国で386世代の若手政治家が政治的にめざましく台頭したことが大きい。この世代は前世代よりも日本に対して批判的な傾向がある。また、二〇〇二年の韓国国会議員選挙の結果、日本と密接な関係を持つ議員の数が激減し、二〇〇五年時点では、日本に積極的関心を持つ国会議員の数は二〇人にも満たなかったのである[97]。

歴史、領土をめぐる緊張や人的つながりの後退により、日韓間では敵対心が高まり、互いに信用を失墜しあうようになったが、こと韓国人は日本に対する強い反感と疑念を心に刻んできた。一九九五年の時点で、一番嫌いな東アジアの国を聞かれた韓国人の六八・九%が日本と回答していた。これは八四年(三八・九%)、八八年(五〇・六%)の数値からかなり上昇している[98]。同じような傾向は韓国の政治家にも見られ、二〇〇二年の調査では、六六%の国会議員が、東アジアにおいて北朝鮮に次ぐ最大の潜在的脅威は日本だと認識している[99]。こうした不信感を持つ韓国人は、より強力な統一コリア誕生を恐れる日本は半島の南北分断を強く歓迎していると考えがちであり、それはあたかも固い信条のようである。確かに日本の政策決定者の多くは、将来的に統一コリアが核兵器を含む攻撃兵器を持ち、アメリカとの従来の政治的・軍事的提携を断ち切るのではないかと懸念している。しかし、この問題に対する日本の見解をつぶさに検討すれば、実際にはごく多様な意見があるのがわかる[100]。

ともあれこうした反感と信用失墜の結果、日韓関係の運営は困難となっただけでなく、両国の政治・安全保障エリート間における戦略上、安全保障上の重要な提携も相対的に後退した。盧武鉉政権はPSIには頑として参加せず、単独でか、アメリカと提携してかにかかわらずミサイル防衛整備の機会を持とうとはしなかった。在任中、彼は外交の焦点をほとんど地域的連携に当て、多国間の意思決定と紛争解決がうまく機能するヨーロッパ・モデルに深い興味を示した。対照的に、二国間・三国間の安全保障への関心は相対的に限定的だったように思われる[101]。

おわりに

ここまで描出したさまざまな相違と緊張をふまえると、日本と二つのコリアの関係はやはり「普通ではない」と結論づけるべきであろうか。国際関係における「普通」をごく限定して考えれば、「普通ではない」と筆者は思う。独仏関係、あるいはアメリカと二つのコリアの関係を見てもわかるとおり、国家間関係の多くは過去の遺産や歴史をめぐる緊張によって彩られる。しかし、日本と二つのコリアの場合、歴史問題が内政に浸潤して議論に制限を設け、政党を二分し、改憲の動きを監視する機能を持ちうるし、対外政策でも適切な政策決定や二国間協調を妨げうる。このことは間違いなく小泉純一郎と盧武鉉の時代の日韓関係にあてはまった。

では、長い眼で見て、日本と二つのコリアの関係が「普通」になるために必要なことは何であろうか。外交関係を深め、すべての公式的な紛争状態を解消することが第一に必要なのはいうまでもない。しかし、一九六五年の国交正常化後の日韓関係が示すとおり、それだけでは不足である。相互不信をなくし、歴史からの挑戦に打ち克つにはより多くの努力が必要なことがわかる。歴史をめぐる争点に共同して取り組む二国間学術パネルの設立や、教科書改訂といった教育上の努力がその一つであろう。また、学生や旅行者の往来を通じた国家間の人的つながりの充実や、両国の政治家、官僚間の対話を拡大すべく政治的友好団体を育むこともその一つであろう。韓国の場合、これまで政治を形づくってきた伝統的な左右の区別や進歩派・保守派の区別は溶解しつつあるように見える[102]。このことにより、日韓の対話拡大や政治的提携の扉を開くような新たなパラダイムを打ち立てられるかもしれない。

二〇〇九年八月の民主党政権の誕生は、アジアの国際関係からすると新時代の到来を告げたかのたようである。自民党から鮮やかに政権を奪取した民主党は、アジア中心外交へ向かう対外政策ヴィジョンを明確にし、伝統的な日米同盟への依存を減らそうとした。醒めた眼で見れば、これは日本外交の方向転換の兆しというより、むしろ政治戦術上のレトリックの問題にすぎないところがある。つまり、選挙を戦う民主党が、自民党の立場からはっきり一線を画す必要があったことに条件づけられたものであった[103]。

新政権の政策を見ると、かつての自民党政権による漸進的な現実主義から徐々に後退しつつあるように思われる。インド洋での不朽の自由作戦(アメリカ・イギリス・アフガニスタンによる反タリバン共同作戦)に際して海上自衛隊は戦闘に参加せず協力支援活動に従事していたが、民主党はその派遣を二〇一〇年一月に終わらせ、アフガンへの五〇億ドルの支援に置きかえた。これは、存在感乏しい日本外交への回帰を示すものとなった。

アメリカという強力な同盟国への依存を減らす日本は、韓国を含む東アジア各国との紐帯を深めると期待されていた。民主党政権成立以前にも、そうした変化の兆しはあった。鳩山由紀夫首相の前任である麻生太郎、福田康夫両政権下では日韓関係が強化されつつあったといえよう。福田首相は、二〇〇八年にイ・ミョンバク(李明博)が大統領就任後初めて会見した海外の首脳の一人となったし、韓国との前向きな提携を重視していることを示すべく、同年七月のG8洞爺湖サミットに韓国をオブザーバーとして招待している[104]。また、広範な領域、例えばTCOGを通じた日米韓の中級官僚による防衛協議の再活性化、二国間の自由貿易協定や経済連携協定に関する交渉、そしてPSIへの両国の参加などの面で、協力を強化できる機会が存在していた。

さらに、日韓中の三国首脳会談が開催されたことで、新たな友好関係がはっきり表れてきた。かつてはASEANの会合に沿って行なわれるのがつねだった三国首脳会談だが、二〇〇八年一二月に福岡県太宰府で三国首脳が集ってからは独立して行なわれるようになった。こうした会談の制度化を見て、アジアはその独自性を見いだしつつあり、この文脈のもと日韓はますます提携を深めていくはずだと前向きに捉える者もいる。ただし、新たな制度が重要なのはもちろんだが、日韓提携のあり方は、つまるところ将来を見とおすことができ、臨機応変さも備える政治的リーダーシップに依存している。この点からして、李明博大統領の役割は重要である。一九四一年に大阪で生まれた彼の日本との密接な絆を考えれば、なぜ彼が二国間関係をうまく機能させようと注力するかが理解できるだろう。就任後まもなく、李明博は「未来志向の日韓関係」を構築していくことが大事だと述べた[105]。かつての歴史問題を進んで乗り越えていこうとする明るい兆しである。一般的に、歴史をめぐる緊張は未来永劫続くものではないという点は極めて重要である。一九四五年以後の独仏和解を見れば、過去の遺産は、ときに困難があろうと乗り越えられるということがよくわかる[106]。

ここで強調されるべきは、歴史問題は、日本と朝鮮半島の関係を改善していくにあたって存在する課題の一つにすぎない点である。これまでの日朝関係からしても明白だが、日本の国益上喫緊の課題は多数ある。例えば、市民の安心と安全、北の通常兵力・核兵器・弾道ミサイルの脅威、北が経済開発を進める際の優先分野をめぐる広範な課題、そしてその優先分野に即した日本の経済支援や資源を、日朝両国に利益をもたらすやり方で効率よく投入できるかといった課題である。

もちろん、それらは複雑かつ困難なものばかりである。しかし、本章にて戦後日本と朝鮮半島の関係を総合的に検討し、二〇〇一年から二〇〇六年の小泉外交の経過をつぶさに検討してみて明らかになったことがある。それは、日本の政策決定者らは難題に立ち向かうにあたり決して受け身ではなかったということである。ときに失敗もあったが、日本の政治家や官僚(特に外務官僚)は想像力豊かで、実行可能な解決策をしばしば率先して探ろうとしてきた。アメリカの支持や仲介的役割なしにそうした主導権を発揮してきたのである。韓国もまた、盧武鉉大統領のリーダーシップの下、金大中の太陽政策を引き継ぎながら北への関与拡大を進めた。

ここで悲劇、あるいは残念でしかないのは、これまで、右のような日韓両国のイニシアチブを調和させ、その政策を足しあわせて二以上のものを生みだす良い手だてがなかった点である。ブッシュ政権が北朝鮮核問題の収拾に奇妙なほど無気力で、アメリカと日韓の政策決定者との見解の対立も生じたなか[107]、包括的で持続的な日韓提携が見られなかったことはたいへん印象的である。政治指導者個人の選好、利益団体の圧力、世論の力、そしていうまでもなく中央政府と地方自治体の権限の分立といった各要因が政策形成に作用してきたのだが、これらはヴィクター・チャの「疑似同盟」理論には現実的に限界があることを示唆している。また、指導者による決定は複雑でときに錯綜しているものであるが、これに対して、しばしば社会科学者が行なうように方法論的にすっきりと「簡潔な」(parsimonious)説明を付そうとすることの危険をも示唆する。日韓提携が不十分なのは、基本的な逸脱とか普通ではないということより、むしろ明らかな欠陥なのである。時を経て、両国の市民が忍耐力を備え、成熟していけば提携は深化するかもしれない。そのとき、新たな扉が開かれる。日本と朝鮮半島を適切で調和のとれた関係へと導く扉が。

第7章

冷戦後の日本と東南アジアの関係

——日本はもはや「普通の国」か

ラム・ペン・アー（藍平兒）
昇亜美子［訳］

はじめに

日本国内では「普通の国」への移行をめぐる議論がなされているが[1]、東南アジア諸国の目には、少なくとも冷戦後の日本の行動は十分「普通の国」として映っている。日本国内では長きにわたり、平和憲法の基盤である九条の改正をめぐる論争が続いているが、東南アジアはすでに、日本を中国とならぶ地域大国の一つとして受け入れているのである。つまり、日本が「普通」であることは、国内よりも国外においてより容易に受容されているといえる。

東南アジアにおける日本の侵略と帝国主義の歴史からすれば、直感的には、域内諸国が日本の「普通の国」化を拒絶するほうが道理にかなっているようにも思える。だが、日本帝国主義がもたらした結果のすべてが悪影響とばかりはいえない。日本の占領期間は三年半と比較的短期間であった。占領中、東南アジア諸国の多くの人々が戦争による窮乏と侵略に苦しみ、とりわけ中国系住民は中国本土の抗日運動を支援しているとして、過酷な処遇を受けた。しかしながら、日本の占領当局は、ビルマ、インドネシアでは独立闘争のため現地軍を訓練し、人々に恐怖を与えていたイギリスやオランダの帝国主義を打倒したのである。確かに、日本の「大東亜共栄圏」建設の野望は日本自身の自己利益に突き動かされたものであった。しかし、日本はこの野望を達成しようとして、無意識のうちに、白人の威信と不敗神話を打ち砕き、東南アジア諸国が西洋植民地主義から解放され、独立する道を拓いたのである。

東南アジア諸国のほとんどが、経済発展にあたって、非武装化し民主化した日本からの投資や援助に依存しており、実利的理由からだけかもしれないが、日本の歴史的な過ちについて執拗に言及するようなことはしていない。一般的に東南アジア諸国の多くは、日本が「普通」になるだろうという見通しに対し落ち着いた反応をしており、教科書やメディアで反日描写を助長したりして、ナショナリズムや愛国主義を推し進めてはいない。これは、長期にわたる日本帝国主義を経験した中国や韓国が依然として日本に対して反感を示し続けているのとは対照的である。

一方、日本国内では、「普通の国」という考え方は依然として論争を呼んでいる。こうした意見の不一致が出てくるのは、歴史的および今日的ないきさつによるものである。例えば、第二次世界大戦での壊滅的な敗北、大衆による平和主義への支持、国内政治における政治的な左右の対立の継続、平和憲法の維持、そして隣国からの反発への懸念などがあった。アメリカは、日本が日米同盟の枠内でより積極的な軍事的役割を国際的に果たすことを望んでいるが、日本が「普通の国」になることは依然として難題であり、その道のりは長い。

憲法、とりわけ第九条を改正しないまま「普通の国」としての日本を考えることは、多くの日本人にとって意味をなさない。しかしながら、憲法の技術的な細かい議論の彼方にある日本のアジア地域での行動を見れば、日本が「普通の国」になる可能性はそれほど低くないようである。実のところ、日本はかなり「普通の国」であるように見える。東南アジア諸国のなかに、日中間の緊張に対する懸念が高まっていることはその証左である。つまり、憲法第九条の状況がどうあれ、日本の実際の行動は域内の安全保障と安定に重要な意味を持っていると理解されているのである。

日本が「普通の国」になることは東南アジア諸国で広く受容されているとはいえ、それが台頭する中国との対立、とりわけ、この地域での日本の過去の行動をどのように解釈し、補償するかについての対立と結びついている場合は、東アジア全体の安定という文脈において否定的ニュアンスを持つこともある。だが、日本国内での支配的な世論は、「普通」であることは客観的に好ましいというものである。日本人にとっての論点は、日本が「普通の国」になるべきか否かではなく、どのような「普通の国」になるべきかということにある。もっぱらアメリカに依存しながら、中国に対して自己主張を強め、対決姿勢をとるのか。あるいは、東アジア地域主義の要となり、域内の調停者（peacemaker）として行動するのか[2]。

もちろん日本が「普通の国」となるための選択肢がこのように単純な二分法のかたちをとるとは必ずしもいえない。日本が「普通」の国になる上での実際の難題は、「普通」の定義がどうあれ、国際システムのなかで様々なかたちで矛盾する要求に日本がバランスよく対応できるかどうかである。言い換えれば、「普通」が何を意味するかについて、日本と東南アジア諸国の理解の間に折り合いをつける必要があるだろう。したがってバランスをとるには、日本は同盟国であるアメリカ、台頭する中国、韓国・北朝鮮、ASEAN一〇カ国とのそれぞれの関係を調和させなければならない。要するに、日本が「普通の国」になるということは、単に日本自身のパワー、地位、アイデンティティあるいは国民感情を満足させるだけの問題ではない。それは、大国としての中国の登場や東アジア共同体をつくろうとする地域的衝動など、ダイナミックな地域環境への適応の積み重ねなのである。

本章では、日本が「普通」の地位を獲得できるかという問題を、日本の国内政治と東南アジアの地域主義の文脈から分析する。日本は完全に「普通の国」になったと東南アジア諸国が公式に認知したわけではないが、本章は、東南アジアにおける日本の政治戦略的行動によって、域内諸国は日本が「普通」であることをいかに受容するようになったかについて詳細に検討する。そして、日本の外交活動の考察を通して、「普通の国」日本は東南アジア（潜在的にはより広い東アジア）の地域主義にしっかり根付いており、現在育ちつつある域内の規範や原則によって今後具体的な形が決まるであろうと議論する。結論では、東南アジア諸国が日本に望む「普通の国」としてのあり方を検討する。それは、経済的に強大で、文化的に開放され、政治的に積極的で、近隣諸国へ援助を供与し、台頭する中国とは均衡を保ちながら調和し、東アジア共同体を構築するために中国と共に行動することができる日本である。日本の「普通の国」化は東南アジアの安定に重大な影響を及ぼす。日本が「普通の国」となる過程で、中国との間で軍備競争が引き起こされたり、域内の中小国に対して傲慢な態度をとるようになったり、あるいは侵略と帝国主義の歴史の責任を回避するようになる危険がないとはいえない。

日本がある種の「普通の国」になるべきとの圧力はあるものの、どのような「普通の国」が生まれるか、そしてそれがどのように東南アジア地域と関係するかは依然として不明である。また、日本が「普通の国」となった時に、新たなアイデンティティを得て、他の「普通の国」とは異なる独自の建設的役割を東南アジアで切り拓くことができるかどうかも現時点では明らかでない。

1　「普通の国」の多義性

「普通の国」というのは記述的でもあり規範的でもある用語である。それに加え、様々な行動が「普通」という概念に当てはまるとも議論しうる。この概念は厄介で複雑なものなのである。国家の「普通」の行動とされるものを列挙してみると、覇権の追求、勢力の均衡、融和、勝ち馬に乗る、同盟の構築、中立の追求、単独主義・二国間主義・多角主義の推進、平和構築や平和強制の積極的推進あるいは回避、というように、互いに完全に矛盾してしまう。

確かに、「普通」の尺度はこのように恣意的なものである。だが、主権国家体制が進化するにつれて、国家の武力行使を伴う自衛権は国際政治の決定的規範となってきた。これは、国家が常備軍を有し、安全が危険にさらされたり侵されたりした場合には防衛のためにそれを使用することができるという権利として定着した。主権についてこのような規範が存在することから、敗戦後に日本が常備軍の保持を放棄させられ、国際紛争解決の手段として戦争に訴える能力を制限させられたことに、多くの日本人が苛立ちを覚えている。日本には二〇〇七年一月まで、防衛・安全保障問題を所管する防衛省はなく、日本の安全保障は防衛庁ならびに婉曲的に自衛隊と名づけられた組織が担ってきたのである[3]。

「普通」の行動が何を意味するかは、国家の国際システム上の地位によって変わってくることにも留意しなければならない。小国にとっての「普通」の行動は、大国やミドルパワーにとっては「普通」ではないかもしれないのである。同語反復になることを恐れずにいえば、ミドルパワーがミドルパワーらしく行動すればそれは「普通」の行動をしたことになるわけである。ミドルパワーは、資源の限界や、より声の大きい大国の存在を考えると、大国と同じような行動をとることは難しい。

日本は「普通」未満であるという見方には、日本が国際関係において能力以下の行動しかとらない、消極的かつ受動的な経済超大国であるとの意味が含まれている。「普通の国」としての日本の地位が問題となるのは、日本が新興の超大国とみなされているからに過ぎない。もし日本がほとんどの国連加盟国同様に小国だとすれば、外交的大国として、集団安全保障の取り組みに参加して国連平和維持活動や平和強制活動に軍隊を派遣しろとの圧力をかけられることは、国内的にも国際的にもほとんどないはずである。だが、日本が世界第三位の経済大国であることを考えれば、国際問題において適切な役割を果たすべきとの内外の期待に立ち向かわねばならない。「普通の国」をめぐる議論の背後にある主要な問題は、日本の経済力にふさわしい政治的役割はどのようなものかという点である。

経済・技術・人口的な資源を考慮した上で、日本が二一世紀の地政学的争いのなかで大国として再び浮上するだろうと想定する専門家もいる[4]。しかしながら、日本が非核国家としての姿勢を保ち、防衛をアメリカに依存していることから、日本人の多くが日本を軍事大国とはみなしていないのは明らかである。日本がしばしば特別視され「普通でない」と表現されるのは、何よりこの不均衡によるものである。軍事的資源だけでなく、それを使用するかどうかという問題にも注意することが重要である。日本は相当量のプルトニウムを貯蔵しており、高機能ロケット発射能力を有している。また、軍事支出額は世界第四位であり、防衛費は四二四億ドルに上る[5]。したがって、東南アジア諸国と比較すると、日本は軍事技術、予算共に圧倒的な優勢を誇っている。このような能力を有しているにもかかわらず、日本は憲法第九条のために、国際社会が経済・軍事的先進国の行動として想定するような軍事力の行使や開発をしていないという点に矛盾があるのである。

日本をミドルパワーと想定すれば、おそらく多くの議論は解決するであろうが、日本の一部エリートにとってはこの立場を支持できないことは明らかである。彼らにとっては、大国としての地位こそが日本の規模や能力や重要性にふさわしいのである[6]。また、東南アジア諸国でも大多数が日本を地域的・国際的な新興大国とみなしており、ミドルパワーと表現するのはふさわしくないと感じるだろう。ミドルパワーとしての役割は、地域的にはオーストラリアが、国際的にはカナダやスカンジナビア諸国が果たしている役割と想定されるが、日本人のエリートや東南アジアの人々が日本に期待する役割や責任はそれとは異なっているのである。

かつて、小沢一郎という異端の政治家によって提唱された、大国の能力を要する「普通の国」という概念は、いまや政治の主流のあり方を規定するようになっている。この場合の「普通」とは、日米同盟を支持し、平和維持などの国連活動に自衛隊を派遣し、アジア太平洋での多角的外交に関与する日本と理解されている。

「普通」の国日本の行動はこれだけに留まらないとも解釈できる。タカ派のなかには、日本が「普通」の立場を得るには、核能力を保有する必要があると論じる者もいる。日本はもはやアメリカに依存するのをやめて自主防衛に転じるべきだという主張である。こうした人々は、中国、ロシア、フランス、イギリスなどの他の大国が核を保有しているのに、なぜ日本は持たないのかと問う。これに対し、日本の「普通の国」の地位に関する主流派の見解は、核保有を要件とはしていない。日本が「普通の国」となるためには、憲法第九条の削除、集団安全保障への関与、防衛庁の省への昇格の実現で十分であるというのが支配的な意見である[7]。日本が「普通になる」にあたって核保有が要件とされていない事実は、「普通」をめぐる議論が今なお国内的にも国際的にも日本の敗戦に特徴づけられていることの証左である。「普通」になることは敗北の遺産を除去し、グローバルなアイデンティティを新たに築く手段ではあるが、日本には平和主義が深く根付き、近隣の地域には日本の侵略の傷跡があることから、「核の選択肢」は国内的にも国際的にも魅力的ではなく、望ましくないのである。

2　東南アジアにおける「普通」の国としての日本

「普通の国」日本がどのような国際行動をとるべきかについて、東南アジア諸国の考え方は時と共に変化してきた。本章は冒頭で、小沢一郎による「普通の国」の概念に言及したが、「普通の国」についての解釈は時期によって異なっている点は重要である。第二次世界大戦中に日本は「大東亜共栄圏」の建設というレトリックを使ったが、東南アジアの人々は、征服と植民地化に関心を有する典型的な、あるいは「普通」の帝国主義列強の一員として日本をみなした。一九六〇年代に日本が輝かしい経済発展を遂げると、東南アジア諸国は、地域政治や国際政治にほとんど関心がない、台頭する経済大国として日本をみなすようになった。第二次大戦中の侵略の遺産と敗北という歴史から、東南アジア諸国の側には、経済力に見合った政治的影響力を日本に行使してほしいという期待や熱意は見られなかった。東南アジアでは、日本が「商人国家」として振舞うことが、好ましい「普通」のあり方だと考えられたのである。

一九七四年までには、日本の東南アジアへの経済進出と慈善的行為に対する認識が変化し、日本は東南アジア地域の経済的奪略者と受け止められるようになっていった。この懸念は田中角栄首相のバンコク、ジャカルタ訪問時に反日暴動という形で顕在化した。こうした対日認識の悪化への対処として、善隣友好関係を培うべく（お金を出して買う、という解釈もなされたが）、日本政府はそれまで以上に寛大な援助を提供した。このアプローチは成功し、日本のイメージは、政府開発援助（ODA）を通して東南アジアの成長と発展を支援する裕福で慈悲深い経済大国というものになった。日本は七七年の「福田ドクトリン」により、地域で政治的役割を果たすことに対してより積極的な理解を醸成しようとしたが、日本にふさわしい「普通」の行動は、これまでどおり政治的に積極的になるのを控えることだという点は、東南アジア諸国において広く合意されていた[8]。

冷戦の終焉後、日本は、一九九〇年のイラクのクウェート侵攻に対する多国籍軍の活動に一三〇億ドルの経済的支援を供与したものの、積極的な貢献をしていないとして国際的に批判された[9]。このような非難にさらされた日本は、地域の政治戦略的な課題に対しより大きな役割を果たす決意と能力を持つことを東南アジアが理解するよう、徐々に努力し始めた。

この目的のため、一九九二年に日本はカンボジアでの国連平和維持活動に自衛隊を派遣したが、これは戦後初の海外派遣であった[10]。この派遣は、以後日本がモザンビーク、ゴラン高原、東チモールなど他の地域の国連平和維持活動にも自衛隊を派遣する端緒となった。これらの活動における日本の役割は限定的だったと指摘する批判的な見方もある。確かに自衛隊の業務は兵站および技術支援のみに限定され、戦闘行為や実際の平和強制には携わらなかった。とはいえ、これらは自衛隊の役割と活動への認識を再定義する第一歩であり、小沢一郎が提唱したように、自衛隊は国連の枠内での安全保障上の役割を積極的に果たしたとみなされるようになった。

また、一九九一年にクアラルンプールで開かれたＡＳＥＡＮ拡大外相会議の場でも、日本は地域安全保障問題での指導的役割を求めているとの意志を示した。中山太郎外相が、アジア太平洋地域諸国は同会議を政治的対話と信頼醸成のためのフォーラムとして活用すべきだと提案し、ＡＳＥＡＮ諸国を驚かせたのである。ASEAN諸国は域内の安全保障構造において日本がイニシアチブをとって関与することにはなじみがなかったが、後から考えれば中山提案は、九四年のASEAN地域フォーラム(ARF)創設の基盤を築いた[11]。

ARFは、信頼醸成措置を整え、防衛白書出版を通じて軍事力の透明化をさらに進め、武器登録制度を創設し、中国指導部を対話、協議、協力に関与させて適応させるなどの活動を展開する場を日本に提供した。ARFは、予防外交が機能せず、南シナ海、台湾海峡、朝鮮半島などの潜在的な火種に対処することもできない単なる議論の場であるとの批判を浴びてきた。しかし、ARFはアジア太平洋地域において安全保障問題を議論することができる唯一の多国間フォーラムであり、域内の指導者たちが議論し信頼構築を図る上で有効な基盤を提供しうる。ARF制度化への日本の貢献からは、「普通の国」としての日本の行動とは何かについての地域諸国の理解を日本が変えようとしていることがわかる。

一九九〇年代の日本の東南アジア外交の展開を見れば、「普通の国」のアイデンティティについて、日本が域内の認識を改めたいと切望していることはいっそう明らかである。日本は国際平和と安定に貢献すべく、アジア諸国間の紛争仲介に着手した。最も目立った日本の関与は、九五年に、南シナ海の南沙諸島の一部であるミスチーフ環礁をめぐる中国との紛争の解決のため、フィリピンが日本に同国代理として交渉してほしいと持ちかけたことである[12]。中国は、日本が南沙諸島領有権を主張する当事国ではないということを理由にその関与を拒絶したが、この件を通して、地域においてより大きな政治的役割を日本が果そうとしていること、そして日本は南シナ海での紛争の予防に関心を有していることが明らかとなった。

また日本は、ミャンマー軍事政権と、民主化運動指導者でノーベル賞受賞者のアウン・サン・スーチー氏との間の対話を促進しようと努力してきた。日本はミャンマー政府の強硬な独裁的支配の軟化を促すため、寛大なODA供与を申し入れた。現在までのところ日本政府のこの方針は大きな成果をもたらしていないが、軍事政権と民主化運動側の間で政治的妥協が成立した場合、日本がミャンマー再建に主要な役割を果たすであろうとの期待は高まっている。

ミャンマー問題における日本の立場は、欧米の同盟国が採ってきた国際社会からの締め出し策とは大きく異なり、むしろASEANの目的と極めて似通っている。外交政策の目標を定める上で日本はアメリカの利益に制約を受けているというのが一般的見方であるが、ミャンマーの事例は日本がある程度の自律性と自由裁量を有していることを証明したといえよう。実際のところ、小沢一郎が掲げた「普通の国」の方向に日本が進もうとするならば、このような、必ずしもアメリカの目的を支持しない独立した外交政策の構築が必要となる。

日本が現代の東南アジアにもたらした最大の外交的功績は、一九九七年にカンボジアのフン・センとラナリットの和平合意を仲介し、既に戦争で荒廃していた同国での内戦勃発を防いだことであろう。

日本がとりまとめた政治的妥協を両者が受け入れたことにより、国政選挙が実施され、国内政治が比較的安定するようになったのである[13]。日本のこの画期的な外交的介入は、東南アジア諸国が日本の「普通」の行動に何を期待するかが変化してきたことを示している。日本はもはや消極的な政治主体からは程遠く、政治的指導力を求められる存在となっている。

さらに、日本はインドネシアのアチェにおける内戦終結と永続的な平和定着のための取り組みを通して、東南アジア地域の平和構築にも着手した[14]。二〇〇二年一二月、東京で援助国国際会議が開かれ、インドネシア政府と反政府勢力の独立アチェ運動（GAM）が「敵対行為停止の枠組合意」を順守すれば、アチェに対して相当規模の援助を供与するとした。両者は合意を受け入れたものの、すぐにまた内戦が再発する恐れが高まった。日本は予防手段を講じるべく、二〇〇三年五月にインドネシア政府とGAMの協議の場を設けた。この協議は失敗に終わったものの、日本は引き続き一貫して、平和促進のために大規模な開発援助を供与しつつ、この地域の平和を積極的に推進しようとしてきた。

その後、二〇〇四年一二月のスマトラ沖地震・インド洋大津波の被害に対処するべく、日本は五億ドルの援助供与を被災国に約束した。アチェは最も被害が大きかった地域の一つであり、日本からの援助のかなりの部分を受けとった。日本はアチェに対し、財政的支援の供与のみならず、人道的支援のために戦後最大規模となる約一〇〇〇名の自衛隊を派遣した。二〇〇五年四月には小泉純一郎首相自ら、その惨状と、必要な復興支援策を直接見極めるべく州都バンダアチェを訪問した。この後、日本は人道援助のための追加資金を供与すると共に、紛争当事者に平和への努力を促した。ただし、日本はアチェの平和構築と発展のために大規模な資源を投じたものの、二〇〇五年八月一五日にインドネシア政府とGAMの間で結ばれた和平合意には関与していない。紛争当事者間の手詰まり状態を打ち破るという思いがけない効果をもたらしたのは、津波だった。国際社会が復興援助支出のために紛争解決を要件としたことに直面した両者は、ヘルシンキ和平合意に妥協点を見いだすことができたのである。和平合意順守を確実にするために、EU（欧州連合）、スイス、ノルウェー、ASEAN五カ国（タイ、マレーシア、フィリピン、ブルネイ、シンガポール）の軍からなる多国間のアチェ監視団（AMM）が創設された[15]。これ以前の紛争解決に関与していた日本がAMMに不参加であることは注目された。

日本がインドネシア政府とGAM間の和平交渉の最終段階に関与しなかったのは、おそらく国内的、国際的な事情の帰結として捉えられるだろう。国内的には、郵政改革問題によって小泉首相は衆議院解散と総選挙に打って出た。国際的には、日本政府は国連安保理常任理事国入り、北朝鮮の核開発をめぐる六カ国協議、東シナ海での中国との新たな対立にかかりきりとなっていた。結局のところ、日本はAMMに参加しなかったことで、東南アジア諸国から見てさらに「普通」となる絶好の機会を逃したのである。AMMへの参加は、アメリカ主導下のイラク占領への自衛隊派遣よりも国内的に支持を得られたであろう。

日本は、アチェ紛争解決において重要な主導的役割を最後まで果たすことができなかったが、そのほかの地域での活動を通じて、「普通の国」としての地位は重みを増した[16]。二〇〇〇年に、小渕恵三首相はマラッカ海峡の安全のためのイニシアチブをとるようになった。マラッカ海峡の年間通過船舶数は石油タンカーなど六万隻におよび、日本にとっては経済的生命線であるが、そこでは海賊行為が横行している。小渕首相はこの問題に対処するべくASEAN加盟国、中国、韓国を招き会議を開いた。日本はマラッカ海峡の安全確保のために海上保安庁を活用することを希望していたが、マレーシアとインドネシアは域外大国による主権侵害を恐れてこれに抵抗した。この点を考慮し、また二〇〇五年三月に日本のタグボートから三名の船員が海賊に拉致された事件を受けて、日本は海賊行為を阻止するための「協力枠組み」の構築をマレーシアとインドネシアに促した。日本の報道によれば、「(協力を求める)小泉首相の発言は、インドネシアとマレーシア両国が、海上保安庁の船舶と航空機を海賊行為阻止のためにマラッカ海峡に派遣するという日本側の提案を拒絶した後になされた」[17]。二〇〇七年一月、海上保安庁は、域内の海賊行為に対処するためにアジアの一四カ国が締結した協力条約に基づきシンガポールに設けられた情報共有センター(ISC)に五名の係官を派遣している[18]。

二〇〇五年八月にシンガポールで開催された、大量破壊兵器の拡散阻止を目的とした「拡散に対する安全保障構想(PSI)」への自衛隊参加は、日本が「普通」であることを指し示す最も良い例である[19]。PSIに加え、日本は二〇〇五年五月に南シナ海において一三の環太平洋諸国との共同演習を初めて行った。この共同演習では、電子情報の戦術的共有、機雷除去や捜索救難作戦の調整、そして海賊対策などに即した最良策の確認などが行われた[20]。このように、地域安全保障に軍事的資源を利用したことは、日本が東南アジアにおけるハイ・ポリティックスに関与する能力と意志があることを示唆している。

国連安保理常任理事国入りをめぐってASEAN諸国の支持を得られたことは、日本がますます「普通」になりつつあることの証左といえよう。これまでに、日本は外交的支持をカンボジア、ラオス、マレーシア、フィリピン、シンガポール、ベトナム、インドネシアから得ている[21]。このことにより、東南アジア地域社会で日本の国力と地位についての認識と承認が広がりつつあると解釈できる。

日本の戦後の活動は、自律的な外交政策を実施することと東南アジアでの指導力を示すことをかけ合わせた試みとみなされつつある。その一方で、日本のアメリカへの黙従は、日本が東南アジア地域で指導的な立場に立てるのかという疑問を投げかけてきた[22]。ここで注目すべきエピソードが三つある。まず、一九九〇年にマレーシアのマハティール首相は、EUと北米自由貿易協定(NAFTA)に対抗するために東アジア経済協議体(EAEC)創設を提案した。日本の外交関係者や財界は当初関心を示したにもかかわらず、アメリカの反対に直面した日本は支持を撤回した。次に、日本は九七〜九八年のアジア通貨危機からの東アジア諸国の復興を支援するべく、アジア通貨基金(AMF)設立を提案したが、この時もアメリカが反対し、日本はそれに屈した。ただし、アメリカの圧力があるなかで、日本は、深刻な被害を受けた東アジア諸国に六三〇億ドルの援助を供与した点は指摘しておくべきだろう。さらに、日本は将来の地域的財政危機の予防のために、地域金融の仕組みを構築すべく、チェンマイ・イニシアチブに関与した。これは、ASEAN+3（日中韓）につながるものだったことはもちろん、さらに広範囲の東アジア地域という概念を生み出す道を拓いた。最後に、二〇〇三年、日本はアメリカ主導のイラク占領を支援すべく自衛隊を派遣したが、これは最も物議をかもしたアメリカ外交政策への支持であった。日本が東南アジア地域で「普通」の行動をとれるかどうかは、ドイツやフランスがそうしたように、アメリカに対して不同意を示せるかどうかにかかっていると、当時多くの人が主張した[23]。

おわりに

冷戦後の日本は、東南アジアにおいて、特に和平仲介や平和定着の分野で他国とは比較にならない輝かしい外交実績をあげてきた。東南アジア地域は、小沢の提唱した「普通の国」論が最も実現しそうな実験場である。冷戦終結後、特にカンボジアでみせた日本外交の積極性は目覚ましかった。確かに東南アジア地域には、外交的圧力と軍事的プレゼンスの両方を通してアメリカの影響力が残っている。また、日本と同じく中国が東南アジア諸国に対して自由貿易協定を申し出たことにより、日本の経済力と影響力はさらに脅かされてしまった。こうした障害にもかかわらず、日本は東南アジア地域で、アメリカや中国が競おうとしない和平仲介と平和構築という外交上の得意分野を積極的に開拓してきた。とはいえ、このように、小沢一郎によって提唱されたような「普通の国」への歩みを日本がどんどん進める一方で、日本の国内世論はそれを広く受け入れ正当に評価するということをしていない。

東南アジアにおいて、日本は小沢一郎による「普通の」国の条件を満たしてきたことはほぼ間違いない。日本はカンボジアと東チモールの国連平和維持活動に自衛隊を派遣し、カンボジア、ミャンマー、アチェ、ミンダナオへの関与に証明されるように域内の平和と安定を促進する外交的イニシアチブをとってきた。また日本は、ARF、ASEAN＋3の基盤づくり、より広範な東アジア共同体の建設などの東南アジア地域の多角主義を促進してきた。さらに、日本はマラッカ海峡の安全のために支援を提供した。

二〇〇九年八月、民主党が衆議院選挙で勝利し、五四年間にわたりほぼ継続されてきた自民党支配は幕を閉じた。自民党から民主党への平和的な政権交代は、日本が、少なくとも政権与党の交代が標準とされる「普通」の自由民主主義国家だとみなされうることを意味している。鳩山由紀夫首相は日米関係をより「対等」にし、東アジア共同体を促進すると約束した。日本が「普通の国」になるべきだとの考えを提唱した張本人である小沢一郎は民主党幹事長であり、民主党王国の影の支配者である。民主党新政権がアメリカからより大きな自律性を獲得しようとし、東アジア共同体の発展へ熱意を傾けようとすることは、多くの東南アジア諸国にとって日本が「普通の国」になった明白な証拠だとみなされるであろう。

註

❖ 序論

1——翌年には同書の英語版が刊行された。Ichirō Ozawa, *Blueprint for a New Japan: The Rethinking of a Nation*, trans. Louisa Rubenfien (Tokyo: Kodansha International, 1994).

2——Thomas U. Berger, *Cultures of Antimilitarism: National Security in Germany and Japan* (Baltimore: Johns Hopkins University Press, 1998).

3——Takako Hikotani, "Japan's Changing Civil-Military Relations: From Containment to Re-Engagement?" *Global Asia* 4 (1, 2009), pp. 22-6.

4——以下の研究が刺激的である。John Mueller, *Retreat from Doomsday: The Obsolescence of Major War* (New York: Basic Books, 1989).

5——ひとまず原則論から考えれば、人道支援が日本と隣国の関係を改善させる可能性はある。例えば以下を参照。Tomohide Murai, "SDF Peace Missions for Stable Japan-China Relations," *AJISS-Commentary* 25 (2008). http://www.jiia.or.jp/en_commentary/pdf/AJISS-Commentary25.pdf（二〇〇九年六月三日アクセス）

6——民主党が正式に発足したのは一九九六年一〇月の参院選の前である。その選挙で五七議席を獲得した民主党は、新進党に次ぐ野党となった。日本社会党（一九九六年一月以降は社会民主党）出身の議員を多く抱えた民主党は、当初は圧倒的に左よりの姿勢をもって存在感を示した。九八年には、自民党に対抗しうるような信頼に値する党をつくるべく、民主党は規模の小さい野党を多数吸収した。二〇〇三年に入ると、小沢一郎率いる自由党とも合流を果たした。その結果、今日の民主党は、進歩と保守の要素をともに抱えるに至っている。民主党の歴史については、以下のウェブサイトを参照。http://www.dpj.or.jp/english/about_us/brief.html（二〇一三年七月七日アクセス）

7——この合意では、沖縄県内で普天間よりも人口が少ない地域（名護）への基地移設を定めていた。二〇〇九年の衆院選の際、米軍基地を多く抱える沖縄の不満を吸い上げようとした鳩山は、海兵隊飛行場を沖縄から完全になくすことを目指すと約束した。しかし、鳩山政権に現実的な対案はなく、アメリカ側も再交渉には乗り気ではなく、経済活動が妨げられることを沖縄の政治エリートや経済エリートが懸念したこともあり、事態は厄介な行きづまりを見せた。

8——Yoichi Funabashi, "A 21st century vision for the alliance," *PacNet* 7 (18 February 2010), p. 2. http://csis.org/files/publication/pac1007.pdf（二〇一〇年四月一三日アクセス）

9——例えば以下を参照。George Friedman and Meredith LeBard, *The Coming War with Japan* (New York: St Martin's Press, 1991). John H Maurer, 'The United States and Japan: Collision Course?' *Strategic Review* 21 (2, 1993), pp. 41-51.

10——以下も参照。Christopher W. Hughes, *Japan's Remilitarisation*, Adelphi Paper 403 (London: International Institute for Strategic Studies, 2009).

❖ 第1章

1——有益な研究補助を行ってくれたアデル・カッソーラ、イ・スンヒョク（李承赫）、アジザ・モハメドに感謝する。

2——「『国家戦略』は、これまで避けられがちな言葉だった。過去の国策の誤りに対する反省からだろう」『朝日新聞』二〇〇六年四月二四日。「吉田ドクトリン」に関しては、Bert Edström, *Japan's Evolving Foreign Policy Doctrine: From Yoshida to Miyazawa* (New York: St Martin's Press, 1999)。また、次の研究は、「吉田ドクトリン」を「永続的で非常に成功した大戦略」と見なしている。Siew Mun Tang, "A Nation in Search of Itself: Japanese Grand Strategy from Meiji to Heisei (1868-Present)," (PhD dissertation, Arizona State University, 2004), p. 160.「吉田ドクトリン」——安全保障面でアメリカに従ったり依存したりする一方で、経済の回復と発展に専念するもの——には、必要に迫られたことを潔く行おうとする一面もあった。というのも、軍国主義に対する国内からの反発や占領期の国外からの制約によって、軍事的役割や軍事力の価値を減退させることが過剰に決定されたためである。John W. Dower, *Empire and Aftermath: Yoshida Shigeru and the Japanese Experience*, 1878-1954 (Cambridge, MA: Harvard University Press, 1979)〔ジョン・ダワー、大窪愿二訳『吉田茂とその時代』上下、TBSブリタニカ、一九八一年〕.

3——例えば以下を参照。Stephen Krasner, *Defending the National Interest: Raw Materials Investments and U.S. Foreign Policy* (Princeton, NJ: Princeton University Press, 1978); Hans J. Morgenthau, *In Defense of the National Interest: A Critical Examination of American Foreign Policy* (Lanham, MD: University Press of America, 1982)〔H・J・モーゲンソー、鈴木成高・湯川宏訳『世界政治と国家理性』創文社、一九五四年〕; Robert G. Gilpin, "The Richness of the Tradition of Political Realism," in *Neorealism and Its Critics*, edited by Robert O. Keohane (New York: Columbia University Press, 1986); and Benjamin Frankel, ed., *Roots of Realism* (London: Frank Cass, 1996).

4——中でも注目すべきは一九世紀のヨーロッパである。Edward Vose Gulick, *Europe's Classical Balance of Power* (New York: Norton, 1967).

5——例えば以下を参照。Barry Buzan, Ole Wæver, and Jaap de Wilde, *Security: A New Framework for Analysis* (Boulder, CO: Lynne Rienner, 1998); and Kjell Goldmann, "The Concept of "Realism" as a Source of Confusion," *Cooperation and Conflict* 23 (1, 1988), pp. 2-14.

6——Henry A. Kissinger, *American Foreign Policy* (New York: Norton, 1977); H. W. Brands, *What America Owes the World: The Struggle for the Soul of Foreign Policy* (Cambridge, UK: Cambridge University Press, 1998); Jeffrey W. Legro, "Whence American Internationalism," *International Organization* 54 (2, 2000), pp. 253-89.

7——よりあからさまにいえば、かつてドイツやフランスは互いに戦争を仕掛けていたが、今日そのような見込みはほとんどなくなったように思える。その理由の一つは、両国が互いを相当程度同一視しているからである。この点に関しては、一般的なものとして以下を参照。Emanuel Adler and Michael Barnett, eds, *Security Communities* (Cambridge, UK: Cambridge University Press, 1998).

8——Michael Doyle, "Liberalism and World Politics," *American Political Science Review* 80 (4, 1986), pp. 1151-69; David A. Baldwin, ed., *Neorealism and Neoliberalism: The Contemporary Debate* (New York: Columbia University Press, 1993); Ann Florini, "The Evolution of International Norms," *International Studies Quarterly* 40 (3, 1996), pp. 363-89; Torbjørn L. Knutsen, *A History of International Relations Theory*, 2nd ed. (Manchester, UK: Manchester University Press, 1997); Andrew Moravcsik, "Taking Preferences Seriously: A Liberal Theory of International Politics," *International Organization*, 51 (4, 1997), pp. 513-53; and Vendulk Kubálková, Nicholas Onuf, and Paul Kowet, eds, *International Relations in a Constructed World* (Armonk, NY: M.E. Sharpe, 1998).

9——外交政策エリートには、政治指導者、高級官僚、有力な学者、そして問題に精通した評論家が含まれる。彼らエリートのなかで広まっている考えが重要になってくるが、それは彼らが国際問題に対する国家の行動に大きな影響を与えるからである。彼らは、特定の方法で問題に取り組んだり対処したりするために政策決定グループを準備し、競合する見解を排除する。例えば以下を参照。Gregory G. Brunk, Donald Secrest, and Howard Tamashiro, *Understanding Attitudes about War: Modeling Moral Judgments* (Pittsburgh: University of Pittsburgh Press, 1996); Fawaz A. Gerges, *America and Political Islam: Clash of Cultures or Clash of Interests?* (Cambridge, UK: Cambridge University Press, 1999); and William Zimmerman, *The Russian People and Foreign Policy: Russian Elite and Mass Perspectives, 1993-2000* (Princeton, NJ: Princeton University Press, 2002).

10 ——Buzan, Wæver, and de Wilde, *Security*.

11 ——関連する文献は枚挙に暇がないが、特に以下を参照。J.W. Ballantine "Mukden to Pearl Harbor: The Foreign Policies of Japan," *Foreign Affairs* 27 (July 1949), pp. 651-64; Joyce Lebra-Chapman, ed., *Japan's Greater East Asia Co-Prosperity Sphere in World War II: Selected Readings and Documents* (Oxford: Oxford University Press, 1975); Akira Iriye, *The Origins of the Second World War in Asia and the Pacific* (London: Longman, 1987)〔入江昭、篠原初枝訳『太平洋戦争の起源』東京大学出版会、一九九一年〕; Sydney Giffard, *Japan among the Powers, 1890-1990* (New Haven, CT: Yale University Press, 1994); John Benson and Takao Matsumura, *Japan, 1868-1945: From Isolation to Occupation* (London: Longman, 2001); Tomoko Okagaki, "The Sovereign State and Its Conformists: Japan's Entrance into International Society" (PhD Dissertation, University of Michigan, 2005); and John W. Steinberg et al., eds, *The Russo-Japanese War in Global Prospective: World War Zero* (Leiden, Netherlands: Brill, 2005).

12 ——Eric Heginbotham and Richard J. Samuels, "Mercantile Realism and Japanese Foreign Policy," *International Security* 22 (4, 1998), pp. 171-203. 一九八〇年代後半から九〇年代初めにかけてのバブル経済期に見られた日本の新重商主義に対する恐怖は、見苦しいヒステリーを多く引き起こした。近年そ

の多くは中国に向けられている。例えば、George Friedman and Meredith LeBard, *The Coming War with Japan* (New York: St Martin's Press, 1991)〔ジョージ・フリードマン、メレディス・ルバード、古賀林幸訳『ザ・カミング・ウォー・ウィズ・ジャパン――「第二次太平洋戦争」は不可避だ』徳間書店、一九九一年〕; Joseph S. Nye, Jr, "Coping with Japan," *Foreign Policy* (Winter 1992), pp. 96-115; and John H. Mauer, "The United States and Japan: Collision Course?" *Strategic Review*, 21 (2, 1993), pp. 41-51。また、これは日本の国内情勢への温情主義的な介入の試みも促した。例えば以下を参照。Michael Mastanduno, "Framing the Japan Problem: The Bush Administration and the Structural Impediments Initiative," in *Choosing to Co-Operate: How States Avoid Loss*, edited by Janice Gross Stein and Louis Pauly (Baltimore: John Hopkins University Press, 1993).

13――Thomas U. Berger, "Norms, Identity, and National Security in Germany and Japan," in *The Culture of National Security*, edited by Peter J. Katzenstein (New York: Columbia University Press, 1996).

14――Kent E. Calder, "Securing Security through Prosperity: The San Francisco System in Comparative Perspective," *The Pacific Review* 17 (1, 2004), pp. 135-57. カルダーは日本の政策に一貫性があると見ているが、ヘジンボサムやサミュエルズ、リンドとは対照的に、必ずしもそれが戦略的であるとは考えていない。というのも、彼は、日本の政策が基本的に反応的なものだと見ているからである。Kent E. Calder, "Asia's Shifting Strategic Landscape. Japan as a Post-Reactive State?"*Orbis* 47 (4, 2003), pp. 605-16. 以下も参照。Jonathan Rynhold "Japan's Cautious New Activism in the Middle East: A Qualitative Change or More of the Same?" *International Relations of the Asia-Pacific* 2 (2, 2002), pp. 245-63.

15――Kenneth B. Pyle, *Japan Rising: The Resurgence of Japanese Power and Purpose* (New York: Public Affairs, 2007); and Richard J. Samuels, *Securing Japan: Tokyo's Grand Strategy and the Future of East Asia* (Ithaca, NY:

Cornel University Press, 2007)〔リチャード・J・サミュエルズ、白石隆監訳・中西真雄美訳『日本防衛の大戦略――富国強兵からゴルディロックス・コンセンサスまで』日本経済新聞出版社、二〇〇九年〕. そして三つ目の研究はより慎重である。Peter J. Katzenstein, *Rethinking Japanese Security: Internal and External Dimensions* (New York: Routledge, 2008).

16 ――Takashi Inoguchi and Paul Bacon, "Japan's Emerging Role as a "Global Ordinary Power," *International Relations of the Asia-Pacific* 6 (1, 2006), p. 2. 興味深いのは、猪口とベーコンが、現在の局面が二〇二〇年まで続くと見ている点である。ただし、もし現在現れつつある国家戦略が良いものだとわかった場合、何が二〇二〇年でその局面を終わらせるのかについて直感的には判じ難い。彼らは、国際政治の主要な出来事に反応するのに日本は一五年かかるというキッシンジャーの見方に多くを拠っているようである。Henry Kissinger, *Does America Need a Foreign Policy? Towards a Diplomacy for the 21st Century* (New York: Simon & Schuster, 2001), p.123.「この四〇年間に二度、日本は大きくて明らかに解決不能な社会的な問題を、『解決すること』によってではなく、問題が消滅するまで先延ばしすることで乗り越えてきた」というピーター・ドラッカーの主張が正しければ、この先延ばしはおそらく日本の能力の欠如というよりむしろその知恵を反映している。農業改革や小売流通に言及した、Peter F. Drucker, "In Defense of Japanese Bureaucracy," *Foreign Affairs* 77 (5, 1998), pp. 68-80〔「日本の官僚制を理解するならば」P・F・ドラッカー、上田惇生訳『明日を支配するもの――二一世紀のマネジメント革命』ダイヤモンド社、一九九九年所収〕を参照。筆者はこれまでさまざまなところで、重要な外交政策の変化はめったに起こらないこと、外交政策は時おり起こる変動によって区切られる一定期間の均衡 (punctuated equilibrium) として最も良く理解できること、外交政策の惰性は組織と心理の両面から説明できることを論じてきた。David A. Welch, *Painful Choices: A Theory of Foreign Policy Change* (Princeton, NJ: Princeton University Press,

2005).

17 —Christian Hougen, "The Problems and Promises of Japan's Economic-Growth-Led Foreign Policy in Perspective," *Fletcher Forum of World Affairs* 21 (2, 1997), pp. 133.

18 —Masato Kimura and David A. Welch, "Specifying "Interests": Japan's Claim to the Northern Territories and Its Implications for International Relation Theory," *International Studies Quarterly* 42 (2, 1998), pp. 213-44; S. Javed Maswood, "Japanese Foreign Policy: Leadership and Style," *Policy and Society* 23 (1, 2004), pp. 38-57; Daiki Shibuichi, "The Yasukuni Shrine Dispute and the Politics of Identity in Japan: Why All the Fuss?" *Asian Survey* 45 (2, 2005), pp. 197-215; Allona Sund, "Exceptional States: National Esteem and Nonconformity in International Relations" (PhD dissertation, University of Toronto, 2007); and Amy L. Catalinac, "How Identities Become Securitized: Japan's Whaling Policy Explained" (unpublished paper, Department of Government, Harvard University, 23 June 2009).

19 —Katsumi Ishizuka, "Japan's Policy towards UN Peacekeeping Operations," *International Peacekeeping* 12 (1, 2005), pp. 67-86. 例えば、マサル・タマモトは、日本のソフトパワーの重要性が高まっているのは、「東京にいる官僚によって捻り出された大戦略によってではなく、日本のビジネスマンによる個々の選択とそれを模範や資本として温かく受け入れたアジア諸国によるものだ」と議論している。Masaru Tamamoto, "Japan's Uncertain Role," *World Policy Journal* 8, (4, 1991), pp. 596-7. しかしながら、このソフトパワーも日本の外交政策立案者にとって利用可能な道具かもしれない。これとは別に、日本の外交政策における重要な手段としての対外援助に関しては以下を参照。Saori N. Katada, "Why Did Japan Suspend Foreign Aid to China? Japan's Foreign Aid Decision-Making and Sources of Aid Sanction," *Social Science Japan Journal* 4 (1, 2001), pp. 39-58.

20——Kenneth N. Waltz, *Man, the State and War* (New York: Columbia University Press, 1959)〔ケネス・ウォルツ、渡邉昭夫・岡垣知子訳『人間・国家・戦争——国際政治の3つのイメージ』勁草書房、二〇一三年〕; and J. David Singer, "The Level-of-Analysis Problem in International Relations," in *International Politics and Foreign Policy*, edited by James N. Rosenau (New York: Free Press, 1969)を参照。

21——筆者が知るなかで最も興味をそそられる挑戦的試みは、以下のとおり。Ray S. Cline, *World Power Assessment: A Calculus of Strategic Drift* (Washington, DC: Center for Strategic and International Studies, Georgetown University, 1975); idem, *World Power Assessment 1977: A Calculus of Strategic Drift* (Boulder, CO: Westview Press, 1977); and idem, *World Power Trends and U.S. Foreign Policy for the 1980s* (Boulder, CO: Westview Press, 1980).

22——Hamid Faruqee and Martin Mühleisen, "Population Aging in Japan: Demographic Shock and Fiscal Sustainability," *Japan and the World Economy* 15 (2, April 2003), pp. 185-210.

23——日本の海上自衛隊は特に優れているし、航空自衛隊もまた素晴らしい。日本が抱える唯一の弱点は陸上戦闘能力である。Jennifer M. Lind, "Pacifism or Passing the Buck?: Testing Theories of Japanese Security Policy," *International Security* 29 (1, 2004), pp. 92-121.

24——川崎剛は、ウォルツのネオリアリストの論理からすれば、伝統的な大国の行動をとっていないということで、日本はシステムの力によって懲罰を受けるはずであったと論じている。"Why Is Japan Not Punished by International Anarchy?" (paper presented to the International Studies Association Annual Meeting, New Orleans, LA, 17 February 2010). http://citation.allacademic.com/meta/p_mla_apa_research_citation/4/1/5/9/4/pages415942/p415942-1.php (二〇一三年二月一日アクセス)

25——防衛白書はオンラインで閲覧可能である。http://www.mod.go.jp/e/publ/w_paper/index.html (二〇〇

九年六月三日アクセス）

26——“Foreign Minister Aso calls China “considerable threat,”” *Kyodo News*, 22 December 2005.

27——Thomas U. Berger, “Focus on a Changing Japan” (statement before the House International Relations Subcommittee on Asia and the Pacific, Washington, DC, 20 April 2005); Benett Richardson, “Japan to step up its Asia security role,” *Christian Science Monitor*, 1 May 2006; Janice Tang, “Japan, U.S. enter new stage with troop realignment by 2014,” *Kyodo News*, 1 May 2006.

28——Japan, Ministry of Defense, “Japan’s BMD” (Tokyo, February 2009). http://www.mod.go.jp/e/pressrele/2009/090327.html（二〇一三年二月一日アクセス）

29——Sebastian Moffett, “Koizumi’s Korea Gambit” *Far Eastern Economic Review*, 27 May 2004, pp. 22-3を参照。併せて以下も参照。Gilbert Rozman, “Japan’s North Korea Initiative and U.S.-Japanese Relations,” *Orbis* 47 (3, 2003), pp. 527-39.

30——Jim Frederick, “Rocky Relations: A Feud over Some Barren Islands Reignites Old Tensions between South Korean and Japan,” *Time International*, 8 May 2006, p. 22を参照。

31——Gregory W. Noble, “What Can Taiwan (and the United States) Expect from Japan?” *Journal of East Asian Studies* 5 (1, 2005), pp. 1-34.

32——例えば、Robert Uriu, “Japan in 2003: Muddling Ahead?” *Asian Survey* 44 (1, 2004), pp. 168-81. 併せて以下も参照。Akio Watanabe, “A Continuum of Change,” *Washington Quarterly* 27 (4, 2004), pp. 137-46.

33——Richardson, “Japan to step up its Asia security role.”

34——Berger, “Norms, Identity, and National Security in Germany and Japan,” pp. 319-25. 日本の政策を国際システムからの圧力や制約に対する反応として捉えようとする分析者でさえ、理念や歴史的要因など国際システム要因以外の死活的重要性を指摘している。例えば以下を参照。Yoshihide Soeya, “The Evolution of Japanese Thinking and Policies on Cooperative Security in the 1980s and 1990s,” *Australian Journal of International Affairs* 48 (1, 1994), pp. 87-95.

35——Berger, “Norms, Identity, and National Security in Germany and Japan.”

36——Peter D. Feaver, Takako Hikotani, and Shaun Narine, “Civilian Control and Civil-Military Gaps in the United States, Japan, and China,” *Asian Perspective* 29 (1, 2005), pp. 233-71.

37——Lind, “Pacifism or Passing the Buck?” p. 120.

38——Bradley M. Richardson, *Japanese Democracy: Power, Coordination, and Performance* (New Haven, CT: Yale University Press, 1997); and Steven R. Reed, *Japanese Electoral Politics: Creating a New Party System* (London: RoutledgeCurzon, 2003)を参照。

39——背景については以下を参照。David A. Welch, “A Positive Science of Bureaucratic Politics?” *Mershon International Studies Review* 42 (2, 1998), pp. 210-16.

40——C.S. Ahn, “Interministry Coordination in Japan’s Foreign Policy Making,” *Pacific Affairs* 71 (1, 1998), pp. 41-60を参照。

41——Michael Minor, “Decision Models and Japanese Foreign Policy Decision Making,” *Asian Survey* 25 (12, 1985), pp. 1229-41.

42——「官僚的な」利益によって国益の方向が決まるというのを論証するのはなかなか難しい。例えば以下を参照。David A. Welch, “The Organizational Process and Bureaucratic Politics Paradigms: Retrospect and Prospect,” *International Security* 17 (2, 1992), pp. 112-46; and Edward Rhodes, “Do Bureaucratic Politics Matter? Some Disconfirming Findings from the Case of the U.S. Navy,” *World Politics* 47 (1, 1994), pp. 1-41.

43——Welch, *Painful Choices*, pp. 18-23.

44——Tsuyoshi Kawasaki, "Japan and Two Theories of Military Doctrine Formation: Civilian Policymakers, Policy Preference, and the 1976 National Defense Program Outline," *International Relations of the Asia-Pacific* 1 (1, 2001), pp. 67-93.

45——もちろん政策決定者は分厚い社会構造や政治構造のなかで動くエージェントである。構造主義の観点からは、我々は政策決定者を「部分的に自由」でしかないエージェントと考えるべきである。Anthony Giddens, *The Constitution of Society: Outline of the Theory of Structuration* (Cambridge, UK: Polity Press, 1984); Alexander Wendt, "The Agent-Structure Problem in International Relations Theory," *International Organization* 41 (3, 1987), pp. 335-70; and David Dessler, "What's at Stake in the Agent-Structure Debate?" *International Organization* 43 (3, 1989), pp. 441-74.

46——Giffard, *Japan among the Powers*, 1890-1990, pp. x, 1-23.

47——Yoichi Funabashi, "Japan and the New World Order," *Foreign Affairs* 70 (5, 1991/92), pp. 58-74.

48——Sten Rynning, "In Search of Security: Statesmanship and Strategy in France, 1974-1999," (PhD dissertation, University of South Carolina, 1999)を参照。

49——例えば以下を参照。Richard A. Clarke, *Against All Enemies: Inside America's War on Terror* (New York: Free Press, 2004)〔リチャード・クラーク、楡井浩一訳『爆弾証言——九・一一からイラク戦争へ すべての敵に向かって』徳間書店、二〇〇四年〕; Gary J. Dorrien, *Imperial Designs: Neoconservatism and the New Pax Americana* (New York: Routledge, 2004); and James Mann, *Rise of the Vulcans: The History of Bush's War Cabinet* (New York: Viking, 2004)〔ジェームズ・マン、渡辺昭夫監訳『ウルカヌスの群像——ブッシュ政権とイラク戦争』共同通信社、二〇〇四年〕.

50——小沢一郎『日本改造計画』講談社、一九九三年。英語版は、*Blueprint for a New Japan: The Rethinking of a Nation*, translated by Louisa Rubenfien (Tokyo: Kodansha International, 1994).

51——Ibid., pp. 116-21.

52——Shintaro Ishihara, *The Japan That Can Say No*, translated by Frank Baldwin (New York: Simon & Schuster, 1991).

53——添谷芳秀『日本の「ミドルパワー」外交——戦後日本の選択と構想』ちくま新書、二〇〇五年。Max Otte and Jürgen Greve, *A Rising Middle Power? German Foreign Policy in Transformation, 1989-1999* (New York: St Martin's Press, 2000)と比較せよ。また、独創性に富む研究として以下がある。Annette Baker Fox, *The Politics of Attraction: Four Middle Powers and the United States* (New York: Columbia University Press, 1977).

❖ 第2章

1——この種の改憲論として、例えば以下を参照。福田恆存『平和論にたいする疑問』文藝春秋新社、一九五五年。同『日本を思ふ』文藝春秋、一九六九年。近年に発表されたものとしては、八木秀次『日本国憲法とは何か』(PHP研究所、二〇〇三年)などがある。

2——当時このような立場をとった有力な見解として、以下を参照。平和問題懇談会「三たび平和について」『世界』一九五〇年一一月号。

3——日本の憲法体制が一九六〇年代に確立したことについては以下で論じた。田所昌幸「経済大国の外交の原型」五百旗頭真編『戦後日本外交史』有斐閣、一九九九年所収。

4——'Kamikaze Pacifist', *The Economist*, 18 December 1982, p.11.

5——通産省高官としてアメリカとの厳しい貿易交渉を担当した天谷直弘は日本を「町人国家」と呼んだ

が、一九八〇年代初めまでに、政治力のない経済大国の限界を明確に意識するようになっていた。天谷直弘「『町人国・日本』手代のくりごと」『文藝春秋』、一九八〇年三月号。

6 ――Steven Erlanger, 'The world: the search for a new security umbrella,' *New York Times*, 12 May 1991.

7 ――朝日新聞は護憲論、読売新聞は改憲論を打ち出しているが、だからといって両者の世論調査結果が、これほど大きく異なるのは奇妙なことである。微妙な質問文の言い回しや、社の論調とことなる回答者は、はじめから回答を避けると言ったことなどが理由となって、それぞれの新聞社の主張に近い調査結果が出る傾向が強い。そのため両新聞の調査の結果をわけてグラフに示しておいた。しかし両方の調査はまったく同じ趨勢を示している。

8 ――日本脅威論の代表的なものとして、例えば以下を参照。James Fallows, 'Containing Japan,' *Atlantic Monthly*, May 1989.

9 ――総務省統計局のホームページによる。http://www.stat.go.jp/data/roudou/longtime/zuhyou/lt01-13.xls（二〇〇五年五月一五日アクセス）

10 ――'The Sadness of Japan,' *The Economist*, 16 February 2002, p.11.

11 ――'The Sun Also Rises,' *The Economist*, 8 October 2005, p. 11.

12 ――二〇〇五年一月二一日の竹中平蔵経済財政政策担当大臣による国会演説。東京大学・田中明彦研究室のデータベースによる。http://www.ioc.u-tokyo.ac.jp/~worldjpn/（二〇〇五年五月二五日アクセス）

13 ――橋本寿朗『戦後日本経済の成長構造』有斐閣、二〇〇一年、二二頁。

14 ――この点については、以下の論考でより詳しく論じた。田所昌幸「心地よい停滞の中の不安」『アステイオン』七六号、二〇一二年五月。また、筆者の論点を一層批判的に展開した論考として、山崎正和「大停滞時代の変革願望症候群――『チェンジ』から『維新』まで」『中央公論』二〇一二年一二月号。

15——高橋徹『日本人の価値観・世界ランキング』中央公論新社、二〇〇三年、七四〜七五頁。

16——同上、六六〜六七頁。

17——Ronald Inglehart, *Culture Shift in Advanced Industrial Society*, Princeton University Press, 1990〔ロナルド・イングルハート、村山皓ほか訳『カルチャーシフトと政治変動』東経、一九九三年〕.

18——高橋、前掲書、一七〜三二頁。

19——Douglas McGray, 'Japan's Gross National Cool,' *Foreign Policy*, June 2002. また、以下の記事を参照。'Japan's Culture,' *Time*, 11 August 2003.

20——田母神元航空幕僚長は、二〇〇八年にアパグループによって募集された第1回「真の近現代史観」懸賞論文に応募し、最優秀賞を授与された。そこでは、日本が中国を侵略したとして非難されるのは誤りであり、日本の真珠湾攻撃はアメリカの陰謀によるものであると論じている。この「論文」は学問的検討には値しないものの、かかる見解は日本の復古的ナショナリストの典型的な不満を表現している。すなわち、日本の過去は、第二次世界大戦の勝者によって不当に貶められている。戦争の勝者によって押しつけられた史観によって、日本は依然として十全に自立した国家として行動できないでいるというものである。なお、田母神空将は政府によってただちに更迭されたが、後に参考人として国会に招致された際にも、同様の見解を披瀝し、憲法改正を訴えた。田母神俊雄「日本は侵略国家だったか」(http://www.apa.co.jp/book_report/images/2008jyusyou_saiyuusyu.pdf#search='田母神論文')(二〇一三年七月一二日アクセス)

21——田中明彦は、世界を脱近代、近代、混沌の三つの圏に分けるとともに、脱近代圏と近代圏の関係は近代的様相を帯びやすいとしている。田中明彦『新しい中世』日本経済新聞社、一九九六年。

❖ 第3章

1——添谷芳秀『日本の「ミドルパワー」外交——戦後日本の選択と構想』ちくま新書、二〇〇五年。

2——田中明彦『安全保障』読売新聞社、一九九七年、九九頁。

3——防衛省「イラク特措法に基づく対応措置」。http://www.mod.go.jp/j/approach/kokusai_heiwa/iraq/backup/main.html（二〇一三年三月三〇日アクセス）

4——安倍晋三『美しい国へ』文春新書、二〇〇六年、一六〇頁。

5——麻生太郎「『自由と繁栄の弧』をつくる」日本国際問題研究所セミナー講演、於ホテルオークラ、二〇〇六年一一月三〇日。http://www.mofa.go.jp/mofaj/press/enzetsu/18/easo_1130.html（二〇一三年三月三〇日アクセス）

6——安倍、前掲書、二九頁。

7——Yoshihide Soeya, "The Misconstrued Shift in Japan's Foreign Policy," *Japan Echo*, Vol. 33, No. 3 (June, 2006).

8——Richard J. Samuels, "Japan's Goldilocks Strategy," *Washington Quarterly* (Autumn 2006), p. 121.

9——Ibid., p. 125.

10——Yoichi Funabashi, "Japan and the New World Order," *Foreign Affairs* 70 (Winter 1991/ 92).

11——二一世紀日本の構想懇談会「日本のフロンティアは日本の中にある——自立と共治で築く新世紀」二〇〇〇年一月一八日。http://www.kantei.go.jp/jp/21century/（二〇一三年三月三〇日アクセス）

12——L. William Heinrich, Akiho Shibata, and Yoshihide Soeya, *United Nations Peace-keeping Operations: A Guide to Japanese Policies* (Tokyo: United Nations University Press, 1999), p. 20.

13——Ibid., pp. 24-32.

14——『This is 読売』一九九五年六月号、一四〇頁。

15——「平成八年度以降に係る防衛計画の大綱」平成七年一一月二八日安全保障会議・閣議決定。http://www.kantei.go.jp/jp/singi/ampobouei/sankou/951128taikou.html（二〇一三年三月三〇日アクセス）

16——「日米安全保障共同宣言——21世紀に向けての同盟」一九九六年四月一四日。http://www.mofa.go.jp/mofaj/area/usa/hosho/sengen.html（二〇一三年三月三〇日アクセス）

17——Yoshihide Soeya, "The China Factor in the U.S.-Japan Alliance: The Myth of a China Threat," *Journal of East Asian Studies*, Vol. 2, No. 2 (August 2002).

18——Don Oberdorfer, *The Two Koreas: A Contemporary History* (New York: Basic Books, 1998), pp. 312-6〔ドン・オーバードーファー、菱木一美訳『二つのコリア——国際政治の中の朝鮮半島』改訂最新版、共同通信社、二〇〇二年〕.

19——船橋洋一『同盟漂流』岩波書店、一九九七年、三一〇頁。

20——新たな「日米防衛協力のための指針」は、一九九七年九月にニューヨークで開催された「日米安全保障協議委員会」が了承し公表した。「日米防衛協力のための指針の見直しの終了」一九九七年九月二三日。http://www.mofa.go.jp/mofaj/area/usa/hosho/kyoryoku.html#1（二〇一三年三月三〇日アクセス）

21——日本政府の実際の台湾政策はこうした安全保障政策上の考慮には極めて慎重であったとする考察については、以下を参照。Yoshihide Soeya, "Taiwan in Japan's Security Considerations," *China Quarterly*, No. 165 (March 2001).

22——船橋、前掲書、四三一頁。

23——Joseph S. Nye, Jr., "The Case for Deep Engagement," Foreign Affairs, Vol. 74, No. 4 (July/ August, 1995), pp. 90-102.

24——「周辺事態に際して我が国の平和及び安全を確保するための措置に関する法律」平成一一年五月二八日法律第六〇号。http://law.e-gov.go.jp/htmldata/H11/H11HO060.html（二〇一三年三月三〇日アクセス）

25——日米安全保障協議員会「共同発表」於ワシントン、二〇〇五年二月一九日。http://www.mofa.go.jp/mofaj/area/usa/hosho/pdfs/joint0502.pdf（二〇一三年三月三〇日アクセス）

26——本田優『日本に国家戦略はあるのか』朝日新書、二〇〇七年、二四〇頁。

27——前掲「平成八年度以降に係る防衛計画の大綱」。

28——同上。

29——Alan Dupont, *Unsheathing the Samurai Sword: Japan's Changing Security* Policy (Sydney: Lowy Institute for International Policy, 2004), p. 28.

30——「平成一七年度以降に係る防衛計画の大綱」平成一六年一二月一〇日安全保障会議決定・閣議決定。http://www.kantei.go.jp/jp/kakugikettei/2004/1210taikou.html（二〇一三年三月三〇日アクセス）

31——Dupont, *Unsheathing the Samurai Sword*, p. 12.

32——http://www.kantei.go.jp/jp/singi/hogohousei/hourei/kakuho.html; http://www.mod.go.jp/j/presiding/law/yujihousei/index.html（二〇一三年三月三〇日アクセス）

33——Peter J. Katzenstein and Nobuo Okawara, *Japan's National Security: Structures, Norms and Policy Responses in a Changing World* (Utica, NY: Cornell University, East Asia Program, 1993); Thomas U. Berger, *Cultures of Antimilitarism: National Security in Germany and Japan* (Baltimore: Johns Hopkins University Press, 1998).

34——Keizo Takemi, "Evolution of the Human Security Concept," paper presented at "Session I: Evolution of the Human Security Concept as an Operational Tool for Policy Formulation and Implementation" of the Fourth

Intellectual Dialogue on Building Asia's Future, Kisarazu, Japan (16-17 March, 2002), p. 47. http://www.jcie.org/researchpdfs/HealthHumSec/health_takemi.pdf（二〇一三年三月三〇日アクセス）

35——小渕外務大臣政策演説「二一世紀への展望——日本と東アジア」於シンガポール、平成一〇年五月四日。http://www.mofa.go.jp/mofaj/press/enzetsu/10/eo_0504.html（二〇一三年三月三〇日アクセス）

36——小渕恵三「開会挨拶」『アジアの危機：ヒューマン・セキュリティーへの脅威と対応——「アジアの明日を創る知的対話」東京会議1998』日本国際交流センター・東南アジア研究所（シンガポール）、一九九九年所収。http://www.jcie.or.jp/japan/gt/n99/atb/4obuchi.htm（二〇一三年三月三〇日アクセス）

37——「国連ミレニアム・サミットにおける森総理演説」平成一二年九月七日。http://www.mofa.go.jp/mofaj/press/enzetsu/12/ems_0907.html（二〇一三年三月三〇日アクセス）

38——http://www.jcie.or.jp/thinknet/hsecurity.html（二〇一三年三月三〇日アクセス）

39——Japan Center for International Exchange, *ASEAN-Japan Cooperation: A Foundation for East Asian Community* (Tokyo: JCIE, 2003).

40——高麗大学における小渕総理大臣演説「新世紀の日韓関係——新たな歴史の創造」平成一一年三月二〇日。http://www.mofa.go.jp/mofaj/press/enzetsu/11/eos_0320.html（二〇一三年三月三〇日アクセス）

✤ 第4章

1——小沢一郎『日本改造計画』（講談社、一九九三年）を参照。

2——渡辺治『政治改革と憲法改正——中曽根康弘から小沢一郎へ』（青木書店、一九九四年）を参照。渡辺は批判的立場から政治改革の歴史的系譜を説明し、中曽根政権以降の政治改革を憲法改正に向けた動きと関連付けて論じている。

3——김호섭, 이면우, 한상일, 이원덕『일본 우익 연구』서울: 중심, 2000년〔キム・ホソプ、イ・ミョンウ、ハン・サンイル、イ・ウォンドク『日本右翼研究』チュンシム、二〇〇〇年〕を参照。

4——草野厚『連立政権』(文春新書、一九九九年)を参照。草野は九〇年代の日本政治における連立政権内の対立軸を検討し、最終的に政治勢力間で便宜的な妥協が導かれたという議論を展開している。本章では、論争における対立軸を加えた上で彼の議論を戦後全体に拡大している。

5——坂本義和『坂本義和集　第三巻　戦後外交の原点』(岩波書店、二〇〇四年)。および武村正義『小さくともキラリと光る国・日本』(光文社、一九九四年)を参照。武村によれば、いわゆる一国平和主義によって成功してきたことをふまえれば、日本は再軍備化とは別の日本的手法を選択すべきである。

6——一九五五年以来、日本社会党の綱領は一貫してこの立場を採用している。原彬久『戦後史の中の日本社会党——その理想主義とは何であったのか』(中公新書、二〇〇〇年)を参照。

7——高坂正尭「通商国家日本の運命」『中央公論』一九七五年一一月号、を参照。高坂はまた、日本は、国際政治に巻き込まれることを避けて商業活動に集中する通商国家としての役割を果たし続けるべきだとも議論した。高坂正堯『文明が衰亡するとき』新潮選書、一九八一年、二六八頁。

8——外国の観察者達も戦後日本の戦略を「重商主義的リアリズム(mercantile realism)」と特徴づけている。Eric Heginbotham and Richard J. Samuels, 'Mercantile Realism and Japanese Foreign Policy,' *International Security* 22 (4, 1998), pp. 171-203 を参照。

9——「保守本流」については、Muramatsu Michio and Ellis Krauss, 'The Conservative Policy Line and the Development of Patterned Pluralism,' in *The Political Economy of Japan*, Vol. 1, *The Domestic Transformation*, edited by Yamamura Kozo and Yasuba Yasukichi (Palo Alto, CA: Stanford University Press, 1987) を参照。

10——小沢『日本改造計画』。

11——清水幾太郎がこのような思想の提唱者の一人と考えられる。「日本は、一方、米ソを初め《ママ》とする一切の国々との間に友好関係を進めて行かねばならないが、他方、瞬時も日本の孤独を忘れてはならない。最後に恃むのは、日本及び日本人だけである」と清水は書いた。清水幾太郎『日本よ国家たれ——核の選択』文藝春秋、一九八〇年、九七頁。Kenneth Pyle, *The Japanese Question: Power and Purpose In a New Era, 2nd Edition* (Washington, DC: AEI Press, 1996), p. 60より再引用。

12——国家の威信を重視する立場から日本の歴史を書き改める社会的な運動が現れている。西尾幹二（新しい歴史教科書をつくる会編）『国民の歴史』産経新聞ニュースサービス、一九九九年。

13——石原慎太郎、盛田昭夫『「ＮＯ」と言える日本』（光文社、一九八九年）を参照。

14——日本の国家戦略に関する議論の変化については、Pyle, *The Japanese Question* を参照。

15——「五五年体制」下における政治的対立に関しては以下を参照。Gerald L. Curtis, *The Japanese Way of Politics* (New York: Columbia University Press, 1988)〔ジェラルド・カーティス、山岡清二訳『「日本型政治」の本質——自民党支配の民主主義』ＴＢＳブリタニカ、一九八七年〕. 北岡伸一『二〇世紀の日本 一 自民党——政権党の三八年』読売新聞社、一九九五年。

16——ジェニファー・リンドは、日本は戦後を通じて安全保障をアメリカに責任転嫁したと論じている。Jennifer Lind, 'Pacifism or Passing the Buck? Testing Theories of Japanese Security Policy,' *International Security,* 29 (1, 2004), pp. 92-121.

17——Cheol Hee Park, 'Political Dynamics of Regime Transformation in Japan in the 1990s,' *Japanese Journal of Political Science* 5 (2, 2004), pp. 311-22を参照。

18——国正武重『湾岸戦争という転回点——動顛する日本政治』（岩波書店、一九九九年）を参照。

19——カーティスは日本の右派の政治勢力に変化が見られる可能性を指摘している。Gerald L. Curtis, *The*

Logic of Japanese Politics (New York: Columbia University Press, 1999), chap. 6〔ジェラルド・L・カーティス、野口やよい訳『永田町政治の興亡』新潮社、二〇〇一年〕.

20——草の根レベルのナショナリズムの出現について、よりニュアンスのある議論として、小熊英二、上野陽子『〈癒し〉のナショナリズム——草の根保守運動の実証分析』（慶應義塾大学出版会、二〇〇三年）を参照。

21——日本の国家戦略をめぐる言説の変化を説明するこの図は、私が次の論文で使用したものである。박철희「고이즈미정권의 대외정책 결정 논리와 한국의 외교 대응 전략」『정책연구시리즈 二〇〇二－一一』서울: 외교안보연구원, 2003〔パク・チョルヒー「小泉政権の対外政策決定論理と韓国の外交対応戦略」『政策研究シリーズ二〇〇二－一一』外交安保研究院、二〇〇三年〕を参照。

22——小沢『日本改造計画』一〇二～一〇三頁。

23——同上、一〇七頁。この意味で小沢は、日本がアメリカを支援すべきだということを前提にしている。

24——同上、一〇八頁。

25——同上、二五頁。

26——同上、四五頁。

27——同上、六八～六九頁。

28——同上、一一〇頁。

29——同上、一二七頁。

30——同上、一一六頁。

31——同上、一一八～一一九頁。

32——同上、一二四頁。

33――石原慎太郎、田原総一朗『日本の力』文藝春秋、二〇〇五年、一三一頁。
34――石原慎太郎、田原総一朗『勝つ日本』文藝春秋、二〇〇〇年、一二七頁。
35――同上、二一六頁。
36――石原慎太郎、一橋総合研究所『「アメリカ信仰」を捨てよ――二〇〇一年からの日本戦略』光文社、二〇〇〇年、一一一頁。
37――石原、田原『勝つ日本』二一三頁。この意味で石原は、日本はアメリカの支援者であるだけでなく潜在的な挑戦者だと考えている。
38――同上、八五頁。
39――同上、二〇七頁。石原は、最先端の軍事技術を持つ国家である日本は武器輸出禁止を続けるべきではないとも主張している。石原、田原『日本の力』二六四頁。
40――石原、田原『勝つ日本』七九頁。
41――同上、一四五頁。
42――同上、一五六頁。
43――同上、五一頁。
44――中曽根康弘、石原慎太郎『永遠なれ日本――元総理と都知事の語り合い』ＰＨＰ研究所、二〇〇一年、一〇八頁および一二八頁。
45――同上、一一三～一一四頁。
46――同上、一二一頁および一二五～一二六頁。
47――同上、一二四頁。
48――同上、一二六頁。

49――同上、一二〇頁。
50――中曽根康弘『日本の総理学』PHP新書、二〇〇四年、一二九～一三〇頁。
51――同上、一二八頁。
52――中曽根、石原『永遠なれ日本』一二三頁。
53――中曾根康弘『二十一世紀日本の国家戦略』PHP研究所、二〇〇〇年、七三頁。
54――中曽根、石原『永遠なれ日本』一八一頁。
55――同上、一八七頁。
56――中曽根康弘『日本人に言っておきたいこと』PHP研究所、一九九八年、一八三～一九四頁。
57――小沢『日本改造計画』一二三～一二四頁。
58――中曾根『二十一世紀日本の国家戦略』一五〇～一五一頁。
59――同上、四八頁。
60――同上、一七一～一八〇頁。
61――石原、田原『日本の力』一五七頁。
62――小沢『日本改造計画』四〇～四五頁。
63――同上、六一～六四頁。
64――中曾根『二十一世紀日本の国家戦略』四一～五一頁。
65――小沢『日本改造計画』九一頁。
66――中曽根『日本人に言っておきたいこと』一二六頁。
67――同上、一三二～一三四頁。
68――石原慎太郎『日本よ』産経新聞ニュースサービス、二〇〇二年、一四三頁。

69——小沢『日本改造計画』一〇七頁。
70——同上、一三四頁。
71——中曽根康弘『日本の総理学』一二四〜一二八頁。
72——小沢『日本改造計画』一五六〜一五七頁。
73——同上、一二七頁。
74——小沢一郎『語る』文藝春秋、一九九六年、五三頁。
75——ネオリアリズムの詳細は以下を参照。Kenneth N. Waltz, *Theory of International Politics* (New York: McGraw-Hill, 1979); Robert O. Keohane (ed.), *Neorealism and Its Critics* (New York: Columbia University Press, 1986)〔ケネス・ウォルツ、河野勝・岡垣知子訳『国際政治の理論』勁草書房、二〇一〇年〕.
76——中曾根『二十一世紀日本の国家戦略』五二頁。
77——小沢『日本改造計画』一一四頁。
78——中曽根『日本の総理学』一二九〜一三〇頁。
79——石原、一橋総合研究所『「アメリカ信仰」を捨てよ』二〇三頁。
80——小沢一郎『小沢主義——志を持て、日本人』集英社インターナショナル、二〇〇六年、一五一頁。
81——小沢一郎『剛腕維新』角川学芸出版、二〇〇六年、二〇九頁。
82——中曽根康弘、宮澤喜一『対論　改憲・護憲』朝日新聞社、一九九七年、一二七頁。
83——石原『日本よ』一一三頁。
84——山口二郎『戦後政治の崩壊——デモクラシーはどこへゆくか』岩波新書、二〇〇四年、一四一頁。
85——この意味で、「普通の国」論は明治時代の知識人・福沢諭吉の「脱亜入欧」という考えと似ている。
86——これが、近隣諸国の間で日本の意図と選好についての疑念がいつまでも残っていることの理由の一つだ。日本の意図が明確にされていないので、近隣諸国は潜在的に大きい日本の政治的・軍事的役割について懸念するのである。

❖ 第5章

1――「対日新思考」という用語は馬立誠によって二〇〇二年に初めて用いられたが、少なくとも一九九七年の時点で、中国の対日政策の変更と調整を主張する研究者は存在していた。馮昭奎「対中日関係的艱難求索」『世界経済与政治』二〇〇四年第五期、二六頁。〔訳註：註では、簡体字を日本の読者が判読可能な漢字へと直した〕

2――馮昭奎、同上、二七頁。

3――時殷弘「中日接近与〝外交革命〟」『戦略与管理』二〇〇三年第二期、七一～七二頁。

4――馮昭奎「論対日関係新思維」『戦略与管理』二〇〇三年第四期、一～二頁。

5――馮昭奎「中日微観：中国〝対日新思維〟的回顧」『世界新華僑報網』二〇〇七年一月三一日。http://www.jnocnews.jp/news/show.aspx?id=8943（二〇〇八年八月九日アクセス）

6――査道炯「冷戦後日本対華政策的変化与中国的対策」『中国外交』二〇〇五年第三期、四五頁。

7――馮昭奎「論対日関係新思維」、六頁。

8――馬立誠「対日関係新思維――中日民間之憂」『戦略与管理』二〇〇二年第六期、四一～四七頁。

9――周桂銀「理解対日〝外交革命〟」『戦略与管理』二〇〇三第四期、二一頁。馮昭奎「中日微観：中国〝対日新思維〟的回顧」。

10――ある中国人評論家は、日本の政治用語における「通常の(ordinary)」国の意味について以下のように解釈している。第一に、これは、国連憲章や他国との国際条約における「敗戦国」の地位や、それに関連するすべての制約を日本が完全に取り除くことを意味している。第二に、「通常」になるということは「普通」になるということである。日本にとって、実際に「普通に」なるということは「通常」以上のことを意味する。つまり、「普通」とは、日本が政治的、軍事的に大国となることを意味するのである。劉檸「怎様与謀求政治大国的日本相処」『21世紀経済報道』二〇〇五年八月二一日。http://biz.163.com/05/0821/15/1RMKN6SR00021EDI.html（二〇〇五年八月二一日アクセス）

11——陸忠偉「中日関係：理解与推進」『中国外交』二〇〇四年第一期、二一～二二頁。

12——羅暁軍「日本〝草根民意〟令人憂」『人民網』二〇〇五年九月一五日。http://world.people.com.cn/GB/1030/3697828.html（二〇〇五年九月一九日アクセス）

13——何徳功「影響日本対華決策的四大因素」『瞭望新聞週刊』二〇〇五年第四期、五〇～五一頁。

14——陸忠偉、前掲、二〇頁。

15——張望「日本是否正在重走軍国主義老路」『戦略与管理』二〇〇三年第四期、二三～二七頁。

16——薛力「中日関係能否超越歴史問題」『戦略与管理』二〇〇三年第四期、三〇頁。

17——張望、前掲、二三頁。

18——「中美日印四国軍力比較」『新浪網』二〇〇四年一月一三日。http://mil.news.sina.com.cn/2004-01-13/1123176961.html（二〇一三年一一月一日アクセス）

19——龐中英「令人担憂的歴史頑固」『東方早報』二〇〇四年三月三日。

20——林治波「〝対日関係新思維〟再質疑」二〇〇三年八月一五日。http://www.people.com.cn/GB/guandian/183/8456/8457/2017423.html（二〇一三年一一月一日アクセス）

21——林治波「対当前中日関係若干問題的看法」『戦略与管理』二〇〇四年第四期、九一頁。

22——段廷志・周慶建「北闘、西争、南進——日本三面出撃的背後」『瞭望新聞週刊』二〇〇五年第一三期、八頁。

23——潘燕「対過去認真、方能対未来負責」『瞭望新聞週刊』二〇〇五年第一五期、一一頁。

24——潘燕、同上。

25——段廷志「日本軍事大国化三個基本走勢」『瞭望新聞週刊』二〇〇五年第九期、五七頁。

26——沈丁立「日本世紀戦略抉擇之錯」『東方早報』二〇〇五年八月一五日。http://news.sina.com.cn/w/2005-08-15/01596689775s.shtml（二〇一三年一一月一日アクセス）

27——世論調査によれば、中国人の八〇%は歴史問題を日中関係における最重要問題と考えている。薛力、前掲、二八頁。

28——馬立誠、前掲、四七頁。

29——時殷弘、前掲、七一～七二頁。

30——馮昭奎「論対日関係新思維」、七頁。

31——馮昭奎、同上、八頁。

32——馮昭奎、同上、九頁。

33——薛力、前掲、二八、三〇、三二頁。

34——陸忠偉・張蘊嶺・閻学通ほか「推進中日関係的建言」『現代国際関係』二〇〇四年第六期、八頁。

35——林治波「〝対日関係新思維〟再質疑」。

36——張進山「中日関係〝脱困〟之見」『瞭望新聞週刊』二〇〇五年第四期、五四頁。

37——「胡錦濤提出実現両国関係健康穏定発展指導性意見」『当前中日関係和形勢教育活頁文選』紅旗出版社、二〇〇五年、二頁。

38——「温家宝訪問印期間答美連社記者問」同上、四頁。

39——唐家璇中国元外相は、なぜ日本がこれら二つの目的を同時に追求したいと考えるのか、その理由を中国人民は理解できないと述べた。「唐家璇国務委員会見日共同社社長山内豊彦」同上、六頁。

40——張望、前掲、二五～二六頁。

41——馮昭奎「再論対日関係新思維」『戦略与管理』二〇〇三年第五期、七九頁。

42——王逸舟・時殷弘・馮昭奎ほか「中日関係能否超越歴史」『世界知識』二〇〇三年第一六期、二三～二四頁。

43——何徳功「日本熱衷〝台湾問題〟的用心」『瞭望新聞週刊』二〇〇五年二月二八日、五六頁。

44——段廷志、前掲、五七頁。

45——林治波「対当前中日関係若干問題的看法」、九二頁。

46——陸忠偉、前掲、二〇頁。

47——馮昭奎「小泉政府応該反思的五点」『世界知識』二〇〇五年第一〇期、二一～二二頁。

48——王冲「中日智囊会診両国関係症結、中方認為日本対中国出現戦略誤判」『中国青年報』二〇〇五年八月五日。http://news.xinhuanet.com/world/2005-08/05/content_3312027.htm（二〇一三年一一月一日アクセス）

49——一部の中国人は、「真珠湾」攻撃を実行した国が真に自立した外交政策を行なうことをアメリカは許容するはずがないと考えている。邱永峥「美助日拡大軍隊作用、欲令日本挑戦中韓朝三国」『青年参考』二〇〇五年四月一三日。http://news.sina.com.cn/w/2005-04-13/15086375819.shtml（二〇一三年一一月一日アクセス）

50——金熙徳「日本連合国外交的定位与演変」『世界経済与政治』二〇〇五年第五期、二四頁。

51——朱幸福「美国為何力挺日本反対徳国入常」『文滙報』二〇〇五年六月一〇日。http://news.sohu.

com/20050610/n225891322.shtml（二〇一三年一一月一日アクセス）

52——「李肇星縦論当前中日関係」前掲『当前中日関係和形勢教育活頁文選』、二三頁。

53——金熙徳、前掲、二三、二五頁。

54——馮昭奎「三論対日関係新思維」『戦略与管理』二〇〇三年第六期、九一頁。

55——李樹「中日関係的戦略困境：症結関鍵在単極与多極之争」『中国青年報』二〇〇五年一月一四日。
http://news.xinhuanet.com/world/2005-01/14/content_2459418.htm（二〇〇五年八月一八日アクセス）

56——何徳功「影響日本対華決策的四大因素」、五六頁。

57——趙階琦「日本対台政策動向値得関注」『中国外交』二〇〇五年第三期、四九頁。

58——段廷志・周慶建、前掲、一〇～一一頁。

59——陸忠偉・張蘊嶺・閻学通ほか、前掲、七頁。

60——中国と日本の台頭の類似点と相違点を体系的に比較し、その過程における両国間の相互作用を分析した研究としては、李旭東「中日崛起的戦略框架比較及其安全互動模式選択」『国際観察』二〇〇五年第三期、三六～四一頁。

61——陸忠偉、前掲、二三頁。

62——王逸舟・時殷弘・馮昭奎ほか、前掲、二三頁。

63——馮亦斐「中日関係夏季里的東陽：中日関係堕政治氷期 未来陰晴不定」『中国新聞週刊』二〇〇五年第一九期、一四～一五頁。

64——馮昭奎、「論対日関係新思維」、七～九頁。

65——近年の日中関係に生じた問題の原因は、中国の台頭という現実に向き合う根本的な能力が日本に欠けているためだとする中国人研究者の見解については、徐翼「日本楽于充当美国馬前卒」『中華工商時報』二〇〇五年六月三日。

66——何徳功、前掲、五一頁。

67——陸忠偉、前掲。

68——王逸舟・時殷弘・馮昭奎ほか、前掲、一八頁。

69——査道炯、前掲、四六頁。

70——「圍繞参拝靖国神社和日本教科書等話題、中日時評員擺擂対決」『南方都市報』二〇〇五年八月一一日。http://news.163.com/05/0811/12/1QSHND1A0001124L.html（二〇一三年一一月一日アクセス）

71——近年の日中間の摩擦は、例外なく日本側から生じたものだということは多くの日本専門家が同意するところである。呉寄南「面臨重大転折的中日関係」『国際観察』二〇〇五第二期、九頁。

72——陸忠偉・張蘊嶺・閻学通ほか、前掲、三〜四頁。

73——李樹「中日関係的戦略困境：症結関鍵在単極与多極之争」『中国青年報』二〇〇五年一月一四日。http://news.xinhuanet.com/world/2005-01/14/content_2459418.htm（二〇一三年一一月一日アクセス）

74——林治波、前掲、九二頁。

75——資中筠「日本為麼么認罪這麼難?」『世界知識』二〇〇三年第二〇期、三九頁。

76——時殷弘、前掲、七一〜七五頁。

77——林治波、前掲、九三頁。

78——林治波「〝対日関係新思維〟再質疑」。

79——王逸舟・時殷弘・馮昭奎ほか、前掲、二二頁。

80——中国の対日政策の変化は「静かな革命」と形容されている。陸忠偉、前掲、一七頁。

81——ある著名な日本研究者が指摘するところによれば、近年の中国の「新思考」外交は、日本以外の大国との間では極めて大きな成果をあげている。馮昭奎「対中日関係的艱難求索」、二八頁。

82——陸忠偉・張蘊嶺・閻学通ほか、前掲、九頁。

83——馮昭奎「論対日関係新思維」、六頁。

84——王逸舟・時殷弘・馮昭奎ほか、前掲、二三頁。

85——王勇「以地区合作化解中日結構性矛盾——全球化与東亜的視角」『戦略与管理』二〇〇四年第一期、四五～四七頁。

86——程亜文「如何譲日本需要中国」『南風窓』二〇〇三年第一五期、七二～七五頁。http://www.cnki.com.cn/Article/CJFDTotal-NFCZ200315022.htm（二〇〇五年三月一二日アクセス）

87——ある独立系の中国人ジャーナリストによれば、「我々は日本が政治、軍事大国となることを防ぐ十分な力を有していないため、これからはますます『通常の（ordinary）』国へと向かう動きを増す強大な隣国との良好な関係の構築方法を学ばねばならない」（劉檸、前掲）。

88——薛力、前掲、三一頁。周桂銀、前掲、二一頁。

89——対日「新思考」に対する日本の世論レベル、政府レベル双方の反応によって、新思考学派は非常に難しい立場に立たされることになったと中国人観察者は不平を述べる。小泉政権による対中「強硬」政策は、中国の「新思考学派」の「面子」を失わせることになったのである。馮昭奎「対中日関係的艱難求索」、二七～二八頁。

90——「安倍晋三訪問中国后記者招待会」二〇〇六年八月八日。http://www.kantei.go.jp/foreign/abespeech/2006/10/08chinapress_e.html（二〇〇六年一月一二日アクセス）

91——Wang Liang, "Coping with Abe: Time for 'new thinking' in China's Japan policy," *PacNet #3B*, 24 January, 2007. http://csis.org/publication/pacnet-03b-coping-abe-time-new-thinking-chinas-japan-policy（二〇一三年

一一月一日アクセス）

92——「友好と協力のために」中華人民共和国国務院総理温家宝の日本国会における演説、二〇〇七年四月一三日。

93——「中国民間開後対日新思維　破天荒集体謝日本」『新華網』二〇〇三年六月三日。http://news.163.com/08/0603/13/4DH335D40001124J.html（二〇一三年一一月一日アクセス）

94——劉溜・馬立誠「馬立誠対〝闘号大漢奸〟闘銜付之一笑：対日新思維正変成現実」『経済観察報』二〇〇八年一一月一七日。http://finance.ifeng.com/a/20081117/213569_0.shtml（二〇一三年一一月一日アクセス）

95——平大峡「警惕《対日新思維》化粧重来」『聯合早報網』二〇〇六年九月一四日。http://ido.3mt.com.cn/Article/200609/show490226c32p1.html（二〇〇六年九月三〇日アクセス）

96——前掲「中国民間開後対日新思維　破天荒集体謝日本」。

97——南之黙「鳩山能帯領日本実現国家正常化嗎？」『南方報網』二〇〇九年九月一〇日。http://opinion.nfdaily.cn/content/2009-09/10/content_5756593.htm（二〇〇九年九月一二日アクセス）

✣ 第6章

1——この研究は、韓国研究財団の助成によって実現した。記して感謝の意を表したい。また、延世大学国際学大学院（ソウル）、外交安保研究院（ソウル、現・国立外交院）、日本国際問題研究所（東京）にも同様に感謝したい。二〇〇四年一〇月から翌年三月にかけ、これらの機関が研究に適した環境を提供してくれたおかげで、本章の基となる研究とインタビューを行なうことができた。

2——本書第二章（田所昌幸）を参照。

3——本書第一章(デイヴィッド・A・ウェルチ)を参照。

4——同上。

5——例えば以下を参照。Samuel S. Kim, *The Two Koreas and the Great Powers* (Cambridge: Cambridge University Press, 2006), pp. 164, 223.

6——Victor D. Cha, *Alignment Despite Antagonism: The United States-Korea-Japan Security Triangle* (Palo Alto, CA: Stanford University Press, 1999), p. 49〔ヴィクター・D・チャ、船橋洋一監訳・倉田秀也訳『米日韓反目を超えた提携』有斐閣、二〇〇三年〕.

7——John Swenson-Wright, *Unequal Allies? United States Security and Alliance Policy Toward Japan, 1945-1960* (Palo Alto, CA: Stanford University Press, 2005), p. 56.

8——Aaron Forsberg, *America and the Japanese Miracle: The Cold War Context of Japan's Postwar Economic Revival, 1950-1960* (Chapel Hill: University of North Carolina Press, 2000), p. 13.

9——Cheol Hee Park, 'Japanese Strategic Thinking toward Korea,' in *Japanese Strategic Thought Toward Asia*, edited by Gilbert Rozman, Kazuhiko Togo, and Joseph P. Ferguson (Basingstoke, UK: Palgrave Macmillan, 2007), p. 186.

10——内戦論をもっとも詳細に展開するのがブルース・カミングスの研究である。Bruce Cumings, *The Origin of the Korean War*, 2 vols. (Princeton, NJ: Princeton University Press, 1981, 1990)〔ブルース・カミングス、鄭敬謨・林哲・加地永都子訳『朝鮮戦争の起源 一九四五—一九四七年——解放と南北分断体制の出現』第一巻、明石書店、二〇一二年。同、鄭敬謨・林哲・山岡由美訳『朝鮮戦争の起源 一九四七—一九五〇年——「革命的」内戦とアメリカの覇権』第二巻(上下)、明石書店、二〇一二年〕.

11——Mika Merviö, 'Koreans in Japan: A Research Update,' in *Proceedings of the International Conference on*

Globalization, Migration and Human Security: Challenges in Northeast Asia, October 2003.

12——Yoshibumi Wakamiya, *The Postwar Conservative View of Asia* (Tokyo: LTCB International Library Foundation, 1998), p. 189〔若宮啓文『戦後保守のアジア観』朝日新聞社、一九九五年（新版、二〇〇六年）〕. 北朝鮮への帰国事業に関する近年の詳細な研究としては、Tessa Morris-Suzuki, *Exodus to North Korea: Shadows from Japan's Cold War* (Lanham, MD: Rowman and Littlefield, 2007)〔テッサ・モーリス－スズキ、田代泰子訳『北朝鮮へのエクソダス――「帰国事業」の影をたどる』朝日新聞出版、二〇〇七年〕.

13——International Crisis Group, *Japan and North Korea: Bones of Contention*, Asia Report 100 (Brussels, 2005), p. 14.

14——例えば、宇都宮徳馬の果たした役割はその一つである。石橋湛山元首相と関係が深かった自民党政治家の宇都宮は、一九七〇年代、北朝鮮と密接に提携すべきだと熱心に主張した。宇都宮や宏池会の果たした役割については、Wakamiya, *The Postwar Conservative View of Asia*, p. 211.

15——Chaibong Hahm and Seog Gum Kim, 'Remembering Japan and North Korea,' in *Memory and History in East and Southeast Asia: Issues of Identity and International Relations*, edited by Gerrit W. Gong (Washington, DC: Center for Strategic and International Studies, 2001), pp. 106-8.

16——Kim, *The Two Koreas and the Great Powers*, pp. 205-10.

17——Park, 'Japanese Strategic Thinking toward Korea,' p. 187.

18——Kim, *The Two Koreas and the Great Powers*, p. 176.

19——Isa Ducke, *Status Power: Japanese Foreign Policy Making toward Korea* (New York: Routledge, 2002), p. 157.

20——Kim, *The Two Koreas and the Great Powers*, pp. 176-180.

21——Richard P. Cronin, 'The North Korean Nuclear Threat and the U.S.-Japan Security Alliance: Perceived Interests, Approaches and Prospects,' *The Fletcher Forum of World Affairs* 29 (1, 2005), p. 55.

22——International Crisis Group, *North Korea: Where Next for the Nuclear Talks?* Asia Report 87 (Brussels, 2004).

23——第一次核危機についてとりわけ詳細で信用しうる研究として、Joel S. Wit, Daniel B. Poneman, and Robert L. Gallucci, *Going Critical: The First North Korean Nuclear Crisis* (Washington DC: Brookings Institution, 2004).

24——Ibid., p. 194.

25——Ibid., p. 195.

26——Ibid., p. 178.

27——Charles L. Pritchard, *Failed Democracy: The Tragic Story of How North Korea Got the Bomb* (Washington, DC: Brookings Institution Press, 2007), p. 41.

28——International Crisis Group, *Japan and North Korea*, p. 3.

29——Kim, *The Two Koreas and the Great Powers*, p. 182.

30——Hong Suk Yoon, 'Japan's Legislation on the New Defense Guidelines: Building a Normal State?' *East Asian Review* 11 (3, 1999). http://www.ieas.or.kr/vol11_3/yoonhongsuk.htm#6（二〇一〇年四月一三日アクセス）

31——Park, 'Japanese Strategic Thinking toward Korea,' p. 191.

32——International Crisis Group, *Japan and North Korea*, p. 4.

33——Pritchard, *Failed Diplomacy*, p. 86.

34——Park, 'Japanese Strategic Thinking toward Korea,' p. 192.

35——Kim, *The Two Koreas and the Great Powers*, p. 182. 以下も参照。Hajime Izumi, 'Remembering and Forgetting:

Japan-Korea Dimensions,' in *Memory and History in East and South East Asia: Issues of Identity and International Relations*, edited by Gerrit W. Gong (Washington DC: Center for Strategic and International Studies, 2001), pp. 88-97.

36 ——James Llewellyn, 'Japan's Diplomatic Response to Indonesia's Policy of Confronting Malaysia (Konfrontasi) 1963-1966,' *Kobe University Law Review* 39 (2005), pp. 39-68. http://www.law.kobe-u.ac.jp/lawrev/2005james.pdf（二〇一〇年四月一三日アクセス）

37 ——本書第七章（ラム・ペン・アー）は、東南アジアでの日本の仲介的役割をより広範に取り上げている。

38 ——この主題をより精細に検討したものとして、Eric Heginbotham and Richard J. Samuels, 'Japan's Dual Hedge,' *Foreign Affairs* 81 (5, 2002), pp. 110-21.

39 ——Cha, *Alignment Despite Antagonism*, pp. 202-5.

40 ——Sun Hyuk Kim and Won Hyuk Lim, 'How to Deal with South Korea,' *Washington Quarterly* 30 (2, 2007), p. 74. 二一世紀最初の数年で明らかになったのは、イデオロギー差や世代差、ますます強力な反米主義などに伴う韓国政治の多極化である。こうした変化についてとりわけ有益な情報を提供してくれる分析として、Sook Jong Lee, 'The Transformation of South Korean Politics: Implications for U.S.-Korean Relations,' (Washington DC: Brookings Institution, Center for Northeast Asian Studies, September 2004). http://www.brookings.edu/~/media/Files/rc/papers/2004/09southkorea_lee/lee2004.pdf（二〇一一年六月一五日アクセス）

41 ——韓国国家安全保障会議戦略企画室中級官僚とのインタビュー（ソウル、二〇〇五年一月三一日）。

42 ——政策決定過程における首相のパワー拡大を説明する研究のうち、もっとも詳細で信頼しうるものとして、Tomohito Shinoda, *Koizumi Diplomacy: Japan's Kantei Approach to Foreign and Defense Affairs* (Seattle:

University of Washington Press, 2007).

43——International Institute for Strategic Studies, *Strategic Survey 2001/2002* (Oxford: Oxford University Press, 2002), p. 286.

44——Ibid., p. 287.

45——日本外務省高官（日本国際問題研究所）とのインタビュー（東京、二〇〇五年三月九日）。

46——Celeste Powell, 'The Dynamics of Japan's Foreign Policy-Making Process: The Case of Tokyo's Post-Cold War North Korean Policy' (unpublished MPhil dissertation, University of Cambridge, 2004), p. 48. 非公式な秘密ルートを通じた接触に頼ることは戦後日本外交の目立った特徴であり続けたが、特に一九六〇年代のアメリカとの沖縄返還交渉の折に用いられた。例えば以下を参照。Kei Wakaizumi, *The Best Course Available: A Personal Account of the Secret U.S.-Japan Okinawa Reversion Negotiations*, edited by John Swenson-Wright (Honolulu: University of Hawai'i's Press, 2002)〔若泉敬『他策ナカリシヲ信ゼムト欲ス』文藝春秋、一九九四年（新装版、二〇〇九年）〕.

47——International Crisis Group, *Japan and North Korea*, p. 4.

48——日本外務省北米局高官とのインタビュー（東京、二〇〇五年三月二九日）。

49——Powell, *The Dynamics of Japan's Foreign Policy-Making Process*, p. 48.

50——小泉自身ならびにその周辺が、首相の力強いイニシアチブを、従来の外交からの急進的で危険に満ちた決別と見なしていたことはほぼ間違いない。内閣の内部文書によれば、訪朝前の慌ただしい準備期間のなか、この度の訪朝はかつて画期的な事態打開策となったニクソン訪中（一九七二年）同様に重大かもしれないと観測されていた。International Institute for Strategic Studies, *Strategic Survey 2002-2003* (Oxford: Oxford University Press, 2004), p. 261.

51——平壌宣言の本文は以下で閲覧可能。http://www.mofa.go.jp/region/asia-paci/n_korea/pmv0209/pyongyang.html(二〇一〇年四月一三日アクセス)

52——二〇〇二年八月の小泉の支持率は四四%だったが、一〇月までに六一%へ急上昇した。International Crisis Group, *Japan and North Korea*, p. 5.

53——小池百合子や石破茂——両者とも小泉政権の後継である安倍晋三内閣、福田康夫内閣で防衛大臣を務める——など自民党議員らは「北朝鮮に拉致された日本人を早期に救出するために行動する議員連盟」(拉致議連)結成に動いた。この新組織は、拉致被害者の親族を代表していた「北朝鮮による拉致被害者家族連絡会」(家族会)ならびに「北朝鮮に拉致された日本人を救出するための全国協議会」(救う会)と連携し、拉致問題のいっそうの進展を目指した(Powell, *The Dynamics of Japan's Foreign Policy-Making Process*, pp. 50-1)。なお、すべての利益団体が本能的に北朝鮮との接触に敵対的だったわけではない。例えば経団連のような産業団体はだいぶ実利的なアプローチをとり、拉致問題が打開されれば日本人の北への敵意は和らぎ、より密接かつ実利的な提携への扉が開かれるだろうとしていた。David C. Kang, 'Japan: U.S. Partner or Focused on Abductees?' *Washington Quarterly* 28 (4, 2005), p. 114.

54——Selig Harrison, 'Did North Korea Cheat?' *Foreign Affairs* 84 (1, 2005), p. 101.

55——Pritchard, *Failed Democracy*, pp. 27-8. その後、ジョゼフ・デトラーニ国家情報局(ＤＮＩ)北朝鮮担当官などアメリカ政府高官らは、ＨＥＵ計画に関するオリジナルの情報の信頼性を低く見るようになったようである。二〇〇七年二月二七日の上院軍事委員会の席で質問を受けたデトラーニは、アメリカ当局は北朝鮮のＨＥＵ計画の存在について「強く」(high)信じるから「半信半疑」(mid-confidence)へ評価を変えたことを認めた。Jon Fox, 'U.S. Lowers Confidence in North Korean HEU Program,' *Global Security Newswire*, 28 February 2007. http://www.nti.org/gsn/article/us-lowers-confidence-in-north-korean-heuprogram/（二〇一二年六月一五日アクセス）

56——Pritchard, *Failed Democracy*, p. 87.

57——Ibid., p. 88.

58——International Institute for Strategic Studies, *Strategic Survey 2001/2002*, p. 260.

59——韓国外交通商部高官とのインタビュー（ソウル、二〇〇五年二月一日）。日本外務省／政府高官とのインタビュー（東京、二〇〇四年一〇月二五日）。

60——キム・ソンハン（金聖翰／韓国・外交安保研究院とのインタビュー（ソウル、二〇〇五年一月三一日）。

61——日本外務省アジア大洋州局北東アジア課高官とのインタビュー（東京、二〇〇五年三月二三日）。

62——盧武鉉政権元上級顧問とのインタビュー（ソウル、二〇〇五年一月二九日）。

63——Pritchard, *Failed Democracy*, pp. 38-9.

64——International Institute for Strategic Studies, *Strategic Survey 2003/4* (Oxford: Oxford University Press, 2004), p. 270.

65——International Institute for Strategic Studies, *Strategic Survey 2002-2003*, p. 262.

66——例えば、二〇〇三年二月初め、北朝鮮に対して強硬な保守派若手議員らが、民間企業による北への支払いを没収し、北朝鮮籍船舶の日本への寄港を禁止する法案を強く推進した。Ibid., p. 257.

67——二〇〇三年から翌年にかけてこうした非公式会談を担った主要な官僚や政治家として、田中均、薮中三十二、山崎拓、平沢勝栄などがいる。International Institute for Strategic Studies, *Strategic Survey 2003/4*, p. 271.

68——Ibid., p. 275.

69――Project for Northeast Asian Security, *Resolving the North Korean Nuclear Problem: A Regional Approach and the Role of Japan* (Tokyo: Japan Institute International Affairs, 2005), p. 20.

70――二〇〇三年三月の内閣支持率は四九％まで落ち込んでいた。前年九月の小泉訪朝直後の六一％からの大幅な低下である。二〇〇三年時点の経済はなお低調で、消費は冷え込み、規制緩和や構造改革は論争的なテーマであり続け、一兆ドル相当の不良債権が金融部門を圧迫するなど、全体として経済回復への見込みは薄かった。さらに、政府は度重なるスキャンダルにみまわれた。二〇〇三年二月に、前年二月の長崎県知事選に先立ち自民党長崎県連幹部が地方企業に政治資金を違法に要求していたことが発覚し、翌三月には、大島理森農水相が建設会社から元秘書への金銭授受疑惑の責任をとって辞任した。小泉首相自身はというと、亀井静香、麻生太郎、高村正彦など党内のライバルが我こそ次の首相をと息巻き、小泉を党総裁から追い落とそうとしているとの観測に対処せねばならなかった。International Institute for Strategic Studies, *Strategic Survey 2002-2003*, pp. 268-9.

71――日本外務省高官（日本国際問題研究所）とのインタビュー（東京、二〇〇五年三月九日）。

72――International Institute for Strategic Studies, *Strategic Survey 2004/5* (New York: Routledge, 2005), p. 368.

73――Pritchard, *Failed Democracy*, pp. 88-9.

74――二〇〇六年一〇月と二〇〇九年五月の北朝鮮の核実験後も、日本は核保有国になるという選択をしまいとの観測が有力だった。技術的に日本がその選択をするのはわりと容易だが、そうしないだけの強力な要因がある。例えば、日本人に広く共有された核兵器への嫌悪感や、核兵器競争開始という地域不安定化への恐怖である。また、日本の重要な民間原子力産業の根幹へ致命的ダメージを与えかねないとの懸念も、要因として無視できない。日本はアメリカ、イギリス、フランス、カナダ、オーストラリアらと民間の原子力利用に関する二国間協定を多数結んできた。ある分析が指摘するとおり、そこでは『原子炉、関連設備、核燃料（天然／高濃縮ウラン）、核技術など日本がこれらの国から輸入したものはすべて、協定に明記されている非軍事目的にのみ使用されねばならない』と規定されている。もし日本が協定に違反した場合には、『輸入されたすべての資材や設備を元の輸出国へ即座に返却すること』を含む厳しい制裁が待っている。……『万一こうした事態になれば、日本の原子力発電所は完全停止へ追い込まれ、経済や産業が窮地に立たされることになる』」。Mike Mochizuki, 'Japan Tests the Nuclear Taboo,' *Nonproliferation Review* 14 (2, 2007), p. 309.〔ここでモチヅキが引用しているのは、外務省の初代原子力課長（一九七九～一九八二）金子熊夫の論考である。Kumao Kaneko, "Japan Needs No Umbrella," *Bulletin of the Atomic Scientists* 52 (March/April 1996), p. 48.〕

75——市民は日本人拉致被害者の安否を懸念していたが、自ずとこれが朝鮮半島の人々の不満に突きあたることは理解しやすい。植民地期には数万人のコリアンが強制的に徴用され、日本や満洲での強制労働に服したと彼らは指摘する。二〇〇四年五月に平壌を訪問するにあたり、筆者はこの不満を痛感した。北朝鮮外務省欧州局のある若手官僚が、拉致に関する日本の申し立ての正当性は認めながらも、かつて日本に「拉致」されたコリアンの数のほうがずっと多いことを考えれば、日本の主張はおかしいとまくし立てたのである。

76——その後、イギリスの科学雑誌『ネイチャー』に掲載された論文で、遺骨調査に用いられたＤＮＡ鑑定方法の信頼性が疑問視された。その上で、遺骨が横田めぐみのものでないのは確かという鑑定結果にも疑問が投げかけられた。International Crisis Group, *Japan and North Korea*, p. 12.

77——日本外務省アジア大洋州局北東アジア課高官とのインタビュー（東京、二〇〇五年三月二三日）。

78——Ibid.

79——Hahm and Kim, 'Remembering Japan and North Korea,' p. 104.

80——Wakamiya, *The Postwar Conservative View of Asia*, p. 340.

81——Ibid., pp. 33, 40-1.

82——二国間関係における反省と後悔の意の表明は国内の反発激化を招くため、特に危険で不安定となりうる。そうした反発にあっては、過去の行為を否定したり逆に誇示することさえある。この点に関し、日韓間の経過を詳細に検討した以下の研究が有益である。Jennifer Lind, 'Sorry States: Apologies in International Politics' (paper prepared for the annual meeting of the American Political Science Association, Washington DC, 1 September 2005). また以下の著作でより包括的に議論されている。Jennifer Lind, *Sorry States: Apologies in International Politics* (Ithaca, NY: Cornell University Press, 2008).

83——Lind, *Sorry States*, pp. 48-49.

84——Won Deog Lee, 'A Normal State without Remorse: The Textbook Controversy and Korea-Japan Relations,' *East Asian Review* 13 (3, 2001), p. 26; Kim, *The Two Koreas and the Great Powers*, p. 162.

85——Wakamiya, *The Postwar Conservative View of Asia*, p. 257; Kim, *The Two Koreas and the Great Powers*, p. 190.

86——Lind, 'Sorry States,' p. 25に引用(『毎日新聞』二〇〇一年一〇月一五日)。

87——International Crisis Group, *Northeast Asia's Undercurrents of Conflict*, Asia Report 108 (Brussel, 2005), pp. 12-13; Lee, 'A Normal State without Remorse,' p. 39.

88——'Japan-South Korea history group to hold 2nd round of talks in January,' *Kyodo News*, 27 December 2005. http://www.thefreelibrary.com/Japan-S.+Korea+history+group+to+hold+2nd+round+of+talks+in+Jan.-a0140162455(二〇一一年六月一五日アクセス)

89——William Underwood, 'New Era for Japan-Korea History Issues,' *Oh My News*, 16 March 2008. http://

english.ohmynews.com/articleview/article_view.asp?article_class=2&no=382092&rel_no=1（二〇〇八年四月一三日アクセス）

90——International Crisis Group, *Northeast Asia's Undercurrents of Conflict*, p. 21.

91——ウ・スンジ（韓国・外交安保研究院）とのインタビュー（ソウル、二〇〇五年一月二〇日）。ムン・ジョンイン（文正仁／韓国・延世大学）とのインタビュー（ソウル、二〇〇五年一月二九日）。ユン・ソクジュン（尹晳重／大統領秘書官［海外言論担当・青瓦台］）とのインタビュー（ソウル、二〇〇五年一月二五日）。

92——Kim, *The Two Koreas and the Great Powers*, p. 165に引用。

93——内閣府高官とのインタビュー（東京、二〇〇五年三月一七日）。

94——日本外務省在英大使館高官とのインタビュー（ロンドン、二〇〇六年一二月一日）。他の例でもそうだが、日本のわずかばかりのナショナリスティックな言動や行動が、しばしば隣国からは右傾化を示していると誤読される点は印象的である。本書第二章（田所昌幸）が指摘するとおり、日本の世論は国際主義という戦後的価値に頑なに寄り添うのがほとんどであった。そして小泉内閣の後を継いだ安倍晋三首相は、その短い在任期間中、自身の政治的野心たる全面改憲を実現できなかった。このことは、政治改革をめぐって思想的対立が見られる際の日本人の穏健な性質や「小文字の」保守主義を物語っていよう。

95——不適切と受けとられた外交的発言を理由に盧武鉉大統領が批判されたのは、これが初めてではない。二〇〇四年末に訪米した際、盧武鉉はロサンゼルスでの公式声明にて北朝鮮への関与の重要性を主張し、ブッシュ政権の強硬なアプローチを鋭く批判した。まもなく論説担当記者やジャーナリストらは盧武鉉を思慮が足りないと攻撃したが、一方で外交コミュニティ内のより醒めた見方からすると彼の言動は相手にされなかった。彼による論難は、急進派としての履歴や、闘争的で「散弾銃」のような政策決定アプローチを基になされたものと解釈されたのである。国務省（在韓大使館）高官とのインタビュー（ソウル、二〇〇五年一月二七日）。

96——Moo Hyun Roh, 'An Open Letter to the Nation Concerning Korea-Japan Relations,' 23 March 2005. http://16cwd.pa.go.kr/cwd/en/archive/archive_view.php?meta_id=en_letters&navi=issues&id=53d78e22f42287f63a612c42（二〇一二年六月一五日アクセス）

97——韓国外交通商部北東アジア局高官とのインタビュー（二〇〇五年二月一日）。

98——Hahm and Kim, 'Remembering Japan and North Korea,' p. 103.

99——Hideki Yamaji, 'Policy Recommendations for Japan: Unification of the Korean Peninsula' (Washington, DC: Brookings Institution, July 2004), p. 13. http://www.brookings.edu/papers/2004/07northeastasia_yamaji.aspx（二〇一〇年四月一三日アクセス）

100——Ibid., p. 7. もちろん、日韓の政治エリート間の緊張がどれだけ高まろうと、その他の領域、とりわけ文化交流や観光の面でのやりとりはつつがなく進行していた点は看過すべきでない。緊張が高まった時点においても羽田・金浦間の定期便は運航し続けた。特に二一世紀の最初は、日本での韓流ブームの曙でもあったのである。

101——韓国国家安全保障会議戦略企画室中級官僚とのインタビュー（ソウル、二〇〇五年一月三一日）。

102——Jiyon Shin, 'A New-Socio-Political Breeze in South Korea: The New Right and the New Left,' Pacific Forum CSIS, *Issues and Insights* 6 (18, 2006). http://www.csis.org/media/csis/pubs/issuesinsights_v06n18.pdf（二〇一〇年四月一三日アクセス）

103——John Swenson-Wright, 'East Asia: Searching for Consistency,' in *America and a Changed World: A Question of Leadership*, edited by Robin Niblett (Malden: MA: Wiley-Blackwell, 2010), pp. 7-8.

104——John Swenson-Wright, 'Contending with Regional Uncertainty: Japan's Response to Contemporary East Asian Security Challenges,' in *Japan's Politics and Economics*, edited by Marie Söderberg and Patricia A. Nelson (New York: Routledge, 2009), p. 32.

105——Ibid., p. 33.

106——同じことは、文化的対立や排他的に規定された国民のアイデンティティの相剋についてもいえる。ときにこれらは、日韓が対立する際に両国のナショナリストの主張を下支えしてきた。盧武鉉大統領による機密解除の推進は、(意図的だろうとなかろうと)植民地時代に関するよりオープンな議論を育むことになるかもしれないし、そのなかで韓国人は歴史的責任というものに対してよりニュアンスに富んだ認識を持つようになるだろう。さらには今日までの文化的排他性が揺らぐかもしれないし、二国間の摩擦を緩和する可能性もある。経済学者アマルティア・センが説得力をもって語るとおり、「文化面における相互関係に広い枠組みのなかで注目することは、発展や変化の理解を高める上で役に立つだろう。それは文化を完全に無視する(経済にばかり重点を置くモデルのような)考え方とも、文化を不変に存在していて抗いがたい影響力をもつ、独立し、安定した勢力として優先すること(一部の文化論者はそう考えたがるようだが)とも異なるだろう。文化によって定められた運命という幻想は誤解を招くだけでなく、人びとのやる気を大いにそぐものでもある。それによって、恵まれない環境に置かれた人びとの間に運命論的な感覚やあきらめが生じるからだ」。Amartya Sen, *Identity and Violence: The Illusion of Destiny* (London: Allen Lane, 2006), pp. 111-12〔アマルティア・セン、大門毅監訳・東郷えりか訳『アイデンティティと暴力――運命は幻想である』勁草書房、二〇一一年、一五七~一五八頁〕.

107——Joel Wit, 'Enhancing U.S. Engagement with North Korea,' *Washington Quarterly* 30 (2, 2007), p. 61.

❖ 第7章

1——本章における「普通の国」の議論は、小沢一郎の以下の定義に基づいている。「一つは、国際社会において当然とされていることを、当然のこととして自らの責任で行なうことである。当たり前のことを当たり前と考え、当たり前に行なう。日本国内でしか通用しないことをいい立てたり、国際社会の圧力を理由にして仕方なくやるようなことはしない。（中略）もう一つの要件は、豊かで安定した国民生活を築こうと努力している国々に対し、また、地球環境保護のような人類共通の課題について、自ら最大の努力をすることである。この二つを確実に、かつ継続して行なうことによって、日本は、国内の経済的発展と財の配分しか考えてこなかった、『片肺国家』から、国際社会で通用する一人前の『普通の国』に脱皮することができる」（小沢一郎『日本改造計画』講談社、一九九三年、一〇四〜一〇五頁）。また、クリストファー・ヒューズは以下のように指摘している。「小沢による『普通の』日本の安全保障上の役割という概念と、国連中心の集団安全保障という急進的な選択肢は、湾岸戦争の際に拒絶され、日本政治の表舞台での小沢の存在感は浮き沈みを見せた。にもかかわらず、一九九〇年代初頭以降、政策決定に携わる他の分野の人々が表立ってあるいは暗に『普通の』国という概念を使用するようになり、今や日本の将来の安全保障政策を議論する際の中心軸となっている」。Christopher W. Hughes, 'Japan's Re-emergence as a "Normal" Military Power,' *Adelphi Paper* 368-9 (Oxford: Oxford University Press, 2004), p. 50.

2——二〇〇二年に小泉政権は、東チモール、スリランカ、インドネシアのアチェ、フィリピンのミンダナオといった、国内紛争や暴力に苦しむアジア地域諸国での平和構築に日本を従事させた。

3——日本政府による公式解釈では、憲法第九条は外国からの侵略の際に自衛権を行使することを制約していない。

4――ケネス・パイルによれば、「日本は国際政治の舞台から半世紀以上離脱していたが、（いまや）国内制度を修正し、二一世紀の戦略的な争いのなかで主要なプレーヤーになるべく備えている」。Kenneth B. Pyle, *Japan Rising: The Resurgence of Japanese Power and Purpose* (New York: Public Affairs, 2007), p. 17.

5――ストックホルム国際平和研究所（SIPRI）によれば、二〇〇四年の軍事支出額の上位五カ国は、アメリカ（四五五三億ドル）、イギリス（四七四億ドル）、フランス（四六二億ドル）、日本（四二四億ドル）、中国（三五四億ドル）である。日本の軍事支出額は、かつての超大国ロシア（八位、一九四億ドル）を凌駕している。SIPRIによる順位は以下による。*Straits Times* (Singapore), 9 June 2005.

6――添谷芳秀は『日本の「ミドル・パワー」外交――戦後日本の選択と構想』（ちくま新書、二〇〇五年）の中で、日本の「ミドル・パワー」としての外交について規定している。一方、猪口孝が筆者に語ったところによれば、日本はミドル・パワーと呼ぶには経済的にも政治的にも大きすぎる。ただし、日本国民の間には揺るぎない平和主義が浸透しており、日本が核を保有する軍事大国になるべきだと唱える論者はほとんどいない。日本は軍事分野ではなく経済政治分野においてのみ大国であると彼らは見ている。

7――日本で最も人気ある政治家の一人である石原慎太郎は、日本版ゴーリストである。石原は次のように述べる。「核兵器に関して、シャルル・ド・ゴールは、フランスのような大国は他国にその運命を委ねることは出来ないと語った。フランスは核兵器が戦略的重要性を有さないにもかかわらず獲得し、歴代内閣は核抑止力を近代化させた。そしてNATO加盟国はフランスが独立した核抑止力を保有することを受容したのだ」。Shintaro Ishihara, *The Japan That Can Say No* (New York: Simon & Schuster, 1991), p. 70. 二〇〇六年一〇月の北朝鮮による小規模核実験を背景に、中曾根康弘元首相、麻生太郎外相、中川昭一自民党政調会長など右派の政治家は、核保有を選択肢として議論する必要性を掲げた（肩書きはいずれも当時)。しかし安倍晋三首相は、日本は非核三原則を堅持し、核保有について同政権で議論しないと宣言した。安倍はタカ派という評判にもかかわらず、核保有のオプションを拒絶したわけである。このように、自民党内の主流右派内部においても、核保有をめぐる見解には幅がある。当時の世論調査によれば、七八%の日本国民が日本の核保有に反対し、一四%が支持、八%はわからないと答えている。『毎日新聞』二〇〇六年一一月二七日。

8 ——戦後日本の対東南アジア政策の体系については、Sueo Sudo, *The Fukuda Doctrine and ASEAN: New Dimensions in Japanese Foreign Policy* (Singapore: Institute of Southeast Asian Studies, 1992) を参照。「福田ドクトリン」の三原則は以下のとおりである。第一に、日本は軍事大国にはならない、第二に、日本は東南アジアと「心と心のふれ合う」相互信頼関係を築きあげる、第三に、日本は非共産主義のASEAN諸国とインドシナ諸国を橋渡しする積極的な政治的役割を果たし、東南アジア全域にわたる平和と繁栄の構築に寄与する。

9 ——「湾岸危機に際しては、国際協調行動における日本の存在感の小ささが国際的に批判されることにもなった」と外務省は記述している。『わが外交の近況 一九九一年版(第三五号)』http://www.mofa.go.jp/mofaj/gaiko/bluebook/1991/h03-1-2.htm (二〇一二年一〇月二一日アクセス)
岡本行夫によれば、日本は湾岸戦争の際、消極的だという強烈な圧力と批判をとりわけアメリカ議会から受け、それに耐えねばならなかった。'Japan and the United States: The Essential Alliance,' *Washington Quarterly* 25 (2,2002), pp. 59-72.

10 ——日本は一九九二年九月から九三年九月までの間に、技術部門から六〇〇名の要員をカンボジアに派遣した。また、九二年一〇月から九三年七月の間に七五名の文民警察も派遣された。

11 ——菊池努『APEC——アジア太平洋新秩序の模索』(日本国際問題研究所、一九九五年)、二六四～

七三頁。

12 ——Lam Peng Er, 'Japan and the Spratlys Dispute,' *Asian Survey*, 36 (10, 1996), pp. 995-1010.

13 ——日本の和平計画の内容は以下のようなものであった。「ラナリット殿下は、武器密輸とクメール・ルージュとの共謀についての裁判にかけられ、フン・センのいかさま裁判で有罪判決を受けた上で、父であるシハヌーク国王によって王室恩赦が与えられる。またラナリット殿下は今後クメール・ルージュとの関係を断ち切り、その残存兵力は国軍に統合される。その代わり、予定されている七月の国政選挙でラナリット殿下は『自由に』闘うことを許される」。Lam Peng Er, 'Japan's Diplomatic Initiatives in Southeast Asia,' *in Japan and East Asian Regionalism*, edited by S. Javed Maswood (New York: Routledge, 2001), p. 125.

14 ——Lam Peng Er, 'Japan's Peace-building Diplomacy in Aceh,' *Asian Ethnicity*, 5 (3, 2004), pp. 353-66. 日本はアチェでの和平実現のために、スイスに本部を置くNGOであるアンリ・デュナン・センターと協力している。

15 ——AMMについては以下を参照。Aceh Monitoring Mission, 'First phase of re-location and decommissioning completed,' press release, 27 September 2005; and AMM Fact Sheet, 27 September 2005.

16 ——二〇〇六年一〇月、ミンダナオでのフィリピン政府とモロ・イスラム解放戦線の間の停戦を監視する国際監視団に、マレーシア、ブルネイ、リビアと共に日本は非イスラム国として初めて参加した。藍平兒「第一歩を踏み出した日本の平和構築への取り組み——ミンダナオ和平実現へ」『外交フォーラム』二二二号（二〇〇七年一月）。

17 ——'Koizumi seeks anti-piracy cooperation with Asian countries,' *Kyodo News*, 22 March 2005.

18 ——'Coast Guard to expand anti-piracy cooperation,' *Japan Times*, 5 January 2007. ISCは、海賊の被害に対

処するため日本が主導したアジア海賊対策地域協力協定（ReCAAP）の一部である。同協定の締約国は日本、シンガポール、ラオス、タイ、フィリピン、ミャンマー、韓国、カンボジア、ベトナム、インド、スリランカ、中国、ブルネイ、バングラデシュ、ノルウェー、オランダ、デンマーク、イギリスである。マレーシアとインドネシアは未参加。同協定は二〇〇四年一一月に東京で採択され、二〇〇六年九月に発効した。これは、アジア政府間での海賊対策のための初めての協定である。

19——「海自、乗船検査参加へ　大量破壊兵器拡散阻止訓練で防衛庁検討」『朝日新聞』二〇〇五年五月二日。この演習では、船舶の停止と不審な貨物押収のための武力行使も行われた。

20——参加国は、西太平洋海軍シンポジウムと呼ばれる一八カ国からなるグループに属する。'Singapore navy to host 14-nation sea exercise,' *Straits Times*, 19 May 2005.

21——日本の国連安保理常任理事国入りへの東南アジア諸国の支持は自然と得られたものというわけではなく、また保証されたものでもない。外交的支持を与えることは比較的容易である。しかし原則論を尋ねられれば、ほとんどの東南アジア諸国にとってこの問題は、日本への投票がブラジル、インド、ドイツに対しても同様に支持することになるという事実から、複雑なものになっている。

22——石原慎太郎によれば、日本がアメリカに「ノー」と言えないことこそ、日本が「普通」ではない証拠である。

23——これに対抗する議論としては、日本は、北朝鮮問題の対処にあたり日本に望ましい路線をアメリカが支持してくれるよう、たとえば自衛隊のイラク派遣によりアメリカの好意を得ねばならなかったとの見解がある。Seo Hyan Park, 'Domestic-International Issue Linkage in Alliance Politics: A Comparison of Post-Iraq War Japanese and Korean Relations with the United States' (paper presented at the International Studies Association 48th annual convention, Chicago, 28 February 2007).

あとがき

本書は、Yoshihide Soeya, Masayuki Tadokoro, and David A. Welch (eds.), *Japan As A 'Normal Country'?: A Nation in Search of Its Place in the World* (Toronto University Press, 2011) の全訳である。「普通の国」(normal country) という言葉がよく使われるようなったのは、言うまでもなく小沢一郎が一九九三年に出版した『日本改造計画』以来のことである。われわれの手がけた原著は、日本が戦後の安全保障政策に課した特殊な制約を九〇年代以降解除しようとしてきたことの意義を論じたものである。

原著の出版に先がけて行われたプロジェクトには、同僚の添谷芳秀さんのネットワークをつうじてアジア諸国の有力な研究者らが参加してくれた。また、われわれの共通の友人デイヴィッド・A・ウェルチさんが、例によって実に良心的にこのプロジェクトへかかわってくれた。おかげで、トロント大学出版会より、渋沢栄一記念財団とミズーリ大学セントルイス校が支援する「日本とグローバル社会」という叢書の一冊として成果を世に問うことができた。

さて、この邦訳書である。いつも思うことだが、翻訳とは割に合わない仕事である。苦心してうまく訳しても褒められることは少ないし、誤りの方はときにアンフェアなまでに指摘、批判される。この訳書も完全無欠であるはずはない。だが、各章の翻訳を担当する若い研究者の時間と労力を使う以上は知的に意義のある作業にしようと思い、研究室にくり返し集まって訳文を綿密に検討した。そのため原著の誤りや注の不整合などを正すこともできた。時間はかかったが、若い研究者との検討作業は楽しかったし、それぞれの文章の個性もよくわかるようになって面白かった。皆よくやってくれたが、とりわけ作業全体のとりまとめや、校正上の細かな調整をやってくれた林晟一君の貢献をここに記して謝意を表したい。

それにしても、日本について自ら英語で書いたものを翻訳して改めて思い知らされたのは、海外の読者に日本の事情を説明するには、いかに基本的なことから説き起こさざるをえないかということである。そうして書いた英語の原文をそのまま日本語に訳すと、日本人の読者には非常に奇妙な文章となる。そのため、自分で書いたものながら思いの外翻訳に苦労した。また、より大事な点は、翻訳とは単なる言語空間の機械的な変換作業ではなく、異なった意味空間の仲立ちでもあるということである。そもそも「普通」という言葉すら、英語のnormalで完全に訳しきれているとは断言できまい。

添谷さんとこのプロジェクトを始めたのはずいぶん前のことで、今では「普通の国」という表現こそあまり使われなくなった。しかし添谷さんのはしがきにもあるとおり、中国との戦略的緊張が厳しさを増すなか、三年間の民主党政権を経て第二次安倍内閣が誕生した今日、日本の安全保障上の役割についての議論の構図は、再び本書が検討している「普通の日本」を問題にしているのである。

プロジェクトを始めてから原著、邦訳書を出版するまでの間、編者の三人はつねに渋沢栄一記念財団の木村昌人研究部長に助けられてきた。この翻訳作業にはずいぶん時間がかかったが、その間も同財団から変わらぬ支援を賜ったことに改めて謝意を表したい。また、慶應義塾大学の東アジア研究所には、原著出版までのプロジェクトにあたり会場を提供していただき、また本訳書の出版にあたっても助成を賜った。記して感謝したい。最後に、翻訳作業を根気づよく見守ってくださり、綿密な校正作業を粘り強くおこなってくださった千倉書房編集部の神谷竜介さんに心からお礼申し上げる。

原著や本訳書の出版により、日本の対外政策をめぐる国内外の議論が少しでもかみ合ったものになることを願っている。

訳者を代表して　田所昌幸

ラ行

ワ行

ハ行

マ行

ヤ行

タ行

ナ行

サ行

カ行

主要事項索引

英数字

ア行

タ行

ナ行

ハ行

マ行

主要人名索引

ア行

カ行

サ行

手賀裕輔（てが・ゆうすけ）：第5章翻訳

慶應義塾大学非常勤講師、学習院大学非常勤講師、博士（法学）
1980年生まれ。2002年慶應義塾大学法学部卒業。2012年同大学院法学研究科政治学専攻後期博士課程修了。同法学研究科助教を経て現職。主要論文に「ニクソン政権のベトナム政策と対中接近――軍事的二極と政治的多極の相剋、1970–1971」『国際安全保障』第38巻1号（2010年）、「ニクソン政権のカンボジア侵攻決定過程（1970）――信頼性のための侵攻」『法学政治学論究』第85号（2010年）、「米中ソ三角外交とベトナム和平交渉、1971–1973――「名誉ある和平」と「適当な期間」の狭間で」『国際政治』168号（2012年）などがある。

林晟一（はやし・せいいち）：第6章翻訳

慶應義塾大学大学院法学研究科政治学専攻後期博士課程在籍
1981年生まれ。2004年慶應義塾大学法学部卒業。2006年同大学院法学研究科政治学専攻前期博士課程修了。情報センター出版局編集部、韓国・国際教育振興院、ソウル市立大学への留学などを経て現職。大学院に在籍するかたわら雑誌『アステイオン』（阪急コミュニケーションズ）の編集に携わる。

昇亜美子（のぼり・あみこ）：第7章翻訳

政策研究大学院大学客員研究員、成蹊大学非常勤講師、博士（法学）
1972年生まれ。1995年慶應義塾大学法学部卒業。2004年同大学院法学研究科政治学専攻後期博士課程単位取得退学。日本学術振興会特別研究員（PD）、政策研究大学院大学研究助手などを経て現職。共著に簑原俊洋編『「戦争」で読む日米関係100年――日露戦争から対テロ戦争まで』（朝日新聞出版）や社団法人日米協会編『もう一つの日米交流史――日米協会資料で読む20世紀』（中央公論新社）、大石裕・山本信人編『イメージの中の日本――ソフト・パワー再考』、国分良成編『中国の統治能力――政治・経済・外交の相互連関分析』（ともに慶應義塾大学出版会）などがある。

ラム・ペン・アー（藍平児）：第7章執筆

シンガポール国立大学東アジア研究所上級研究員、Ph.D.
1959年生まれ。1984年シンガポール国立大学卒業。1986年オーストラリア国立大学修士課程修了。1994年コロンビア大学にてPh.D.を取得。アジアにおける日本の平和構築、日中関係、日本・東南アジア関係、日本政治を専門とする。著書に*Japan's Peace-Building Diplomacy in Asia: Seeking a More Active Political Role*（Routledge）や*Green Politics in Japan*（Routledge）、編著に*Japan's Relations with Southeast Asia: The Fukuda Doctrine and Beyond*（World Scientific Press）などがある。

合六強（ごうろく・つよし）：第1章翻訳

慶應義塾大学大学院法学研究科政治学専攻後期博士課程在籍、同法学研究科助教
1984年生まれ。2007年慶應義塾大学法学部卒業。2009年同大学院法学研究科政治学専攻前期博士課程修了。主要論文に「冷戦変容期における大西洋同盟、1972-74年――NATO宣言を巡る米仏の動きを中心に」『国際政治』第164号（2011年）、「ニクソン政権と在欧米軍削減問題」『法学政治学論究』第92号（2012年）、「中性子爆弾問題をめぐる同盟関係、1977-78年――カーター政権の対応を中心に」『国際情勢』第84号（2014年）などがある。

白鳥潤一郎（しらとり・じゅんいちろう）：第4章翻訳

慶應義塾大学法学研究科助教、博士（法学）
1983年生まれ。2006年慶應義塾大学法学部卒業。2013年同大学院法学研究科政治学専攻後期博士課程修了。日本学術振興会特別研究員（DC2）などを経て現職。共編著に折田正樹著・服部龍二共編『外交証言録 湾岸戦争・普天間問題・イラク戦争』（岩波書店）、共著に社団法人日米協会編『もう一つの日米交流史――日米協会資料で読む20世紀』（中央公論新社）などがある。近刊として『エネルギー資源外交の形成――経済大国化と日本外交の新局面（仮）』（千倉書房）が予定されている。

パク・チョルヒー（朴喆熙）：第4章執筆

ソウル国立大学国際大学院教授、Ph.D.
1963年生まれ。1986年ソウル国立大学卒業。1988年同大学院修士課程修了。韓国国際関係研究所研究員、世界平和研究所客員研究員などを経て、1998年コロンビア大学大学院にてPh.D.を取得。政策研究大学院大学助教授などを経て現職。日本政治、東アジアの国際関係などを専門とする。著書に『代議士のつくられ方――小選挙区の選挙戦略』（文春新書）、『自民党政治と日本における戦後システムの変容』（ソウル国立大学出版会、韓国語）などがある。

ワン・ジエンウェイ（王建偉）：第5章執筆

マカオ大学教授、Ph.D.
1954年生まれ。1982年復旦大学卒業。1985年同大学院修士課程修了。1994年ミシガン大学大学院にてPh.D.を取得。ウィスコンシン大学スティーヴンスポイント校教授などを経て、現職。米中関係、中国外交、日中関係を専門とする。著書に *Limited Adversaries, Sino-American Mutual Images in the Post-Cold War Era*（Oxford UP）、共著に *Power of the Moment, America and the World after 9/11*（Xinhua Press）、編著に *The Latest Trends in International Relations Studies*（Chinese People's UP）などがある。

ジョン・スウェンソン＝ライト（John Swenson-Wright）：第6章執筆

ケンブリッジ大学上級講師、D.Phil.
1965年生まれ。1987年オックスフォード大学クライスト・チャーチ・カレッジ卒業。1991年ジョンズ・ホプキンス大学大学院修士課程修了。東京大学客員研究員等を経て、1997年オックスフォード大学大学院にてD.Phil.を取得。日本、朝鮮半島、アメリカをめぐる国際関係を専門とする。著書に *Unequal Allies?*（Stanford UP）、訳書に、若泉敬『他策ナカリシヲ信ゼムト欲ス』（文藝春秋）の英訳版 *The Best Course Available*（University of Hawaii Press）などがある。

デイヴィッド・A・ウェルチ（David A. Welch）：編者・序論、第1章執筆

ウォータールー大学教授、Ph.D.
1960年生まれ。1983年トロント大学トリニティ・カレッジ卒業。1985年ハーヴァード大学修士課程修了。1990年ハーヴァード大学にてPh.D.を取得。トロント大学教授などを経て現職。著書に*Justice and the Genesis of War*（Cambridge UP）や*Painful Choices: A Theory of Foreign Policy Change*（Princeton UP）などがある。また、ジョセフ・S・ナイと共に国際政治学の世界的なテキスト*Understanding Global Conflict and Cooperation*（9th ed., Pearson Longman; 田中明彦・村田晃嗣訳『国際紛争』原書第9版、有斐閣）を執筆。

添谷芳秀（そえや・よしひで）：編者・日本語版はしがき、序論、第3章執筆

慶應義塾大学法学部教授、Ph.D.
1955年生まれ。1979年上智大学外国語学部卒業。1981年同大学院国際関係論専攻博士前期課程修了。1987年ミシガン大学大学院でPh.D.を取得。慶應義塾大学法学部専任講師、同助教授を経て1995年より現職。著書に『日本外交と中国 1945–1972』（慶應義塾大学出版会）、*Japan's Economic Diplomacy with China, 1945–1978*（Clarendon Press）、『日本の「ミドルパワー」外交』（ちくま新書）などがある。

田所昌幸（たどころ・まさゆき）：編者・序論、第2章、あとがき執筆

慶應義塾大学法学部教授、博士（法学）
1956年生まれ。1979年京都大学法学部卒業。1981年同大学院法学研究科修士課程修了。1981～83年ロンドン・スクール・オブ・エコノミクス留学。1984年京都大学大学院法学研究科博士後期課程退学。姫路獨協大学教授、防衛大学校教授などを経て2002年より現職。著書に『国連財政』（有斐閣）、『「アメリカ」を超えたドル』（中公叢書、サントリー学芸賞）、『国際政治経済学』（名古屋大学出版会、政治研究櫻田會奨励賞）などがある。

「普通」の国 日本

二〇一四年三月二八日 初版第一刷発行

編著者 添谷芳秀
田所昌幸
デイヴィッド・A・ウェルチ
発行者 千倉成示
発行所 株式会社 千倉書房
〒一〇四-〇〇三一 東京都中央区京橋二-四-一二
電話 〇三-三二七三-三九三一(代表)
http://www.chikura.co.jp/
造本装丁 米谷豪
印刷・製本 中央精版印刷株式会社

ISBN 978-4-8051-1032-4 C3031

原書はしがき

トロント大学出版会は、ミズーリ大学セントルイス校と渋沢栄一記念財団からの協力を得て、「日本とグローバル社会」という意欲的な叢書を新たに刊行する。アジア・太平洋という広い地域のなかで日本が自らのアイデンティティや目的をどのように定めてきたか、またグローバル・コミュニティが日本、そして日本と他国の相互作用によっていかに形作られてきたかを各巻で探っていく。

この叢書が日本とグローバル社会の双方に注目しているのは、編者ならびに出版社が一国研究をグローバル化することに関心を抱いているからである。研究者や読者は、ある国家を単独で扱うことにはほとんど意味がないと徐々に気づきはじめている。すべての国は相互に依存しているし、国家を越える力によって形作られているため、ある国の過去や現在を他の文脈と切り離して検討する一国研究には決して満足できないのである。こうした意識は、グローバルかつトランスナショナルな現象や力に注目が集まった過去二、三〇年の間に高まってきた。グローバル化の時代においては、どの国家にとっても完全なる自律や行動の自由はありえない。とはいえ、国家は国益を求めて行動し続けており、それはしばしば国際的な緊張をもたらす。また、財政政策、社会政策、教育政策はいまだ国家単位で決定されている。ただし、トランスナショナルな経済、環境、文化の力は、国家のあり方をそれとなく、時には暴力的に変容させながら浸食している。諸国家が人類共同体のかたちを決める一因となっている一方で、何一〇億もの人や組織からなるグローバル社会もまた国家という共同体を進化させつつ形成しているのである。

日本はこうした相互作用のとりわけ顕著な一例を提供しているが、この叢書は日本を単独で検討することには留まらない。この叢書を通じて、日本は決して特異な国ではないことが示されるであろう。日本は中国、朝鮮半島、アメリカ、そしてその他多くの国々との相互作用のなかで形作られた歴史を持つからである。したがって、本書に続く各巻では、アジア・太平洋諸国の発展のあり方と地域に共通した運命とが比較される。国家中心的な枠組みを超えて、人道主義や移民、疾病のようなトランスナショナルなテーマを取り上げた巻もある。そこでは、こうした現象が日本や他の国々にいかなる影響を与え、また相互依存的なグローバル社会をいかに形作ってきたかが説明されるだろう。

最後に、この叢書によって、地域や宗教、文明など、国家以外の対象に関して理解が促進されることを期待したい。近代史研究は国家を主要な分析単位とし続けてきたが、その他の主体もそれぞれ刺激に溢れた歴史を持っており、それらは必ずしも国民中心の物語と一致する必要はない。他の国を見る際にも当てはまるであろうが、こうした代替的な枠組みから日本の過去と現在を検討することは、近代以降の世界史と今日のグローバルな文明に関する理解を深めることにつながるであろう。

入江 昭

合六強・白鳥潤一郎［訳］

海洋国家としてのアメリカ

田所昌幸＋阿川尚之 編著

建国から中東関与に至る歴史的な流れを繙き、海洋国家と大陸国家という双貌を持つ米国の「国家の精神」を探る。

❖A5判／本体 三四〇〇円＋税／978−4−8051−1013−3

戦後スペインと国際安全保障

細田晴子 著

基地や核をめぐる対米関係や地政的重要性など、日本とも通じる状況にあったスペインの国際社会復帰への道のり。

❖A5判／本体 三八〇〇円＋税／978−4−8051−0997−7

日米同盟というリアリズム

信田智人 著

外交政策から戦後の日米関係を通観し、21世紀の同盟国に求められる安全保障の未来像を問いかける。

❖四六判／本体 二二〇〇円＋税／978−4−8051−0884−0

表示価格は二〇一四年三月現在

千倉書房

叢書
21世紀の国際環境と日本

001
同盟の相剋
水本義彦 著

比類なき二国間関係と呼ばれた英米同盟は、なぜ戦後インドシナを巡って対立したのか。超大国との同盟が抱える試練とは。
❖A5判／本体 三八〇〇円＋税／978-4-8051-0936-6

002
武力行使の政治学
多湖淳 著

単独主義か、多角主義か。超大国アメリカの行動形態を左右するのは如何なる要素か。計量分析と事例研究から解き明かす。
❖A5判／本体 四二〇〇円＋税／978-4-8051-0937-3

003
首相政治の制度分析
待鳥聡史 著

選挙制度改革、官邸機能改革、政権交代を経て「日本政治」は如何に変貌したのか。二〇一二年度サントリー学芸賞受賞。
❖A5判／本体 三九〇〇円＋税／978-4-8051-0993-9

表示価格は二〇一四年三月現在

千倉書房